宋 歐陽修 宋 祁 撰

新唐書

第一六册

卷一五三至卷一七〇（傳）

中華書局

唐書卷一百五十三

列傳第七十八

段秀實 伯倫 嶷 文楚 珂 劉海賓 顏眞卿

段秀實字成公，本姑臧人，曾祖師濬，仕爲隴州刺史，留不歸，更爲汧陽人。秀實六歲，母疾病，不勺飲至七日，病間乃肯食，時號「孝童」。及長，沈厚能斷，慨然有濟世意。舉明經，其友易之，秀實曰：「搜章擿句，不足以立功。」乃棄去。

天寶四載，從安西節度使馬靈詧討護蜜有功，授安西府別將。靈詧罷，又事高仙芝。仙芝討大食，圍怛邏斯城。會虜救至，仙芝兵卻，士相失。秀實夜聞副將李嗣業聲，識之，因責曰：「憚敵而奔，非勇也；免己陷衆，非仁也。」嗣業慚，乃與秀實收散卒，復成軍，還安西，請秀實爲判官。遷隴州大堆府果毅。後從封常清討大勃律，次賀薩勞城，與虜戰，勝之，常清逐北，秀實曰：「賊出羸師，餌我也，請大索。」悉得其庾伏，虜師熸。改綏德府折衝都尉。

肅宗在靈武，詔嗣業以安西兵五千走行在，節度使梁宰欲逗留觀變，嗣業陰然可，秀實責謂曰：「天子方急，臣下乃欲晏然，公常自稱大丈夫，今誠兒女耳。」嗣業因固請宰，遂東師，以秀實爲副。嗣業爲節度使，而秀實方居父喪，表起爲義王友，充節度判官。安慶緒奔鄴，嗣業與諸將圍之，以輜重委河內，署秀實兼懷州長史，知州事，兼留後。時師老財乏，秀實督餽係道，募士市馬以助軍。諸軍戰愁思岡，嗣業中流矢卒，衆推荔非元禮代將其軍。秀實聞之，卽遣白孝德書，使發卒護喪送河內，親與將吏迎諸境，傾私財葬之。元禮高其義，奏擢試光祿少卿。俄而元禮爲麾下所殺，將佐多死，惟秀實以恩信爲士卒所服，皆羅拜不敢害，更推白孝德爲節度使。秀實凡佐三府，益知名。

時吐蕃襲京師，代宗幸陝，勸孝德卽日鼓行入援。孝德徙邠寧，署支度營田副使。於是邠寧乏食，乃請屯奉天，仰給畿內。時公廩竭，縣吏不知所出，皆逃去，軍輒散剽，孝德不能制。秀實曰：「使我爲軍候，豈至是邪？」司馬王稷言之，遂知奉天行營事。號令嚴壹，軍中畏戢。兵還，孝德薦爲涇州刺史，封張掖郡王。

時郭子儀以副元帥居蒲，子晞以檢校尚書領行營節度使，屯邠州，士放縱不法，邠人之嗜惡者，納賄竄名伍中，因肆志，吏不得問。白晝羣行丐頡於市，有不嗛，輒擊傷市人，椎釜鬲甕盎盈道，至撞害孕婦。孝德不敢劾，秀實自州以狀白府，願計事，至則曰：「天子以生人付公治，公見人被暴害，恬然，且大亂，若何？」孝德曰：「願奉教。」因請曰：「秀實不忍人無寇暴死，亂天子邊事。公誠以爲都虞候，能爲公已亂。」孝德卽檄署付軍。俄而晞士十七人入市取酒，刺酒翁，壞釀器，秀實列卒取之，斷首置槊上，植市門外。一營大譟，盡甲，孝德恐，召秀實曰：「奈何？」秀實曰：「請辭於軍。」乃解佩刀，選老躄一人持馬，至晞門下。甲者出，秀實笑且入，曰：「殺一老卒，何甲也！吾戴頭來矣。」甲爲愕眙。因曉之曰：「尚書固負若屬邪，副元帥固負若屬邪？奈何欲以亂敗郭氏！」晞出，秀實曰：「副元帥功塞天地，當務始終。今尚書恣卒爲暴，使亂天子邊，欲誰歸罪？罪且及副元帥。今邠惡子弟以貨竄名軍籍中，殺害人，藉藉如是，幾日不大亂？亂由尚書出。人皆曰尚書以副元帥故不戢士，然則郭氏功名，其與存者有幾！」晞再拜曰：「公幸教晞，願奉軍以從。」卽叱左右皆解甲，令曰：「敢譁者死！」秀實曰：「吾未哺食，請設具。」已食，曰：「吾疾作，願宿門下。」遂臥軍中。晞大駭，戒候卒擊柝衞之。旦，與俱至孝德所，謝不能。邠由是安。

初，秀實爲營田官，涇大將焦令諶取人田自占，給與農，約熟歸其半。是歲大旱，農告無入，令諶曰：「我知入，不知旱也。」責之急，農無以償，往訴秀實。秀實署牒免之，因使人遜諭令諶。令諶怒，召農責曰：「我畏段秀實邪？」以牒置背上，大杖擊二十，輿致廷中。

秀實泣曰：「乃我困汝。」卽自裂裳裹瘡注藥，賣己馬以代償。淮西將尹少榮頗剛鯁，入罵令諶曰：「汝誠人乎！涇州野如赭，人飢死，而爾必得穀，擊無罪者。段公，仁信大人，惟一馬，賣而市穀入汝，汝取之不恥。凡爲人傲天災，犯大人，擊無罪者，尚不愧奴隸邪！」令諶聞，大愧流汗，曰：「吾終不可以見段公。」一夕，自恨死。

馬璘代孝德，每所咨逮。璘處決不當，固爭之，不從不止。始，璘城涇州，秀實爲留後，以勞加御史中丞。大曆三年，遂徙涇州。是軍自四鎭、北庭赴難，征伐數有功，旣驟徙，相與出怨言。別將王童之謀作亂，約曰：「聞警鼓而縱。」秀實知之，召鼓人，陽怒失節，戒曰：「每籌盡當報。」因延數刻，盡四鼓而曙。明日，復有告者曰：「夜焚稾積，約救火則亂。」秀實嚴警備。夜中果火發，令軍中曰：「敢救者斬！」童之居外，請入，不許。明日，捕之，幷其黨八人斬以徇，曰：「後徙者族！」軍遂遷涇州。于時，倉無久儲，郛無居人，朝廷患之，詔璘領鄭、潁二州以佐軍，命秀實爲留後。軍不乏資，二州以治。璘嘉其績，奏爲行軍司馬，兼都知兵馬使。

吐蕃寇邊，戰鹽倉，師不利。璘爲虜隔，未能還，都將引潰兵先入，秀實讓曰：「兵法，失將，麾下斬。公等忘死，而欲安其家邪！」乃悉城中士，使銳將統之，依東原列奇兵，示賊將戰。虜望之，不敢逼。俄而璘得歸。

久之，璘有疾，請秀實攝節度副使。秀實按甲備變，璘卒，命愿將馬頔主喪，李漢惠主賓客，家人位於堂，宗族位於廷，賓將位於牙內，尉吏士卒位於營次，非其親，不得居喪側。朝夕臨，三日止。有族談離立者，皆捕囚之。都虞候史廷幹、裨將崔珍張景華欲謀亂，秀實送廷幹京師，徙珍、景華宇外，一軍遂安。

即拜四鎭北庭行軍、涇原鄭潁節度使。數年，吐蕃不敢犯塞。又按格令，官使一料取其一，非公會不舉樂飲酒，室無妓媵，無贏財，賓佐至，議軍政，不及私。十三年來朝，對蓬萊殿，代宗問所以安邊者，畫地以對，件別條陳。帝悅，慰賚良渥，又賜第一區，實封百戶。還之鎭。德宗立，加檢校禮部尙書。建中初，宰相楊炎追元載議，欲城原州，詔中使問狀，秀實言：「方春不可興土功，請須農隙。」炎謂沮己，遂召爲司農卿。

朱泚反，以秀實失兵，必恨憤，且素有人望，使騎往迎。秀實與子弟訣而入，泚喜曰：「公來，吾事成矣。」秀實曰：「將士東征，宴賜不豐，有司過耳，人主何與知？公本以忠義聞天下，今變起蒼卒，當諭衆以禍福，埽清宮室，迎乘輿，公之職也。」泚默然。秀實知不可，乃陽與合，陰結將軍劉海賓、姚令言判官岐靈岳、都虞候何明禮，欲圖泚〔一〕。三人者，皆秀實素所厚。會源休敎泚僞迎天子，遣將韓旻領銳師三千疾馳奉天。秀實以爲宗社之危不容喘，乃遣人諭大吏岐靈岳竊取令言印，不獲，乃倒用司農印追其兵。旻至駱驛，得符還。

秀實謂海賓曰：「旻之來，吾等無遺類。我當直搏殺賊，不然則死。」乃約事急爲繼，而令明禮應於外。翌日，泚召秀實計事，源休、姚令言、李忠臣、李子平皆在坐，秀實戎服與休並。語至僭位，勃然起，執休腕，奪其象笏，奮而前，唾泚面大罵曰：「狂賊！可磔萬段，我豈從汝反邪！」遂擊之。泚舉臂捍笏，中顙，流血蠛面，匍匐走。賊衆未敢動，而海賓等無至者。秀實大呼曰：「我不同反，胡不殺我！」遂遇害，年六十五。海賓、明禮、靈岳等皆繼爲賊害。帝在奉天，恨用秀實不極才，垂涕悔悵。

初，秀實自涇州被召，戒其家曰：「若過岐，朱泚必致贈遺，愼毋納。」至岐，泚固致大綾三百，家人拒，不遂；至都，秀實怒曰：「吾終不以汙吾第。」以置司農治堂之梁間。吏後以告泚，泚取視，其封帕完新。

秀實嘗以禁兵寡弱，不足備非常，言於帝曰：「古者天子曰萬乘，諸侯曰千乘，大夫曰百乘，蓋以大制小，以十制一。今外有不廷之虜，內有梗命之臣，而禁兵寡少，卒有患難，何以待之？且猛虎所以百獸畏者，爲爪牙也，若去之，則犬彘馬牛，皆能爲敵。」帝不用。及涇卒亂，召神策六軍，無一人至者，世多其謀。

興元元年，詔贈太尉，謚曰忠烈。賜封戶五百，莊、第各一區；長子三品，諸子五品，並正員官。帝還都，又詔致祭，旌其門閭，親銘其碑云。大和中，子伯倫始立廟，有詔給鹵簿，賜度支綾絹五百，以少牢致祭。

伯倫累官福建觀察使，終太僕卿。時宰相李石請文宗加賻襚，鄭覃曰：「自古殺身利社稷，未有如秀實者。」帝惻然，爲罷朝，可其請。

孫嶷、文楚、珂知名。

嶷自鄭滑節度使入爲右金吾衞大將軍，封西平郡公。甘露之變，嶷當誅，裴度奏忠臣後，宜免死，貶循州司馬。

文楚，咸通末爲雲州防禦使。時李國昌鎮振武，國昌子克用欲得雲中，引兵攻之，殺於鬬雞臺下，沙陀之亂自此始。

珂，僖宗時居潁州，黃巢圍潁，刺史欲以城降，珂募少年拒戰，衆裹糧請從，賊遂潰，拜州司馬。

劉海賓者，彭城人，以義俠聞。爲涇原兵馬將，與秀實友善。累戰功，兼御史中丞。劉文喜據涇州叛，海賓與其子光國紿以奏請。及入對，因言姦慝可誅狀。既還，光國手斬文喜獻闕下，拜左驍衞大將軍，封五原郡王；海賓樂平郡王，贈太子太保，實封百戶。

顏眞卿字淸臣，祕書監師古五世從孫。少孤，母殷躬加訓導。既長，博學，工辭章，事親孝。

開元中，舉進士，又擢制科。調醴泉尉。再遷監察御史，使河、隴。時五原有冤獄久不決，天且旱，眞卿辨獄而雨，郡人呼「御史雨」。復使河東，劾奏朔方令鄭延祚母死不葬三十年，有詔終身不齒，聞者聳然。遷殿中侍御史。時御史吉溫以私怨構中丞宋渾，謫賀州，眞卿曰：「奈何以一時忿，欲危宋璟後乎？」宰相楊國忠惡之，諷中丞蔣冽奏爲東都採訪判官。再轉武部員外郎。國忠終欲去之，乃出爲平原太守。

安祿山逆狀牙孽，眞卿度必反，陽託霖雨，增陴濬隍，料才壯，儲廥廩。日與賓客泛舟飲酒，以紓祿山之疑。果以爲書生，不虞也。祿山反，河朔盡陷，獨平原城守具備，使司兵參軍李平馳奏。玄宗始聞亂，歎曰：「河北二十四郡，無一忠臣邪？」及平至，帝大喜，謂左右曰：「朕不識眞卿何如人，所爲乃若此！」

時平原有靜塞兵三千，乃益募士，得萬人，遣錄事參軍李擇交統之，以刁萬歲、和琳、徐浩、馬相如、高抗朗等爲將，分總部伍。大饗士城西門，慷慨泣下，衆感勵。饒陽太守盧全誠、濟南太守李隨、淸河長史王懷忠、景城司馬李暐、鄴郡太守王燾各以衆歸，有詔北海太守賀蘭進明率精銳五千濟河爲助。賊破東都，遣段子光傳李憕、盧奕、蔣淸首徇河北，眞卿畏衆懼，紿諸將曰：「吾素識憕等，其首皆非是。」乃斬子光，藏三首。它日，結芻續體，斂而祭，爲位哭之。

是時，從父兄杲卿爲常山太守，斬賊將李欽湊等，淸土門。十七郡同日自歸，推眞卿爲盟主，兵二十萬，絕燕、趙。詔卽拜戶部侍郎，佐李光弼討賊。眞卿以李暉自副，而用李銑、賈載、沈震爲判官。俄加河北招討採訪使。

淸河太守使郡人李崿來乞師，崿曰：「聞公首奮裾唱大順，河朔恃公爲金城。淸河，西鄰也，有江淮租布備北軍，號『天下北庫』，計其積，足以三平原之有，士卒可以二平原之衆。公因而撫有，以爲腹心，它城運之如臂之指耳。」眞卿爲出兵六千，謂曰：「吾兵已出，子將何以教我？」崿曰：「朝家使程千里統衆十萬，自太行而東，將出崞口，限賊不得前。公若先伐魏郡，斬賊守袁知泰，以勁兵披崞口，出官師使討鄴、幽陵，平原、淸河合十萬衆徇洛陽，分犀銳制其衝。公堅壁勿與戰，不數十日，賊必潰，相圖死。」眞卿然之。乃檄淸河等郡，遣大將李擇交、副將范冬馥和琳徐浩與淸河、博平士五千屯堂邑。袁知泰遣將白嗣深、乙舒蒙等兵二萬拒戰，賊敗，斬首萬級，知泰走汲郡。

史思明圍饒陽，遣游弈兵絕平原救軍，眞卿懼不敵，以書招賀蘭進明，以河北招討使讓之。進明敗於信都。會平盧將劉正臣以漁陽歸，眞卿欲堅其意，遣賈載越海遺軍資十餘萬，以子頗爲質。頗甫十歲，軍中固請留之，不從。

肅宗已卽位靈武，眞卿數遣使以蠟丸裹書陳事。拜工部尙書兼御史大夫，復爲河北招討使。時軍費困竭，李崿勸眞卿收景城鹽，使諸郡相輸，用度遂不乏。第五琦方參進明軍，後得其法以行，軍用饒雄。

祿山乘虛遣思明、尹子奇急攻河北，諸郡復陷，獨平原、博平、淸河固守。然人心危，不復振。眞卿謀於衆曰：「賊銳甚，不可抗。若委命辱國，非計也，不如徑赴行在，朝廷若誅敗軍罪，吾死不恨。」至德元載十月，棄郡度河，間關至鳳翔謁帝，詔授憲部尙書，遷御史大夫。

方朝廷草昧不暇給，而眞卿繩治如平日。武部侍郎崔漪、諫議大夫李何忌皆被劾斥降。廣平王總兵二十萬平長安，辭日，當闕不敢乘，趨出梐枑乃乘。王府都虞候管崇嗣先王而騎，眞卿劾之。帝還奏，慰答曰：「朕子每出，諄諄教戒，故不敢失。崇嗣老而躄，卿姑容之。」百官肅然。兩京復，帝遣左司郎中李選告宗廟，祝署「嗣皇帝」，眞卿謂禮儀使崔器曰：「上皇在蜀，可乎？」器遽奏改之，帝以爲達識。又建言：「春秋，新宮災，魯成公三日哭。今太廟爲賊毀，請築壇於野，皇帝東向哭，然後遣使。」不從。宰相厭其言，出爲馮翊太守。轉蒲州刺史，封丹楊縣子。爲御史唐旻誣劾，貶饒州刺史。

乾元二年，拜浙西節度使。劉展將反，眞卿豫飭戰備，都統李峘以爲生事，非短眞卿，因召爲刑部侍郎。展卒舉兵度淮，而峘奔江西。

李輔國遷上皇西宮，眞卿率百官問起居，輔國惡之，貶蓬州長史。代宗立，起爲利州刺史，不拜，再遷吏部侍郎。除荆南節度使，未行，改尙書右丞。

帝自陝還，眞卿請先謁陵廟而卽宮，宰相元載以爲迂，眞卿怒曰：「用捨在公，言者何罪？然朝廷事豈堪公再破壞邪！」載銜之。俄以檢校刑部尙書爲朔方行營宣慰使，未行，留知省事，更封魯郡公。時載多引私黨，畏羣臣論奏，乃紿帝曰：「羣臣奏事，多挾讒毀。請每論事，皆先白長官，長官以白宰相，宰相詳可否以聞。」眞卿上疏曰：

諸司長官者，達官也，皆得專達於天子。郎官、御史，陛下腹心耳目之臣也，故出使天下，事無細大得失，皆俾訪察，還以聞。此古明四目、達四聰也。今陛下欲自屛耳目，使不聰明，則天下何望焉？詩曰：「營營青蠅，止于棘；讒言罔極，交亂四國。」以其能變白爲黑，變黑爲白也。詩人疾之，故曰：「取彼讒人，投畀豺虎；豺虎不食，投畀有北。」昔夏之伯明，楚之無極，漢之江充，皆讒人也。陛下惡之，宜矣。胡不回神省察？其言虛誣，則讒人也，宜誅殛之；其言不誣，則正人也，宜奬勵之。捨此不爲，使衆人謂陛下不能省察而倦聽覽，以是爲辭，臣竊惜之。

昔太宗勤勞庶政，其司門式曰：「無門籍者有急奏，令監司與仗家引對，不得關礙。」防擁蔽也。置立仗馬二，須乘者聽。此其平治天下也。天寶後，李林甫得君，羣臣不先咨宰相輒奏事者，託以他故中傷之，猶不敢明約百司，使先關白。時閹人袁思藝日宣詔至中書，天子動靜，必告林甫，林甫得以先意奏請，帝驚喜若神，故權寵日甚，道路以目。上意不下宣，下情不上達，此權臣蔽主，不遵太宗之法也。陵夷至于今，天下之敝皆萃陛下，其所從來漸矣。自艱難之初，百姓尙未凋竭，太平之治猶可致，而李輔國當權，宰相用事，遞爲姑息。開三司，誅反側，使餘賊潰將北走党項，裒嘯不逞，更相驚恐，思明危懼，相挺而反，東都陷沒，先帝由是憂勤損壽。臣每思之，痛貫心骨。

今天下瘡痏未平，干戈日滋，陛下豈得不博聞讜言，以廣視聽，而塞絕忠諫乎？陛下在陝時，奏事者不限貴賤，羣臣以爲太宗之治可跂而待。且君子難進易退，朝廷開不諱之路，猶恐不言，況懷厭怠，令宰相宣進止，御史臺作條目，不得直進，從此人不奏事矣。陛下聞見，止於數人耳目，天下之士，方鉗口結舌，陛下便謂無事可論，豈知懼而不敢進，即林甫、國忠復起矣。臣謂今日之事，曠古未有，雖林甫、國忠猶不敢公爲之。陛下不早覺悟，漸成孤立，後悔無及矣。於是中人等騰布中外。後攝事太廟，言祭器不飭，載以爲誹謗，貶峽州別駕。改吉州司馬，遷撫、湖二州刺史。

載誅，楊綰薦之，擢刑部尚書，進吏部。帝崩，以爲禮儀使，因奏列聖謚繁，請從初議爲定，袁傪固排之，罷不報。時喪亂後，典法湮放，眞卿雖博識今古，屢建議釐正，爲權臣沮抑，多中格云。

楊炎當國，以直不容，換太子少師，然猶領使。及盧杞，益不喜，改太子太師，幷使罷之，數遣人問方鎭所便，將出之。眞卿往見杞，辭曰：「先中丞傳首平原，面流血，吾不敢以衣拭，親舌舐之，公忍不見容乎！」杞矍然下拜，而銜恨切骨。

李希烈陷汝州，杞乃建遣眞卿：「四方所信，若往諭之，可不勞師而定。」詔可，公卿皆失色。李勉以爲失一元老，貽朝廷羞，密表固留。至河南，河南尹鄭叔則以希烈反狀明，勸不行，答曰：「君命可避乎？」既見希烈，宣詔旨，希烈養子千餘拔刃爭進，諸將皆慢罵，將食之，眞卿色不變。希烈以身扞，麾其衆退，乃就館。逼使上疏雪己，眞卿不從。乃詐遣眞卿兄子峴與從吏數輩繼請，德宗不報。眞卿每與諸子書，但戒嚴奉家廟，恤諸孤，訖無它語。希烈遣李元平說之，眞卿叱曰：「爾受國委任，不能致命，顧吾無兵戮汝，尙說我邪？」

希烈大會其黨，召眞卿，使倡優斥侮朝廷，眞卿怒曰：「公，人臣，奈何如是？」拂衣去。希烈大慚。時朱滔、王武俊、田悅、李納使者皆在坐，謂希烈曰：「聞太師名德久矣，公欲建大號而太師至，求宰相孰先太師者？」眞卿叱曰：「若等聞顏常山否？吾兄也，祿山反，首舉義師，後雖被執，詬賊不絕于口。吾年且八十，官太師，吾守吾節，死而後已，豈受若等脅邪！」諸賊失色。

希烈乃拘眞卿，守以甲士，掘方丈坎於廷，傳將阬之，眞卿見希烈曰：「死生分矣，何多爲！」張伯儀敗，希烈令齎旌節首級示眞卿，眞卿慟哭投地。會其黨周曾、康秀林等謀襲希烈，奉眞卿爲帥，事洩，曾死，乃拘送眞卿蔡州。眞卿度必死，乃作遺表、墓誌、祭文，指寢室西壁下曰：「此吾殯所也。」希烈僭稱帝，使問儀式，對曰：「老夫耄矣，曾掌國禮，所記諸侯朝覲耳！」

興元後，王師復振，賊慮變，遣將辛景臻、安華至其所，積薪于廷曰：「不能屈節，當焚死。」眞卿起赴火，景臻等遽止之。希烈弟希倩坐朱泚誅，希烈因發怒，使閹奴等害眞卿，曰：「有詔。」眞卿再拜。奴曰：「宜賜卿死。」曰：「老臣無狀，罪當死，然使人何日長安來？」奴曰：「從大梁來。」罵曰：「乃逆賊耳，何詔云！」遂縊殺之，年七十六。嗣曹王皋聞之，泣下，三軍皆慟，因表其大節。淮、蔡平，子頵、碩護喪還，帝廢朝五日，贈司徒，謚文忠，賻布帛米粟加等。

眞卿立朝正色，剛而有禮，非公言直道，不萌於心。天下不以姓名稱，而獨曰魯公。如李正己、田神功、董秦、侯希逸、王玄志等，皆眞卿始招起之，後皆有功。善正、草書，筆力遒婉，世寶傳之。貞元六年赦書，授頵五品正員官。開成初，又以曾孫弘式爲同州參軍。

贊曰：唐人柳宗元稱：「世言段太尉，大抵以爲武人，一時奮不慮死以取名，非也。太尉爲人姁姁，常低首拱手行步，言氣卑弱，未嘗以色待物，人視之，儒者也。遇不可，必達其志，決非偶然者。」宗元不妄許人，諒其然邪，非孔子所謂仁者必有勇乎？當祿山反，哮噬無前，魯公獨以烏合嬰其鋒，功雖不成，其志有足稱者。晚節偃蹇，爲姦臣所擠，見殞賊手。毅然之氣，折而不沮，可謂忠矣。詳觀二子行事，當時亦不能盡信於君，及臨大節，蹈之無貳色，何耶？彼忠臣誼士，寧以未見信望于人，要返諸己得其正，而後慊於中而行之也。嗚呼，雖千五百歲，其英烈言言，如嚴霜烈日，可畏而仰哉！

校勘記

〔一〕陰結將軍劉海賓姚令言判官岐靈岳都虞候何明禮欲圖泚　各本原無「判官岐靈岳」五字。按姚令言爲朱泚忠實黨羽，段秀實豈得與合謀圖泚？查舊書卷一二八段秀實傳云：「秀實初詐從之，陰說大將劉海賓、何明禮、姚令言判官岐靈岳同謀殺泚。」通鑑卷二二八略同。是秀實所結非令言而爲令言之判官岐靈岳。觀本卷下文「乃遣人諭大吏岐靈岳竊取令言印，不獲」，亦明令言實不與謀，而舊書所記可信。今據補。

唐書卷一百五十四

列傳第七十九

李晟 愿 憲 愬 聽 琢 王佖

李晟字良器，洮州臨潭人。世以武力仕，然位不過裨將。晟幼孤，奉母孝。身長六尺。年十八，往事河西王忠嗣，從擊吐蕃。悍酋乘城，殺傷士甚衆，忠嗣怒，募射者，晟挾一矢殪之，三軍讙奮。忠嗣撫其背曰：「萬人敵也。」鳳翔節度使高昇召署列將。擊疊州叛羌於高當川，又擊連狂羌於罕山，破之。累遷左羽林大將軍。廣德初，擊党項有功，授特進，試太常卿。

大曆初，李抱玉署晟右軍將。吐蕃寇靈州，抱玉授以兵五千擊之，辭曰：「以衆則不足，以謀則多。」乃請千人。繇大震關趨臨洮，屠定秦堡，執其帥慕容谷鍾，虜乃解靈州去。遷開府儀同三司，以右金吾衛大將軍爲涇原、四鎭、北庭兵馬使。馬璘與吐蕃戰鹽倉，敗績，晟牽游兵拔璘以歸，封合川郡王。璘內忌晟威略，歸之朝，爲右神策都將。德宗始立，吐蕃寇劍南，方崔寧未還，蜀土大震，詔晟將神策兵救之。踰漏天，拔飛越等三城，絕大渡，斬虜千級，虜遁去。

建中二年，魏博田悅反，晟爲神策先鋒，與河東馬燧、昭義李抱眞合兵攻之。斬楊朝光，晟乘冰度洺水破悅；又戰洹水，悅大敗，遂進攻魏。加檢校左散騎常侍，兼魏府左司馬。朱滔、王武俊圍康日知于趙州也，抱眞分兵二千戍邢，燧怒，欲班師，晟曰：「奉詔東討者，吾三帥也。邢、趙比壤，今賊以兵加趙，是邢有晝夜憂，李公分衆守之，不爲過，公奈何遽引去！」燧悟，釋然，卽造抱眞壘，與交歡。晟建言：「以兵趨定州，與張孝忠合，以圖范陽，則武俊等當捨趙。」帝壯之，授御史大夫，又俾神策三將軍莫仁擢等隸之。晟自魏引而北，武俊果解去。晟留趙三日，與孝忠連兵，北略恆州。圍朱滔將鄭景濟於淸苑，決水灌之。悅、武俊引兵戰白樓，孝忠兵笮，晟引步騎擊破之，淸苑益急。滔、武俊大懼，悉起兵來救，圍晟軍。晟內攻景濟，而外抗滔等，自正月至五月不解。會晟疾甚，不能興，軍中共計引還定州，而賊猶不敢逼。

疾間，將復進，會帝出奉天，有詔召晟卽日治嚴。而孝忠以軍介二盜間，倚晟爲重，數止晟無西。晟語衆曰：「天子播越，人臣當百舍一息。義武欲止吾，吾當以子爲質。」乃以憑約昏，幷遺良馬。孝忠有親將謁晟，晟解玉帶遺之，使喻孝忠。乃得踰飛狐，次代州。詔迎拜神策行營節度使。進臨渭北，壁東渭橋，所過樵蘇無犯。時劉德信自扈澗敗歸，亦次渭南，軍囂無制。德信入謁晟，晟責所以敗，斬之，以數騎入壁勞其軍，無敢動。晟已幷兵，則軍益振。

於是朔方李懷光方軍咸陽，不欲晟當一面，請與晟合。有詔徙屯，乃引趨陳濤斜，與懷光聯壘。晟每與賊戰，必錦裘繡帽自表，指顧陣前。懷光望見，惡之，戒曰：「將務持重，豈宜自表襮，爲賊餌哉！」晟曰：「昔在涇原，士頗相畏伏，欲令見之，奪其心爾。」懷光不悅，遷延有異志。晟使間說懷光曰：「賊據京邑，天子暴露于外，公宜速進兵。雖晟不肖，願爲公先驅，死且不悔。」懷光不納。

每兵至都城下，而懷光軍多鹵掠，晟軍整戢。懷光使分所獲遺之，又辭不敢受。懷光謀沮撓其軍，卽奏言：「神策兵給賜比方鎭獨厚，今桀逆未平，軍不可以異。且衆以爲言，臣無以解。惟陛下裁處。」懷光欲晟自削其軍，則士怨易撓。帝議諸軍與神策等，力且不贍，遣翰林學士陸贄臨詔懷光，令與晟計所宜者。懷光曰：「稟賜不均，軍何以戰！」贄數顧晟，晟曰：「公，元帥，軍政得專之。晟將一軍，唯所命，其增損費調，敢不聽？」懷光默然計塞，顧刻削稟賜事出己，乃止。

懷光屯咸陽凡八旬，帝數促戰，以伺賊隙爲言，卒不出兵，陰通朱泚，反迹寖露。晟懼爲所幷，上言：「當先變制備，請假裨佐趙光銑、唐良臣、張彧爲洋、利、劍三州刺史，各勒兵以通蜀、漢衿喉。」未報。會吐蕃欲佐誅泚，帝議幸咸陽督戰，懷光大駭，疑帝奪其軍，圖反益急。晟與李建徽、陽惠元皆聯屯，適有使者到晟軍，晟乃令曰：「有詔徙屯。」即結陣趨東渭橋。後數日，懷光幷建徽、惠元兵，惠元死之。

是日，帝進狩梁州。駱谷道隘，儲供不豫，從官乏食，帝歎曰：「早用晟言，三蜀之利，可坐有也。」顧渾瑊曰：「渭橋在賊腹中，兵孤絕，晟能辦勝邪？」瑊曰：「晟秉義挺忠，崒然不可奪。臣策之，必破賊。」帝乃安。自行在遣晟將張少弘口詔進晟尙書左僕射、同中書門下平章事。晟受命，拜且泣曰：「京師，天下本，若皆執羈靮，誰將復之！」乃繕甲兵，治陴隍，以圖收復。

是時，晟提孤軍橫當寇鋒，恐二盜合以軋之，則卑詞厚幣，僞致誠於懷光者。時敖廥單耍，乃使張彧假京兆少尹，多署吏，調畿內賦，不淹旬，芻米告具。乃陳兵下令曰：「國家多難，乘輿播遷，見危死節，自吾之分。公等此時不誅元凶，取富貴，非豪英也。渭橋斷賊首尾，吾欲與公戮力一心，建不世之功，可乎？」士皆雪泣曰：「惟公命。」於是駱元光以華州之衆守潼關，尙可孤以神策兵保七盤，皆受晟節度，戴休顏舉奉天，韓游瓌悉邠寧軍從晟，懷光始懼。晟乃移書顯讓之，使破賊自贖。懷光不聽，然其下益攜落，畏爲晟襲，乃奔河中。其將孟涉、段威勇以兵數千自拔歸，晟皆表以要官。

帝遣使者間道詔晟兼河中、晉絳慈隰節度使，又兼京畿、渭北、鄜坊、丹延節度招討使。帝欲益西幸，晟請駐梁、漢以繫天下望。又進京畿、渭北、鄜坊、商華兵馬副元帥。時京兆司錄參軍李敬仲自賊中來，乃署節度府判官，以諫議大夫鄭雲逵爲行軍司馬，擢張彧自副。

神策軍及晟家皆爲賊質，左右有言者，晟涕數行下，曰：「陛下安在，而欲恤家乎？」泚使晟吏王無忌壻款壁門曰：「公等家無恙。」晟怒曰：「爾乃與賊爲間乎？」叱斬之。時輸縑不屬，盛夏，士有衣裘者，晟能與下同其苦，以忠誼感發士心，終無攜怨。邏士得姚令言、崔宣諜者，晟命釋縛，飯飲之，遣還，敕曰：「爲我謝令言等，善爲賊守，勿不忠于泚。」

乃引兵叩都門，賊不敢出，振旅而還。明日，會諸將圖所向，衆對先拔外城，然後淸宮。晟曰：「外城有里閈之隘，若設伏格戰，居人囂潰，非計也。賊重兵精甲聚苑中，今直擊之，是披其心腹，將圖走不暇。」諸將曰：「善。」乃自東渭橋移壁光泰門，以薄都城，連溝栅。而賊將張庭芝、李希倩求戰，晟顧曰：「賊不出，是吾憂也。今乃冒死來，天誘之矣。」勒吳詵等縱兵鏖擊。賊攻華師急，晟以精騎馳救，中軍譟而從，大破之，乘勝入光泰門；再戰，敗卻，僵尸相藉，餘衆走白華，賊大哭，終夜不息。翌日，將復戰。或請待西師，晟曰：「賊既敗，當乘機撲殄。苟俟西軍，是容其爲計，豈吾利邪？」乃悉軍軍光泰門，使王佖、李演將騎，史萬頃將步，抵苑北。晟先夜隤苑垣爲道二百步，比兵至，賊已伐木塞以拒戰。晟叱諸將曰：「安得縱賊？今先斬公矣！」萬頃懼，先登，拔栅以入，佖督騎繼之，賊崩潰，執其將段誠諫，大兵分道進，雷噪震地。令言、庭芝、希倩等殊死鬭，晟令唐良臣等步騎奔突，賊陣成輒北，十餘遇皆不勝，蹴入白華。賊伏千騎出官軍背，晟以麾下百騎自馳之，左右呼曰：「相公來！」賊驚潰，禽馘略盡。泚率殘卒萬人西走，田子奇追之，餘黨悉降。

晟引軍屯含元外廷，舍右金吾次，令軍中曰：「五日內不得輒通家問，違者斬。」遣京兆尹李齊運部長安、萬年令，分慰居人，秋毫無所擾。別將高明曜取賊妓一，司馬伷取賊馬二，即斬以徇。坊人之遠者，宿昔乃知王師之入也。明日，孟涉屯白華，尚可孤屯望仙門，駱元光屯章敬寺，晟屯安國寺。斬賊用事者及臣賊宦豎于市，表著節不屈者，擇文武攝臺省官，以俟乘輿。條脅汙于賊者，請以不死。

露布至梁，帝感泣，羣臣上壽，且言：「晟蕩夷兇慝，而市不易廛，宗廟不震，長安之人不識旗鼓，雖三代用師，不能加之。」帝曰：「天生晟，爲社稷萬人，豈獨朕哉！」拜晟司徒，兼中書令，實封千戶。

晟遣大將吳詵以兵三千到寶鷄淸道，自請迎扈，不許。帝至自梁，晟以戎服見三橋，帝駐馬勞之。晟再拜頓首，賀克殄大盜，廟朝安復，已即跪陳：「備爪牙臣，不能指日破賊，致乘輿再狩，乃臣不任職之咎，敢請死。」伏道左，帝爲掩涕，命給事中齊映起之，使就位。有詔賜第永崇里、涇陽上田、延平門之林園、女樂一列。晟入第，京兆供帳，教坊鼓吹迎導，詔將相送之。帝紀其功，自文于碑，敕皇太子書，立于東渭橋，以示後世云。又令太子錄副以賜。始，晟屯渭橋也，熒惑守歲，久乃退，府中皆賀曰：「熒惑退，國家之利，速用兵者昌。」晟曰：「天子暴露，人臣當力死勤難，安知天道邪？」至是乃曰：「前士大夫勸晟出兵，非敢拒也。且人可用而不可使之知也。夫惟五緯盈縮不常，晟懼復守歲，則我軍不戰自屈矣！」皆曰：「非所及也。」

涇州倚邊，數戕其帥，晟請治不龔命者，因以訓耕積粟實塞下，羈制西戎。帝乃拜晟鳳翔、隴右、涇原節度使，兼行營副元帥，徙王西平郡，實封千五百戶。晟請與李楚琳俱行，亦將治殺張鎰罪，帝方務安反側，不許。晟至鳳翔，亂將王斌等十餘人以次伏誅。

時宦者尹元貞持節到同、華，擅入河中諭慰李懷光，晟劾元貞矯使，欲洗宥元惡，請治罪。又言：「赦懷光有五不可：河中抵京師三百里，同州制其衝，兵多則示未信，少則力不足，忽驚東偏，何以待之？一也。今赦懷光，則必以晉、絳、慈、隰還之，渾瑊、康日知又且遷徙，二也。兵力未窮，忽宥反逆，四夷聞之，謂陛下兵屈而自罷耳，今回紇拒北，吐蕃梗西，希烈僭淮、蔡，若棄疆示弱，以招窺覬，三也。懷光既赦，則朔方將士悉復敍勳行賞，追還縑廩，今府庫空殫，物不酬滿，是激其叛，四也。既解河中，諸道還屯，當有賜賚，賞典不舉，怨言必起，五也。今河中米斗五百，芻稿且罄，人餓死牆壁間，其大將殺戮幾盡，圍之旬時，力窮且潰，顧無養腹心疾爲後憂。臣請選精兵五千，約十日糧，可以破賊。」帝方以賊委馬燧、渾瑊，故不許。

晟至涇，而田希鑒迎謁，執之，幷其黨石奇等悉伏誅。表右龍武將軍李觀爲涇原節度使。晟常曰：「河、隴之陷，非吐蕃能取之，皆將臣沓貪，暴其種落，不得耕稼，日益東徙，自棄之爾。且士無縕絮，人苦役擾，思唐之心豈有旣乎？」因悉家貲懷輯降附，得大酋浪息曩，表以王號。每虜使至，必召息曩於坐，衣大錦袍，金帶，夸異之，虜皆指目歆豔。

吐蕃君臣大懼，相與議。尙結贊者善計，乃曰：「唐名將特李晟與馬燧、渾瑊爾，不去之，必爲吾患。」卽遣使委辭，因燧請和，且求盟，因盟謀執瑊以賣燧，於是結贊大興兵踰隴、岐，無所掠，陽怒曰：「召吾來，乃不牛酒犒軍。」徐引去，以是間晟。晟選兵三千，使王佖伏汧陽旁，擊其中軍，幾獲結贊。晟又遣野詩良輔等攻摧沙堡，拔之。結贊屢乞和，會晟朝京師，奏言：「戎狄無信，不可許。」宰相韓滉與晟合，因請調軍食以給西師。然天子內厭兵，疑將臣生事，亦會滉卒，而張延賞當國，故與晟有隙，後雖詔講解，而陰不與也，密言晟不可久持兵，更薦劉玄佐、李抱眞經略西北，俾立功以間晟。帝惑其言。

貞元三年，帝坐宣政殿引見晟，備册禮，進拜太尉、中書令，罷其兵。詔晟乘輅謁太廟，視事尚書省，賜良馬、錦綵千計。是歲，瑊與吐蕃盟平涼，虜劫之，瑊挺身免，詔罷燧河東，皆如結贊計云。通王府長史丁瓊者，嘗爲延賞擠抑，內怨望，乃見晟曰：「以公功，乃奪兵柄，夫惟位高者難全，盍蚤圖之？」晟曰：「君安得不祥之言？」執以聞。

明年，詔爲晟立五廟，追賁高祖芝以下祔其主，給牲器牀幄，禮官相事。它日，與馬燧見延英，帝嘉其勳，下詔曰：「昔我烈祖，乘乾坤盪滌，掃隋季荒茀，體元御極，作人父母，則有熊羆之士，不二心之臣，左右經綸，參翊締構，昭文德，恢武功，威不若，康不乂，用端命于上帝，付畀四方。王業既成，太階既平，乃圖厥容，列于凌煙閣，懋昭績効，表式儀形，以弗忘朝夕，永垂乎來裔。君臣之義，厚莫重焉。歲在己巳秋九月，我行西宮，瞻望崇構，見老臣遺像，顒然肅然，和敬在色。想雲龍之協期，感致業之艱難，覩往思今，取類非遠。且功與時並，才與世生，苟蘊其才，遇其時，尊主庇人，何代蔑有？在中宗時，有如桓彥範等，著輔戴之績；在玄宗時，有如劉幽求等，申翊翼之勳；在肅宗時，有如郭子儀，掃除氛祲。今顧晟等，保寧朕躬，咸宣力肆勤，光復宗祏，訂之前烈，夫豈多謝。闕而未錄，孰旌厥賢？況念功紀德，文祖所爲也，在予其曷敢怠？有司宜敍先後，各圖其象于舊臣之次。」命皇太子書其文以賜晟，晟刻石于門。

七年，以臨洮未復，請附貫萬年，詔可。九年，薨，年六十七。帝聞流涕，詔百官就第進弔。比大斂，帝手詔，誓以存保世嗣，申告柩前。册贈太師，謚曰忠武。及葬，又御望春門臨送，遣謁者宣詔于柩車，百官拜哭于道。憲宗元和中，詔其家與屬籍，以晟配饗德宗廟廷。僖宗狩蜀，倉部員外郎袁皓采晟功烈，爲興元聖功錄，徧賜諸將，表勵之。

晟性疾惡，臨下明。每治軍，必曰：「某有勞，某長于是。」雖厮養小善，必記姓名，尤惡下爲朋黨者。篤分義，隆於故舊。嵐州刺史譚元澄嘗有德於晟，後貶死，晟既貴，直其枉，詔贈元澄寧州刺史，晟撫其二子，爲成就之。在鳳翔，嘗曰：「魏徵以直言致太宗于堯舜上，忠臣也。我誠慕焉。」行軍司馬李叔度曰：「彼搢紳儒者事，公勳德何希是哉？」晟曰：「君失辭。晟幸得備將相，苟容身不言，豈可謂有犯無隱邪？是非惟上所擇爾。」叔度慚。故晟每進對，謇謇盡大臣節，未嘗露于外。治家以嚴，子姪非晨昏不輒見，所與言未嘗及公事。正歲，崔氏女歸寧，讓曰：「爾有家，而姑在堂，婦當治酒食，且以待賓客。」卽卻之，不得進。達禮敦教類若此。

與馬燧皆在朝，每宴樂恩賜，使者相銜于道。兩家日出無鍾鼓聲，則金吾以聞，少選，使者至，必曰：「今日何不舉樂？」旣薨，城鹽州，復故池，以新鹽賜宰相，帝思晟，乃致鹽靈座。其眷遇終始，無與比者。

有十五子，其聞者愿、憲、愬、聽云。

愿少謙謹。晟立功時，諸子未官，宰相以聞，即日召授太子賓客、上柱國。故事，柱國門列戟，遂父子皆賜。

元和初，領夏綏銀宥節度使。政簡而嚴。部有失馬者，愿署牒于道，以金購之。三日，失馬并良馬一繫署下，且曰：「逸而至，不告，罪當死，謹以良馬贖。」愿歸失馬，而縱其良。境內肅然。徙節武寧軍。會伐青、鄆，數有功，以久疾，用愬代之。召爲刑部尚書，俄檢校尚書左僕射，節度鳳翔，自是邇聲色而政衰矣。

長慶中，徙宣武。始，張弘靖給其軍頗厚，愿至，府庫殫匱，賞賚不及弘靖時，而侈費過之。以威刑操下，用婚家竇緩典帳中兵，驕驁怠沓，牙將李臣則等因衆不忍，夜斬緩首。愿聞變，不及巾，與左右數人縋而逸，奪野人乘，馳以免。其家死於兵，三子匿而免。兵既亂，因大掠，推李夵主後務，請諸朝。時責愿不職，貶隨州刺史。入爲左金吾衞大將軍，復拜河中、晉、絳等節度使。雖嘗以荒侈敗，不能自悛，軍政愈弛，結納權近，官貲隨賂遺輒盡。蒲人怨，且亂。會卒，贈司徒。

憲與愬於諸子號最仁孝。長喜儒，以禮法自矜制。調太原府參軍事、醴泉尉。于頔鎮襄陽，辟署於府。時吳少誠張淮西，獨憚頔威彊，時謂憲爲之助。又辟魏博田弘正幕府，遷衞州刺史，以治行稱。

徙絳州。絳有幻人怵民以亂，憲執誅之。河中兵本仰食于絳，而汾可輸河、渭，歲租與糴常數十萬石，故敖保山爲固，民之輸者，十牛不勝一車。憲濱汾相地治新倉，當費二百萬，請留垣縣粟糴河南，以錢還糴絳粟，既免負載勞，又權其贏以完新倉，絳人賴利。入爲宗正少卿，副金吾大將軍胡証爲送太和公主使。還，獻回鶻道里記，遷太府卿。大和初，繇江西觀察使遷嶺南節度使。

憲，勳伐家子，所歷皆以吏能顯，政績暴著。善治律令，性明恕，詳正大獄，活無罪者數百人。卒官下。

愬字元直，有籌略，善騎射。以蔭補協律郎，遷累衞尉少卿。早喪所生，爲晉國王夫人所鞠。王卒，晟以非嫡，敕諸子服緦，愬獨號慟不忍，晟乃許服縗。既練，晟薨，與憲廬墓側，德宗敦遣歸第，一夕復往，帝許之。服除，授太子右庶子。出爲坊、晉二州刺史，以治異等，加金紫光祿大夫，進詹事。

憲宗討吳元濟，唐鄧節度使高霞寓既敗，以袁滋代將，復無功。愬求自試，宰相李逢吉亦以愬可用，遂檢校左散騎常侍，爲隨唐鄧節度使。愬以其軍初傷夷，士氣未完，乃不爲斥候部伍。或有言者，愬曰：「賊方安袁公之寬，吾不欲使震而備我。」乃令于軍曰：「天子知愬能忍恥，故委以撫養。戰，非吾事也。」衆信而安之。乃斥倡優，未嘗嬉樂。士傷夷病疾，親爲營護。蔡人以嘗敗辱霞寓等，又愬名非夙所畏者，易之，不爲備。愬沈鷙，務推誠待士，故能張其卑弱而用之。賊來降，輒聽其便，或父母與孤未葬者，給粟帛遣還，勞之曰：「而亦王人也，無棄親戚。」衆願爲愬死，故山川險易與賊情僞，一能曉之。

居半歲，知士可用，乃請濟師；詔益河中、鄜坊二千騎。於是繕鎧厲兵，攻馬鞍山，下之，拔道口栅，戰嵖岈山，以取鑪冶城，入白狗、汶港栅，拔楚城，襲朗山，再執守將。平青陵城，禽票將丁士良，異其才，不殺，署捉生將。士良謝曰：「吳秀琳以數千兵不可破者，陳光洽爲之謀也。我能爲公取之。」乃禽以獻。於是秀琳舉文城栅降。遂以其衆攻吳房，殘外垣。始出攻，吏曰：「往亡日，法當避。」愬曰：「彼謂吾不來，此可擊也。」既引還，賊以精騎尾擊，愬下馬據胡牀，令軍曰：「退者斬。」衆決死戰，射殺其將，賊乃走。或勸遂取吳房，愬曰：「不可。吳房拔，則賊力專，不若留之以分其力。」

初，秀琳降，愬單騎抵柵下與語，親釋縛，署以爲將。秀琳爲愬策曰：「必破賊，非李祐無與成功者。」祐，賊健將也，守興橋柵，其戰嘗易官軍。愬候祐護穫于野，遣史用誠以壯騎三百伏其旁，見羸卒若將燔聚者，祐果輕出，用誠禽而還。諸將素苦祐，請殺之，愬不聽，以爲客。待間，召祐及李忠義屏人語，至夜艾。忠義，亦賊將，所謂李憲者。軍中多諫此二人不可近，愬待益厚。乃募死士三千人爲突將，自教之。會雨，自五月至七月不止，軍中以爲不殺祐之罰，將吏雜然不解。愬力不能獨完祐，乃持以泣曰：「天不欲平賊乎？何見奪者衆邪？」則械而送之朝，表言必殺祐，無與共誅蔡者。詔釋以還愬。愬乃令佩刀出入帳下，署六院兵馬使。六院者，隨、唐兵也，凡三千人，皆山南奇材銳士，故委祐統之。祐捧檄嗚咽，諸將乃不敢言，由是始定襲蔡之謀矣。舊令，敢舍諜者族。愬刊其令，一切撫之，故諜者反効以情，愬益悉賊虛實。

時李光顏戰數勝，元濟悉銳卒屯洄曲以抗光顏。愬知其隙可乘，乃遣從事鄭澥見裴度告師期，于時元和十一年十月己卯。師夜起，祐以突將三千爲前鋒，李忠義副之，愬率中軍三千，田進誠以下軍殿。出文城柵，令曰：「引而東。」六十里止，襲張柴，殲其戍。敕士少休，益治鞍鎧，發刃彀弓。會大雨雪，天晦，凜風偃旗裂膚，馬皆縮慄，士抱戈凍死于道十一二。張柴之東，陂澤阻奥，衆未嘗蹈也，皆謂投不測。始發，吏請所向，愬曰：「入蔡州取吳元濟！」士失色，監軍使者泣曰：「果落祐計。」然業從愬，人人不敢自爲計。愬道分輕兵斷橋以絕洄曲道，又以兵絕朗山道。行七十里，夜半至懸瓠城，雪甚，城旁皆鵝鶩池，愬令擊之，以亂軍聲。賊恃吳房、朗山戍，晏然無知者。祐等坎墉先登，衆從之，殺門者，發關，留持柝傳夜自如。黎明，雪止，愬入駐元濟外宅，蔡吏驚曰：「城陷矣！」元濟尙不信，曰：「是洄曲子弟來索褚衣爾。」及聞號令曰：「常侍傳語。」始驚曰：「何常侍得至此！」率左右登牙城，田進誠兵薄之。愬計元濟且望救於董重質，乃訪其家慰安之，使無怖，以書召重質；重質以單騎白衣降，愬待以禮。進誠火南門，元濟請罪，梯而下，檻送京師。

申、光諸屯尙二萬衆，皆降，愬不戮一人。其爲賊執事帳內廚廏厮役，悉用其舊，使不疑。乃屯兵鞠場以俟裴度，至，愬以櫜鞬見，度將避之，愬曰：「此方廢上下分久矣，請因示之。」度以宰相禮受愬謁，蔡人聳觀。乃還屯文城柵。有詔進檢校尙書左僕射、山南東道節度使，封涼國公，實封戶五百，賜一子五品官。

帝方經略隴右，故徙愬節度鳳翔。李師道反，詔愬代愿帥武寧軍。旬日踐父兄兩鎭，世以爲榮。董重質得罪被斥，愬請賜軍中自効，許之，乃署爲牙將。愬與賊戰金鄉，破之。凡十一遇，禽其隊帥五十，俘馘萬計。淄靑平，進同中書門下平章事，徙昭義節度，賜第興寧里。

會田弘正守鎮州，乃以愬帥魏博。長慶初，幽、鎮亂，殺弘正，愬素服以令軍曰：「魏人富庶而通于天化者，田公力也。上以其愛人，使往治鎮。且田公撫魏七年，今鎮人不道而戕害之，是無魏也。父兄子弟食田公恩者，何以報之？」衆皆哭。又以玉帶、寶劍遺牛元翼，曰：「此劍吾先人嘗以揃大盜，吾又以平蔡姦，今鎮人逆天，公宜用此夷之也。」元翼感動，謝曰：「敢有不承而愛其死力！」乃下令軍中，勒兵以俟。會愬疾甚，不能軍，詔田布代之，以太子少保還東都，卒，年四十九，贈太尉，謚曰武。

愬行己儉約，其昆弟賴家勳貴，飾輿馬，矜室廬，唯愬所處乃父時故院，無所增廣。始，晟克京師，市不改肆，愬平蔡，亦如之。功名之奇，近世所未有。晚雖忽于取士，與鄭注善，議者不以掩其賢。

贊曰：愬得李祐不殺，付以兵不疑，知可以破賊也。祐受任不辭，決策入死，以愬能用其謀也。祐之才，待愬乃顯，故曰平蔡功，愬爲多。

聽字正思，七歲以蔭爲協律郎，父吏少之，不甚敬，聽輒使鞭之，晟奇其才。長乃辟佐于頔府。吐突承璀討王承宗，以聽爲神策行營兵馬使。既戰，斬賊驍將，憲宗壯之，詔圖狀以獻。承璀數問聽計，卒縛盧從史。遷左驍衞將軍，出爲蔚州刺史。州有銅冶，自天寶後廢不治，民盜鑄不禁。聽乃開五鑪，官鑄錢日五萬，人無犯者。徙安州。會觀察使柳公綽方討蔡，以聽典軍，一二咨之，聲振賊中。召爲羽林將軍。

帝討李師道，出聽楚州刺史。淮南兵驕弱，鄆人素易之。聽日整勒，士皆奮，即掩賊不虞，趨漣水，破沭陽，絕龍沮堰，遂取海州，攻朐山，降之，懷仁、東海兩城望風送款。以功兼御史大夫，夏綏銀宥節度使。又徙靈鹽。部有光祿渠，久廞廢，聽始復屯田以省轉餉，即引渠溉塞下地千頃，後賴其饒。進檢校工部尚書。穆宗初立，幽、鎭反，擇名臣節度太原者代裴度，使統兵北討。始，聽爲羽林時，有駿馬，帝在東宮，使左右諷取之，聽自以身宿衞，不敢獻。於是帝曰：「李聽往在軍中，不與朕馬，是必可任。」乃授檢校兵部尚書，充河東節度使。敬宗嗣位，改義成軍。大和初，討李同捷，而魏博將亓志沼反，擊其帥史憲誠，詔聽出援，擊殺志沼。以功封涼國公，拜一子五品官。

王廷湊之亂，詔聽悉兵屯貝州，史憲誠懼聽因取道襲之，束甲候諸郊。聽敕士橐兵野次，魏人乃安。憲誠既請朝，魏人怨，詔聽兼帥魏博。聽遷延不即赴，魏遂亂，殺憲誠，共推大將何進滔乘城拒守。聽不得入，乃屯館陶。又不設備，魏人襲之，師驚潰，死失殆半，輜械盡棄之，聽晝夜馳以免。於是御史中丞温造等劾奏魏州亂，憲誠死，職繇于聽，請論如法。

天子不罪也，罷爲太子少師。

聽素以賂遺得權幸心，故多爲助力。未幾，拜邠寧節度使。邠署相傳不利治垣舍，前刺史視其壞，莫敢葺。聽曰：「將出鑿凶門，何避治署邪？」亟使完新之，卒無異。改帥武寧軍，有故奴爲徐將，不喜聽來，乃先殺親吏之使徐者以沮聽。聽果懼，以疾解，授太子少保。踰歲，節度鳳翔，又徙陳許。鄭注掎其過，詔以太子太保分司東都。開成初，爲河中晉絳慈隰節度使。文宗嘆曰：「付之兵不疑，退處散地不怨，惟聽爲可。」四年，以疾求還，復拜太子太保。卒，年六十一，贈司徒。

聽治官苛細，急掔斂，頗極所欲，盛飾車馬服玩。或誡之，聽曰：「家聲在人，若示衰薄，恐不見忠功之効，吾欲夸而勸之也。」好方書，擇其驗者，題於帷帟牖屋皆滿。

聽子琢，以家閥擢累義昌、平盧、鎭海三節度使，無顯功，不爲士大夫稱道。數免復遷。廣明時，沙陀數盜邊，於是琢爲宿將，拜檢校尚書右僕射，蔚朔等州招討、都統、行營節度使。徙河陽三城，坐逗撓，下遷刺史，卒。

王佖者，晟之甥，武敢，閑騎射。晟在師，佖無不從。攻朱泚於光泰門，賊方銳，佖與李演鏖戰蹀血，賊數北，諸軍乘之，遂大振。以功擢神策將。擊吐蕃有功。晟視佖與子姓等，其給與過之。晟兵罷，佖亦不見用，召爲左衞上將軍。元和中，拜朔方、靈鹽節度使。吐蕃欲作烏蘭橋以過師，積材河曲，朔方府常遣兵發其木，委于河，故莫能成。及佖至，虜知其寡謀，乃厚賂之，而亟遂功，築月城以守，自是虜歲入爲寇，朔方乘障不暇，人以咎佖。在鎮檢下亡術，猜忌多殺人。召還爲右衞將軍。故事，將相除徙，皆內出制，故號「白麻」，至佖，以責罷，遂中書進制。久之，卒。

贊曰：晟之屯東渭橋也，朱泚盜京師，李懷光反咸陽，河北三叛相王，李納猘河南，李希烈訌鄭、汳。晟無積貲輸糧，捉孤軍抗羣賊〔一〕，身佩安危而氣不少衰者，徒以忠誼感人，故豪英樂爲之死耳。至師入長安而人不知，雖三王之佐，無進其能，可謂仁義將矣！嗚呼，功能存社祏，不能見信於庸主，卒奪其兵，哀哉！雖然，功蓋天下者惟退，禍可以免。四子世似其勞，是宜有後哉。

校勘記

〔一〕捉孤軍抗羣賊　「捉」，十行本同，汲、殿、局本作「提」。按上文有「晟提孤軍橫當寇鋒」語，疑「捉」爲「提」之形誤。

唐書卷一百五十五

列傳第八十

馬燧 暢 炫 渾瑊 鎬 鐬

馬燧字洵美，系出右扶風，徙爲汝州郟城人。父季龍，舉孫吳倜儻善兵法科，仕至嵐州刺史。

燧姿度魁傑，長六尺二寸。與諸兄學，輟策歎曰：「方天下有事，丈夫當以功濟四海，渠老一儒哉？」更學兵書戰策，沈勇多算。

安祿山反，使賈循守范陽，燧說循曰：「祿山首亂，今雖舉洛陽，猶將誅覆。公盍斬向潤客、牛廷玠！傾其本根，使西不得入關，退亡所據，則坐受禽矣，此不世功也。」循許之，不時決。會顏杲卿招循舉兵，祿山遣韓朝陽召循計事，因縊殺之。燧走西山，間道歸平原。平原不守，復走魏。

寶應中，澤潞節度使李抱玉署爲趙城尉。時回紇還國，恃功恣睢，所過皆剽傷，州縣供餼不稱，輒殺人。抱玉將饋勞，賓介無敢往，燧自請典辦具。乃先賂其酋，與約，得其旗章爲信，犯令者得殺之。燧又取死囚給役左右，小違令輒戮死，虜大駭，至出境，無敢暴者。抱玉才之。因進說曰：「屬與回紇接，且得其情。觀僕固懷恩樹黨自重，裂河北以授李懷仙、張忠志、薛嵩、田承嗣等，其子瑒佻勇不義，將必窺太原，公當備之。」旣而懷恩與太原將謀舉其城，辛雲京覺之，不克。嵩自相、衞歸懷恩糧，以絕河津。抱玉令燧說嵩，嵩告絕於懷恩。卽署燧左武衞兵曹參軍。

累進至鄭州刺史。勸督農力，歲一稅，人以爲便。徙懷州。時師旅後，歲大旱，田苐不及耕。燧務勸教化，止橫調，將吏有親者，必造之，厚爲禮，瘞暴胔，止煩苛。是秋，稆生于境，人賴以濟。抱玉守鳳翔，表燧隴州刺史。西山直吐蕃，其上有通道，虜常所出入者。燧聚石種樹障之，設二門爲譙櫓，八日而畢，虜不能暴。從抱玉入朝，代宗雅聞其才，召見，授商州刺史，兼水陸轉運使。

大曆中，河陽兵逐其將常休明，詔燧檢校左散騎常侍，爲三城使。汴將李靈耀反，帝務息人，卽授以汴宋節度留後，靈耀不拜，引魏博田承嗣爲援。詔燧與淮西李忠臣討之。師次鄭，靈耀多張旗幟以犯王師，忠臣之兵潰而西，燧軍頓滎澤，鄭人震駭。忠臣將遂歸，燧止之，益治軍，忠臣乃還收亡卒，復振。忠臣行汴南，燧行汴北，敗賊於西梁固。靈耀以銳卒八千，號「餓狼軍」，燧獨戰破之，進至浚儀。是時河陽兵冠諸軍，田悅帥衆二萬助靈耀，破永平將杜如江等，乘勝距汴一舍而屯。忠臣合諸軍戰不利，燧爲奇兵擊之，悅單騎遁，汴州平。

燧知忠臣暴傲，讓其功，出舍板橋。忠臣入汴，果因會擊殺宋州刺史李僧惠。燧還河陽。秋大雨，河溢，軍吏請具舟以避，燧曰：「使城中盡魚而獨完其家，吾不忍。」既而水不爲害。

遷河東節度留後，進節度使。太原承鮑防之敗，兵力衰單，燧募廝役，得數千人，悉補騎士，教之戰，數月成精卒。造鎧必短長三制，稱士所衣，以便進趨。爲戰車，冒以狻猊象，列戟于後，行以載兵，止則爲陣，遇險則制衝冒。器用完銳。居一年，闢廣場，羅兵三萬以肄，威震北方。建中二年，朝京師，遷檢校兵部尚書，封豳國公，還軍。

初，田悅新有魏博，恐下未附，卽輸款朝廷，燧建言悅必反。既而悅果圍邢州，身攻臨洺，築重城絕內外援。邢將李洪、臨洺將張伾固守。詔燧以步騎二萬與昭義李抱眞、神策兵馬使李晟合軍救之。燧出崞口，未過險，移書抵悅，示之好。悅以燧畏己，大喜。既次邯鄲，悅使至，燧皆斬之，遣兵破其支軍，射殺賊將成炫之。悅聞，使大將楊朝光以兵萬人據雙岡，築東西二栅以禦燧。燧率軍營二壘間。是夜，東壘遁，燧進營狗明山，取棄壘置輜重。悅計曰：「朝光堅栅，且萬人，雖燧能攻，未可以數日下，且殺傷必衆，則吾已拔臨洺，饗士以戰，必勝術也。」卽分恆州兵五千助朝光。燧令大將李自良等以騎兵守雙岡，戒曰：「令悅得過者斬！」燧乃推火車焚朝光栅，自晨訖晡，急擊，大破之，斬朝光，禽其將盧子昌，獲首五千，執八百人。居五日，進軍臨洺。悅悉軍戰，燧自以銳士當之，凡百餘返，士皆決死，悅大敗，斬首萬級，俘係千餘，館穀三十萬斛，邢圍亦解。以功遷尚書右僕射。初，將戰，燧約衆，勝則以家貲賞。至是，殫私財賜麾下。德宗嘉之，詔出度支錢五千萬償其財。進兼魏博招討使。

李納、李惟岳合兵萬三千人救悅，悅裒散兵二萬壁洹水，淄青軍其左，恆冀軍其右。燧進屯鄴，請益兵。詔河陽李芃以兵會，次于漳。悅遣將王光進以兵守漳之長橋，築月壘扼軍路。燧於下流以鐵鏁維車數百絕河，載土囊遏水而後度。悅知燧食乏，深壁不戰。燧令士齎十日糧，進營倉口，與悅夾洹而軍，造三橋逾洹，日挑戰。悅不出，陰伏萬人，將以掩燧。燧令諸軍夜半食，先雞鳴時鳴鼓角，而潛師並洹趨魏州，令曰：「聞賊至，止爲陣。」留百騎持火，待軍畢發，匿其旁，須悅衆度，卽焚橋。燧行十餘里，悅率李納等兵踰橋，乘風縱火，譟而前。燧乃令士無動，命除榛莽廣百步爲場，募勇士五千人陣而待。比悅至，火止，氣少衰，燧縱兵擊之，悅敗奔橋，橋已焚，衆赴水死者不可計，斬首二萬級，殺賊將孫晉卿、安墨啜，虜三千人，尸相黏藉三十里，淄青兵幾殲。悅夜走魏州，其將拒不納，比明，追不至，悅乃得入。

抱眞、艽問曰：「糧少而深入，何也？」燧曰：「糧少戰利速，兵善於致人。今悅與淄青、恆三軍爲首尾，欲不戰以老我師，若分擊左右，未可必破，悅且來助，是腹背支敵也。法有攻其必救，故趨魏以破之。」皆曰：「善。」

悅嬰城自守。於是李再春以博州，悅兄昂以洺州，王光進以長橋，皆降。悅使符璘、李瑤衞還淄青殘兵，璘等亦降。魏導御溝貫城，燧塞其上游，魏人恐，悅遣許士則、侯臧間行告窮於朱滔、王武俊。會二人者怨望，乃連和。悅恃燕、趙方至，卽出兵背城陣，燧復與諸軍破之。進同中書門下平章事、北平郡王、魏州大都督長史。

滔、武俊聯兵五萬傅魏。會帝遣李懷光以朔方軍萬五千助燧。懷光勇于鬭，未休士，卽與滔等戰，不利。悅決水灌軍，燧兵亦屈，退保魏縣。滔等瀕河爲壘。會涇師亂，帝幸奉天，燧還軍太原。

初，李抱眞欲殺懷州刺史楊鉥，鉥奔燧，燧奏其非罪，乃免，抱眞怒。及共解邢圍，獲軍糧，燧自有之，以餘給抱眞軍，抱眞益怒。洹之捷，軍進薄魏，悅以突騎犯燧營，李艽救之，抱眞勒兵不出。燧將攻魏，取攻具於抱眞營，幷請雜兩軍平其功，抱眞不聽，請獨當一面，繇是逗遛。帝數遣使講解。武俊略趙地，抱眞分麾下二千人戍邢，燧怒謂：「抱眞以兵還守其地，我能獨戰死邪？」將引還，李晟和之，乃復與抱眞善。及田昂降，燧請以洺州隸抱眞，而用昭義副使盧玄卿爲刺史，兼魏博招討副使。李晟兵前獨隸抱眞，抱眞亦請兼隸于燧，以示協一。然議者咎燧私忿交惡，卒不成大功。

至太原，遣軍司馬王權以兵五千走奉天，又遣子彙與諸將子壁中渭橋，帝已幸梁，乃還。時天下方騷，北邊數有警，燧念晉陽王業所基，宜固險以示敵。乃引晉水架汾而屬之城，瀦爲東隍，省守陴萬人。又釃汾環城，樹以固隄。詔兼保寧軍節度使。

帝還京，李懷光反河中，詔燧爲河東保寧、奉誠軍行營副元帥，與渾瑊、駱元光合兵討之。時賊黨要廷珍守晉，毛朝敭守隰，鄭抗守慈，燧移檄鐫諭，皆以州降，因拜燧晉絳慈隰節度使。

武俊之圍趙也，康日知不支，將棄趙，燧請詔武俊擊朱滔，授以深、趙，以日知爲晉慈隰節度使。及三州降，燧固讓日知，且言因降受節，恐後有功者踵以爲利，帝嘉許。籍府庫兵仗以授日知，日知大喜過望。燧乃率步騎三萬次于絳，略定諸縣，降其將馮萬興、任象玉，遂圍絳，拔外郛，守將夜棄城去，降四千人。遣李自良定六縣，降其將辛兟，收卒五千。裨將谷秀違令掠士女，斬以徇。與賊戰寶鼎，射殺賊將徐伯文，斬首萬級，獲馬五百。

于時天下蝗，兵艱食，物貨翔踊，中朝臣多請宥懷光者，帝未決。燧以「懷光逆計久，反覆不可信。河中近甸，捨之屈威靈，無以示天下」。乃捨軍入朝，爲天子自言之：「且得三十日糧，足平河中。」許之。乃與瑊、元光、韓游瓌之兵合。

賊將徐廷光守長春宮城。燧度長春不下，則懷光固守，久攻所傷必衆，乃挺身至城下見廷光。廷光憚燧威，拜城上。燧顧其心已屈，徐曰：「我自朝廷來，可西嚮受命。」廷光再拜。燧曰：「公等朔方士，自祿山以來，功高天下，奈何棄之爲族滅計？若從吾言，非止免禍，富貴可遂也。」未對。燧曰：「爾以吾爲欺邪？今不遠數步，可射我。」披而示之心。廷光感泣，一軍皆流涕，卽率衆降。燧以數騎入其城，衆大呼曰：「吾等更爲王人矣。」渾瑊亦自以爲不及也，歎曰：「嘗疑馬公能窘田悅，今觀其制敵，固有過人者，吾不逮遠矣！」

進營焦籬堡，堡將降，餘戍望風遁去。燧濟河，兵八萬陣城下。是日，賊將牛名俊斬懷光降，衆猶萬六千。誅其黨閻晏、孟寶、張清、吳冏等，它脅附悉赦之。不閱月，河中平。遷光祿大夫，兼侍中，賜一子五品官。還太原，帝賜宸扆、台衡二銘，以言君臣相成之美。勒石起義堂，帝榜其顏以寵之。

貞元二年，吐蕃尙結贊破鹽、夏二州，守之，自屯鳴沙；及春，畜產死，糧乏。詔燧爲綏銀麟勝招討使，與駱元光、韓游瓌等會師擊虜。燧次石州。結贊懼，乞盟，帝不許。乃遣將論頰熱甘辭請于燧，且重幣申勤勤。明年，燧還太原，與論頰熱俱朝，盛言宜許以盟，天子然之。燧之朝，結贊遽引去。帝詔渾瑊與盟平涼，虜劫瑊，僅得免。吐蕃歸燧之兄子弇，曰：「河曲之屯，春草未生，吾馬飢，公若度河，我無種矣。賴公許和，今釋弇以報。」帝聞，悔怒，奪其兵，拜司徒，兼侍中，賜妓樂，奉朝請而已。與李晟皆圖象淩煙閣。後病足，不任謁。九年十月，自力朝延英，詔毋拜。時晟已卒，帝顧燧曰：「尚記與太尉晟俱來邪？今乃獨見公。」因悲涕。燧亦疾而仆，帝親掖之，詔左右扶去，送至陛，燧頓首泣謝。固乞骸，讓侍中，不許。卒，年七十，贈太傅，謚曰莊武。子彙、暢。

暢少以蔭至鴻臚少卿。建中中，燧討賊山東，暢留京師。於是大旱，朝廷議括商旅緡錢，多亡命入南山爲盜。暢客單超俊、李雲端等竊議，以爲事且危。暢是其言，遣奴諫燧班師。燧怒，執奴以聞，使兄炫拘暢請罪。帝方倚燧，貸不問，但誅其客，敕炫賜暢杖三十，然亦罷括商人令。

燧沒後，以貲甲天下，暢亦善殖財，家益豐。晚爲豪幸牟侵，又彙妻訟析產。貞元末，神策中尉楊志廉諷使納田產。至順宗時，復賜之。中官往往逼取，暢畏不敢吝，以至困窮。

終少府監，贈工部尚書。諸子無室廬自託，奉誠園亭觀，即其安邑里舊第云，故當世視暢以厚畜爲戒。有司謚曰縱。

子繼祖，生四歲以門功爲太子舍人，五遷至殿中少監。

燧兄炫，字弱翁。少以儒學聞，隱蘇門山，不應辟召。至德中，李光弼鎮太原，始署掌書記，常參軍謀，光弼器焉。遷刑部郎中。田神功帥宣武，署節度判官，授漣、潤二州刺史，以清白顯。燧爲司徒，授刑部侍郎，辭疾，以兵部尚書致仕，卒。

渾瑊，本鐵勒九姓之渾部也。世爲皋蘭都督。父釋之，有才武，從朔方軍，積戰多，遷累開府儀同三司、試太常卿、寧朔郡王。廣德中與吐蕃戰沒。

瑊年十一，善騎射，隨釋之防秋，朔方節度使張齊丘戲曰：「與乳媪俱來邪？」是歲立跳盪功。後二年，從破賀魯部，拔石堡城、龍駒島，其勇常冠軍。署折衝果毅。節度使安思順授瑊偏師，入葛祿部，略特羅斯山，破阿布思，與諸軍城永清及天安軍。遷中郎將。祿山反，從李光弼定河北，射賊驍將李立節，貫其左肩，死之。肅宗即位，瑊以兵趨行在，至天德，與虜軍遇，敗之。從郭子儀復兩京，討安慶緒，勝之新鄉，擢武鋒軍使。從僕固懷恩平史朝義，大小數十戰，功最，改太常卿，實封二百戶。懷恩反，瑊以所部歸子儀，會釋之喪，起復朔方行營兵馬使。從子儀擊吐蕃邠州，留屯邠。虜復入，至奉天，瑊戰漠谷，有功，遷太子賓客，屯奉天。周智光反，子儀令瑊以步騎萬人下同州。智光平，以邠寧隸朔方軍，瑊屯宜祿。

大曆七年，吐蕃盜塞深入，瑊會涇原節度使馬璘討之。次黃菩原，瑊引衆據險，設槍壘自營，遏賊奔突。舊將史抗等內輕瑊，顧左右去槍，叱騎馳賊。既還，虜躡而入，遂大敗，死者十八。子儀召諸將曰：「朔方軍高天下，今敗于虜，奈何？」瑊曰：「願再戰。」乃馳朝那，與鹽州刺史李國臣趨秦原。吐蕃引去，瑊邀擊破之，悉奪所掠而還。自是歲防長武城盛秋。領邠州刺史。吐蕃入方渠、懷安，瑊擊走之。

子儀入朝，留知邠寧慶兵馬後務。回紇侵太原，破鮑防軍。拜瑊都知兵馬使，自石嶺關而南，督諸軍掎角，虜引去。進兼單于副都護、振武軍使。子儀爲太尉，德宗析所部爲三節度，以瑊兼單于大都護，振武、東受降城、鎮北大都護府、綏銀麟勝州節度副大使。未幾，崔寧領朔方，故召爲左金吾衞大將軍。建中中，李希烈詐爲瑊書，若同亂者，帝識其謀，用不疑，更賜良馬、錦幣。普王爲荆襄元帥討希烈也，以瑊爲中軍都虞候。

帝狩奉天，瑊率家人子弟以從，授行在都虞候、京畿渭北節度使。朱泚兵薄城，戰譙門，晨至日中不解。或以芻車至，瑊曳車塞門，焚以戰，賊乃解。泚治攻具，矢石四集如雨，晝夜不息，凡浹日，鑿塹圜城。城中死者可藉，人心危惴，或夜縋出掇蔬本供御，帝與瑊相泣。泚方據乾陵下瞰城，翠翟紅袍，左右宦人趨走，宴賜拜舞，又縱慢辭戲斥天子，以爲勝在晷刻。使騎環馳，責大臣不識天命。造雲梁，廣數十丈，施大輪，濡氈及革冒之，周布水囊爲鄣，指城東北；構木廬，蒙革周置之，運薪土其下，將塞隍。帝召瑊，授以詔書千餘，自御史大夫、實封五百戶而下，募突將死士當賊；賜瑊筆，使量功署詔，不足則署衣以授。因曰：「朕與公訣矣，令馬承倩往，有急可奏。」瑊俯伏嗚咽，帝撫而遣之。瑊前與防城使侯仲莊揣雲梁所道，掘大隧，積馬矢及薪然之。賊乘風推梁以進，載數千人。王師乘城者皆凍餒，甲弊兵盬，瑊但以忠義感率使當賊，人憂不支，羣臣號天以禱。瑊中矢，自擢去，被血而戰愈厲。雲梁及隧而陷，風返悉焚，賊皆死，舉城歡譟。是日詔授瑊二子官，乃第賞將校。泚攻城益急，會李懷光奔難，賊乃去。進行在都知兵馬使，實封戶五百。

乘輿進狩山南，瑊以諸軍衞入谷口，懷光追騎至，後軍擊卻之。遷檢校尚書左僕射、同中書門下平章事，兼靈鹽豐夏定遠西城天德軍節度、朔方邠寧振武道永平軍奉天行營副元帥。帝臨軒授鉞，用漢拜韓信故事。制曰：「寇賊干紀，授爾節鉞，以戡多難，往欽哉！」瑊頓首曰：「敢不畢力，以對揚天子休命。」乃率諸軍趨京師。

賊韓旻拒武功，瑊率吐蕃論莽羅兵破之武亭川，斬首萬級，遂屯奉天，以抗西面。李晟自東渭橋破賊，瑊與韓游瓌、戴休顏以西軍收咸陽，進屯延秋門。泚平，論功，以瑊兼侍中，實封戶八百。天子還宮，授河中絳慈隰節度使、河中同陝虢行營副元帥，繇樓煩郡王徙咸寧；賜大寧里甲第，女樂五人，將相送歸第，與李晟鈞禮。俄加朔方行營副元帥，與馬燧同討李懷光。懷光平，檢校司空，任一子五品官。還屯河中。

吐蕃相尙結贊陷鹽、夏，陰闚京師，而畏瑊與李晟、馬燧，欲以計勝之。乃詭辭重禮，請燧講好，燧苦贊，帝乃詔約盟平涼川，以瑊爲會盟使。爲結贊所劫，副使崔漢衡以下皆陷，惟瑊得免。自奉天入朝，羸服待罪，詔釋之。會吐蕃復入盜，使瑊鎭奉天。虜罷，還河中。貞元四年，虜入涇、邠，授邠寧慶副元帥。進檢校司徒，兼中書令。十五年卒，年六十四。羣臣奉慰延英，贈太師，謚曰忠武。喪車至自鎭，帝復廢朝。

瑊好書，通春秋、漢書，嘗慕司馬遷自敍，著行紀一篇，其辭一不矜大。天性忠謹，功高而志益下，歲時貢奉，必躬閱視。每有賜予，下拜跽受，常若在帝前，世方之金日磾，故帝終始信待。貞元後，天子常恐藩侯生事，稍桀驁則姑息之，惟瑊有所奏論不盡從可，輒私喜曰：「上不疑我。」故治蒲十六年，常持軍，猜間不能入。君子賢之。本名日進，稍顯改焉。五子，鎬、鐬爲達官。

鎬謙謹，喜交士大夫，歷鄧、唐二州刺史，有政譽。元和中，延州沙陀部苦邊吏貪，震擾不安。李絳建言，宜選才職稱者爲刺史。乃任鎬延州。會討王承宗，而義武節度使任迪簡病不能軍，以鎬將家可用，乃遷檢校右散騎常侍、義武軍節度副使。俄代迪簡爲使。治兵頗有法，然短於計略，不持重。鎮、定二軍間不百里，鎬引兵壓鎮境而屯，距賊三十里，鼓角聲相聞。賊始亦畏，見鎬無斥候，乃潛師入定境，焚廥蓄，屠鄉聚，鎬軍遂搖。亦會中人督戰，乃出薄賊，大敗而還。詔以陳楚代之。時師飢凍，聞鎬方罷，遂亂，劫鎬之家，至裸辱。楚聞，馳入城，乃定。令軍中斂所剽歸鎬，以兵衞出之。貶韶州刺史。後代州刺史韓重華奏收鎬供軍金幣十餘萬，乃復貶循州。卒，贈工部尚書。

鐬以蔭補諸衞參軍，累擢至豐州刺史。坐贓七百萬，文宗以勳臣子，貶袁州司馬。還爲袁王傅，至太子詹事。訓、注亂，或言鐬匿賈餗，爲百騎所捕，苦辨乃免，然家爲兵剽皆盡。文宗憐之，授少府監，遷殿中。宰相以瑊之裔，擬刺史，帝曰：「是豈可以牧民？念其父功，富之可也。」宰相言鐬嘗治郡有績，從之，拜壽州刺史。終諸衞大將軍。

贊曰：唐史臣稱燧沈雄忠力，常先計後戰。每戰，親令于衆，無不感概用命，鬬必決死，未嘗折北，名蓋一時。然力能得田悅而不取，虜不可信而決信之，故河北三盜卒不臣，平涼大臣奔辱，燧之罪也。雖然，燧賢者也，天下以爲可責故責之，不以功掩罪，亦不可以罪廢功。瑊親與結贊盟，不能料虜詐，但以如詔爲恭，殆有猛志而無英才乎？李晟謂虜不可與盟，則燧、瑊固出晟下遠甚。功名大小，信其然乎！

唐書卷一百五十六

列傳第八十一

楊朝晟　戴休顏　陽惠元昃　李元諒　李觀　韓游瓌
杜希全　邢君牙

楊朝晟字叔明，夏州朔方人。興行間，以先鋒功授甘泉府果毅。建中初，從李懷光討劉文喜涇州，斬獲多，加驃騎大將軍。李納寇徐州，從唐朝臣往討，常冠軍。懷光赴難奉天，屬朝晟兵千人下咸陽，賜實封百五十戶。

懷光反，韓游瓌退保邠、寧，賊黨張昕守邠州，大索軍實，多募士，欲潛歸之。朝晟父懷賓爲游瓌將，夜以數十騎斬昕及同謀者。游瓌遣懷賓告行在，德宗勞問，授兼御史中丞。朝晟泣見懷光曰：「父立功於國，子當誅，不可以主兵。」懷光縶之。及諸軍圍河中，游瓌營長春宮，而懷賓戰甚力。懷光平，帝原朝晟，因爲游瓌都虞候，父子皆開府、賓客、御史中丞，軍中以爲榮。

吐蕃犯邊，游瓌自將守寧州，而御士寬，軍驕。及張獻甫來代，軍遂亂，朝晟逃於郊。衆脅監軍，請以范希朝爲節度使。希朝時已在京師。明日，朝晟出，紿衆曰：「予來賀所請之當也。」衆稍定。朝晟結諸將謀誅首惡者，居三日，紿遣人自邠來，曰：「前請報罷，張公已舍邠矣，反者皆當死，吾不願盡誅也，弟取首惡者。」衆所讙指，斬二百餘人，獻甫遂入于軍。帝以希朝爲節度副使，而朝晟加御史大夫。

貞元九年，城鹽州，發卒護境，朝晟屯木波堡。會獻甫卒，有詔代爲邠寧節度使。朝晟請城方渠、合道、木波以遏吐蕃路。詔問：「須兵幾何？」報曰：「部兵可辦。」帝問：「前日城五原，興師七萬，今何易邪？」對曰：「鹽州之役，虜先知之，今薄戎而城，虜料王師不十萬，勢難輕入。若發部兵，十日至塞下，未三旬城畢，積芻聚糧，留卒守之，寇至不可拔，萊野蓊夷，虜且走，此萬全計也。若大發兵，閱月乃至，虜亦來，來必戰，戰則不暇城矣。」帝納其策。師次方渠，水乏。有青蛇降險下走，視其跡，水從而流，朝晟使築防環之，遂爲渟淵，士飲仰足，圖其事以聞。有詔置祠，命泉曰應聖。已城，吐蕃悉衆至，度不能害，乃引去。復城馬嶺而歸，開地三百里。十七年，卒于屯。

戴休顏字休顏，夏州人。家世尚武，志膽不常。郭子儀引爲大將，諭平党項羌，以安河曲。試太常卿，封濟陰郡公，進封咸寧郡王，兼朔方節度副使。城邠州功最，遷鹽州刺史。

朱泚反，率兵三千，晝夜馳，奔問行在，德宗嘉之，賜實戶二百。與渾瑊、杜希全、韓游瓌等扞禦有勞。帝進狩梁、洋，留守奉天。李懷光屯咸陽，使人誘之，休顏斬其使，勒兵自守。懷光眙駭，自涇陽夜走。遷檢校工部尚書、奉天行營節度使。合渾瑊兵破泚偏師，斬首三千級，追至中渭橋。京師平，又與瑊率兵趨岐陽，邀泚殘黨。加檢校尚書右僕射，進戶四百。從乘輿至京師，賜女樂、甲第，拜左龍武軍統軍。卒，贈揚州大都督。弟休璿，歷開府儀同三司，封東陽郡王；休晏，歷輔國大將軍，封彭城郡公。俱以將略稱。

陽惠元，平州人。以趫勇奮，事平盧軍。從田神功、李忠臣浮海入青州。詔以兵隸神策，爲京西兵馬使，鎭奉天。

德宗初立，稍繩諸節度跋扈者。於是李正己屯曹州，田悅增河上兵，河南大擾。詔移兵萬二千戍關東，帝御望春樓誓師，因勞遣諸將，酒至，神策將士不敢飲。帝問故，惠元曰：「初發奉天，臣之帥張巨濟與衆約：『是役也，不立功，毋飲酒。』臣不敢食其言。」既行，有饋於道，惟惠元軍瓶罍不發。帝咨歎不已，璽書慰勞。俄以兵三千會諸將擊田悅，戰御河，奪三橋，惠元功多。以兵屬李懷光。

及朱泚反，自河朔赴難，解奉天圍，加檢校工部尙書，攝貝州刺史。詔惠元與神策行營節度使李晟、鄜坊節度使李建徽及懷光聯營便橋。晟知懷光且叛，移屯東渭橋。翰林學士陸贄諫帝曰：「四將接壘，晟等兵寡位下，爲懷光所易，勢不兩完。晟旣慮變，請與惠元東徙，則建徽孤立。宜因晟行，合兩軍皆往，以備賊爲解，趣裝進道，則懷光計無所施。」帝不從，使神策將李昇往伺，還奏：「懷光反明甚。」是夕，奪二軍，惠元、建徽走奉天，懷光遣將冉宗馳騎追及於好畤。惠元被髮呼天，血流出眥，祖裼戰而死。二子晟、暠匿井中，皆及害。建徽獨免。詔贈惠元尙書左僕射，晟殿中監，暠邠州刺史。

少子昦，字公素，惠元之死，被八創，墮別井，或救得免。歷邢州刺史。盧從史旣縛，潞軍潰，有驍卒五千，從史嘗以子視者，奔于昦，昦閉城不內。衆皆哭曰：「奴失帥，今公有完城，又度支錢百萬在府，少賜之，爲表天子求旌節。」晏開諭禍福遣之，衆感悟，遂還軍。憲宗嘉之，遷易州刺史。

王師討吳元濟，以唐州刺史提兵深入二百里，薄申州，拔外郛，殘其垣。以功加御史中丞。容州西原蠻反，授本州經略招討使，擊定之。進御史大夫，合邕、容兩管爲一道。卒，贈左散騎常侍。

李元諒，安息人，本安氏，少爲宦官駱奉先養息，冒姓駱，名元光。美鬚髯，鷙敢有謀。以宿衞積勞，試太子詹事。李懷讓節度鎮國，署奏以自副。居軍十年，士心憚服。德宗出奉天，賊遣將何望之襲華州，於是刺史董晉棄城走，望之欲聚兵以絕東道，元諒自潼關引兵徑薄其城，拔之。時兵興倉卒，裹闒爲鎧，剡蒿爲矢，募兵數日至萬餘，軍氣乃振。賊來攻，輒卻。時尙可孤守藍田，元諒屯昭應，王權壁中渭橋，賊兵不能踰渭南。未幾，遷鎮國軍節度使，封武康郡王。先是，詔發豳、隴兵東討李希烈，師方出關，泚使劉忠孝召還，至華陰，華陰尉李夷簡說驛官捕之，追及關，元諒斬以徇，所召兵不得入，由是華州獨完。俄詔元諒與李晟收京師，次滻西。元諒先奮壓賊，敗之，進屯苑東，晟使壞苑垣入。泚連戰皆北，遂大潰，京師平。讓功於晟，退壁近郊。加檢校尚書左僕射，實封戶五百，賜甲第、女樂、一子六品官。

李懷光反，與馬燧、渾瑊討之。其將徐廷光素易元諒，數嫚罵，爲優胡戲斥侮其祖。又使約降，曰：「我降漢將耳。」及馬燧至，降於燧。元諒見韓游瓌曰：「彼詬吾祖，今日斬之，子助我乎？」許諾。既而遇諸道，即數其罪，叱左右斬之，詣燧謝。燧大怒，將殺元諒，游瓌見曰：「殺一偏裨尙爾，即殺一節度，法宜如何？」燧默然。元諒請輸錢百萬勞軍自贖，瑊亦爲請，燧赦之。帝以專殺，恐有司劾治，前詔勿論。

貞元三年，吐蕃請盟，詔以軍從瑊會平涼，元諒軍潘原、游瓌軍洛口以爲援。元諒曰：「潘原去平涼七十里，虜詐不情，如有急，何以赴？請與公連屯。」瑊以違詔，不聽。瑊壁盟所二十里，元諒密徙營次之。既會，元諒望雲物曰：「不祥，虜必有變！」傳令約部伍出陣。俄而虜劫盟，瑊奔還，元諒兵成列出，而涇原節度使李觀亦以精兵五千伏險，與元諒相表裏，虜騎乃解。元諒遣車重先，而與瑊振旅徐還，時以爲有古良將風。是會也，微元諒、觀二人，瑊且不免。帝嘉歎，賜善馬金幣良厚，因賜姓及名。

更節度隴右，治良原。良原隍堞湮圮，旁皆平林薦草，虜入寇，常牧馬休徒於此。元諒培高浚淵，身執苦與士卒均，菑翳榛莽，闢美田數十里，勸士墾藝，歲入粟菽數十萬斛，什具畢給。又築連弩臺，遠烽偵，爲守備，進據勢勝，列新壁。虜至無所掠，戰又輒北，由是涇、隴以安，西戎憚之。卒，年六十二，贈司空，謚曰莊威。

李觀，其先自趙郡徙洛陽，故爲洛陽人。少沈厚寡言。以策干朔方節度使郭子儀，子儀遣佐坊州刺史吳伷，爲防遏使。以親喪解。吐蕃內寇，代宗幸陝，觀隱盩厔，率鄉里子姓千人守黑水，虜不敢侵。嶺南節度使楊愼微奏爲偏將，徐浩、李勉代節度，常倚以軍政，數捕平劇賊。遷大將，試殿中監，召爲右龍武將軍。

涇師叛，觀適番上，卽領兵千餘扈德宗奉天。詔盡察諸軍，整飭誰邏，增募五千人，犛擔讙豎，士氣益振。賜封戶二百，授二子八品官。從至梁州。帝還，詔總後軍。擢四鎭、北庭行軍涇原節度使。在屯四年，訓部伍，儲藏饒衍。平涼之盟，吐蕃不得志。是年，觀入朝，前一日就道，虜至期出精騎狙擊，不及，去。以少府監檢校工部尙書。卒，贈太子少傅。

韓游瓌，靈州靈武人，始爲郭子儀裨將。安祿山反，使阿史那從禮將同羅、突厥五千騎僞降於朔方，出塞門，誘河曲九蕃府、六胡叛，部落凡五十萬。子儀使游瓌率辛京杲擊破之，九蕃府還附。累進邠寧節度留後。

奉天之狩，兵未集，游瓌與慶州刺史論惟明以兵三千來赴，自乾陵北趨醴泉，未至，有詔引軍屯便橋。次泥泉，與泚兵值，游瓌欲還奉天，監軍翟文秀曰：「吾壁于此，賊敢踰我而西，可夾攻取之。今入奉天，賊亦隨至，是引賊迫天子也。」游瓌曰：「不然，我寡賊衆，彼能分以亢我，餘衆猶能鼓而西也，不如先入衞天子。且奉天無彊卒，安得夾攻？吾士乏且寒，賊以利誘之，衆且潰。」遂還奉天。泚兵躡攻之，戰不利，泚兵奪門，游瓌殊死戰，乃解。泚大治戰棚、雲橋，士皆懼，游瓌曰：「賊取佛祠乾木爲攻具，可以火之。」既而賊大譟攻南雉，游瓌曰：「是分吾力也。」趨北雉，遣將郭詗、郭廷玉以銳士三百傅滿直出，火其棚，投薪於中，風返，棚皆燼，賊氣沮。故諸將推游瓌赴難功第一。帝以衞軍無職局，軍置統軍一員，以游瓌、惟明、賈隱林處之。

李懷光叛，誘游瓌爲變，游瓌白發其書，帝曰：「卿可謂忠義矣！」對曰：「臣安知忠義？但懷光誤臣，使震驚乘輿，後持臣自解。」帝嘉其誠，從問：「計欲安出？」對曰：「懷光總諸府兵，怙以爲亂。今邠有張昕，靈武有甯景璿，河中有呂鳴岳，振武有杜從政，潼關有李朝臣，渭北有竇覦，皆守將也，陛下以其衆與地授之，罷懷光權，而尊以元功，諸將仰首，各聽其帥，彼安能以亂？」帝曰：「罷懷光權而泚益張，若何？」對曰：「陛下約士以不次之賞，今貢賦方至，發而酬之，其守自固。邠有萬精甲，臣得將之，可以誅賊。四方杖義而起，賊不足慮。」帝美其言。

會懷光誘復至，渾瑊得書，稍嚴卒以警。游瓌不知，發怒，嫚罵瑊。帝疑有變，即日幸梁州，游瓌使子從帝。懷光檄假游瓌邠州刺史，欲因張昕殺之。游瓌既失兵，不知所圖。有客劉南金說曰：「邠有留甲，可以立功，殆天假也！」游瓌悟，誘舊部兵八百馳入邠，說昕曰：「懷光自蹈禍機，公今可取富貴，無共汚不義也。我願以麾下爲公先驅。」昕不聽。游瓌移疾不出，陰結其將高固等。昕欲殺游瓌，戒左右衷甲入，昕小史李岌潛白游瓌，伏甲先起，高固等應之，斬昕首以聞。時懷光子玫在邠，游瓌衞出之，曰：「殺之祗以怒敵，至必遽，不如捨之。」玫至涇陽，懷光遂走蒲州。

游瓌屯七盤，受李晟節度。詔拜邠寧節度使，遂會渾瑊於奉天，與瑊、戴休顏分扼京西要險。李晟入長安，游瓌破泚兵咸陽。泚走涇州，游瓌使諭涇將楊澄，澄拒不納，泚遂敗。京師平，遷檢校尚書左僕射，實封戶四百。帝至自興元，游瓌及瑊、休顏從，而李晟、尙可孤、李元諒奉迎，論功與瑊等皆第一。游瓌還屯邠寧。懷光寇同州，瑊、元諒敗於乾坑。詔游瓌率兵并力，敗賊衆五千于屯。遂會瑊、馬燧圍蒲城。師次焦籬堡，守將尉珪降。懷光見勢單蹙，乃縊死。

貞元二年，吐蕃入涇、隴、邠、寧，游瓌追至安化，虜營合水北。游瓌策曰：「賊行無人地，必怠，可襲取之。」使將史履澄夜領兵五百入其營，斬數百級，取馬五千。遲明，虜以兵尾擊，游瓌羅幟自衞，鼙鼓四發，虜驚潰去。是歲，復圍鹽州，刺史杜彥光約與之城，吐蕃許之，又取銀、夏、麟等州。游瓌請收鹽州以斷戎人走集：「虜入漢，食禾菽，方春而病，此天亡時也。」有詔李元諒、韓全義率師一萬，會游瓌收鹽州。吐蕃請修淸水盟，以歸侵地，馬燧爲之請。詔問游瓌，答曰：「西戎弱則請盟，彊則入寇，今侵地益深而乞盟，詐我也！」帝不從。會盟平涼，詔游瓌以軍屯洛口。盟之日，游瓌以勁騎五百待非常，令曰：「卽有變，急趨柏泉以分虜勢。」瑊被劫，馳以免，虜見兵出，卽解去。後吐蕃寇大回原，游瓌方壁長武，卽選騎八百迎擊，自引兵繼之。監軍以爲戎不可易，答曰：「賊攻豐義，今游騎先破，則彼大衆不敢前，豐義全矣！」戰南原，敗之，吐蕃夜遁。

會子欽緒以射生將衞京師，與妖人李廣弘謀反，謀泄，奔邠州，中人捕斬，以狀示游瓌。游瓌懼，求歸死京師，帝不許。又執欽緒二息送京師，帝亦原之。未幾入朝，素服聽命，有詔復位，勞遇如故。

游瓌盛言城豐義以遏虜侵。帝悅，趣還軍。初，游瓌之朝，衆謂且得罪，故齎送殊薄。

既還，舉軍不自安。大將范希朝善兵，游瓌畏其偪，欲誅之，希朝奔鳳翔，帝聞，召入宿衞。游瓌遣兵築豐義，纔二板而潰，寧卒數百大掠，游瓌不能禁。詔用張獻甫代之。游瓌畏亂，委軍輕出，還京師，拜右龍武統軍。卒，謚曰襄。

廣弘者，自言宗室子，始爲浮屠，妄曰：「我嘗見岳、瀆神，當作天子，可復冠。」男子董昌舍廣弘於資敬寺，召相工唐郛視之，教郛告人曰：「廣弘且大貴。」乃誘欽緒、神策將魏循、李傪、越州參軍事劉昉等作亂。昉家數具酒大會廣弘所，陰相署置。又妄曰：「神戒我十月十日趣舉。」約欽緒夜擊鼓，譟凌霄門，焚飛龍廄，循等以神策兵迎廣弘，事捷，大剽三日。循、傪上變，乃禽廣弘及支黨鞫仗內，付三司訊實，皆殊死。廣弘臨刑，色自如。由是禁人不得入觀、祠。

杜希全，京兆醴泉人。以裨將隸郭子儀，積功勞至朔方節度使。軍令整嚴，士畏其威。奉天之狩，希全與鄜坊節度使李建徽、鹽州刺史戴休顏、夏州刺史時常春引兵赴難。次漠谷，爲賊邀擊，乘高縱石下之，彊弩雜發。德宗使援之，不克，還保邠州。賊平，遷檢校尚書左僕射、靈鹽豐夏節度使，封餘姚郡王。將卽屯，獻體要八章，砭切政病。帝嘉納，賜君臣箴一篇。

尋兼夏綏銀節度都統，建言：「鹽州據要會，爲塞保鄣，自平涼背盟，城陷于虜，於是靈武勢縣，鄜坊單逼，爲邊深患，請復城鹽州。」乃詔希全及朔方、邠寧、銀夏、鄜坊、振武及神策行營諸節度合選士三萬五千屯鹽州，又敕涇原、劍南、山南軍深入吐蕃，牽橈其力，使不得犯塞。執築凡六千人，閱二旬畢。由是虜憚，不輕入。

希全居河西久，頗越法橫肆，帝數容掩其短。豐州刺史李景略名出希全上，疑逼己，遂排劾之，帝爲斥以答其意。素苦風眩，稍劇，益忌忍，遂誣殺判官李起，吏下累息。卒，贈司空。

邢君牙，瀛州樂壽人。少從幽薊、平盧軍，以戰功歷果毅、折衝郎將。安祿山反，從侯希逸涉海入青州。田神功爲兗鄆節度使，使君牙將兵屯好畤防盛秋。吐蕃犯京師，代宗出陝，以扈從功，累封河間郡公。

建中初，李晟從馬燧討田悅，以君牙爲都將，在武安、襄國間凡五戰，斬馘功最。德宗出奉天，晟率君牙倍道赴難，徙屯渭橋，軍中便宜，唯君牙得豫。晟在鳳翔，數行邊，常以君牙守。晟入朝，代爲鳳翔觀察使。俄領節度，檢校尚書右僕射。吐蕃歲犯邊，君牙劭耕講戰以爲備，戎不能侵。又城隴州平戎川，號永信城。卒官，贈司空。

初，布衣張汾者，無紹而干君牙，軒然坐客上。會吏擿簿書，以盜沒宴錢五萬，君牙怒其欺，汾不謝去，曰：「吾在京師，聞邢君牙一時豪俊，今乃與設吏論錢，云何？」君牙慚，遽釋吏，引爲上客，留月餘，以五百縑爲謝。其屈己好士類此。

唐書卷一百五十七

列傳第八十二

陸贄

陸贄字敬輿，蘇州嘉興人。十八第進士，中博學宏辭。調鄭尉，罷歸。壽州刺史張鎰有重名，贄往見，語三日，奇之，請爲忘年交。既行，餉錢百萬，曰：「請爲母夫人一日費。」贄不納，止受茶一串，曰：「敢不承公之賜。」以書判拔萃補渭南尉。

德宗立，遣黜陟使庾何等十一人行天下。贄說使者，請以五術省風俗，八計聽吏治，三科登儁乂，四賦經財實，六德保罷瘵，五要簡官事。五術曰：聽謠誦審其哀樂，納市賈觀其好惡，訊簿書考其爭訟，覽車服等其儉奢，省作業察其趣舍。八計曰：視戶口豐耗以稽撫字，視墾田贏縮以稽本末，視賦役薄厚以稽廉冒，視按籍煩簡以稽聽斷，視囚繫盈虛以稽決滯，視姦盜有無以稽禁禦，視選舉衆寡以稽風化，視學校興廢以稽教導。三科曰：茂異，賢良，幹蠱。四賦曰：閱稼以奠稅，度產以衰征，料丁壯以計庸，占商賈以均利。六德曰：敬老，慈幼，救疾，恤孤，賑貧窮，任失業。五要曰：廢兵之冗食，蠲法之橈人，省官之不急，去物之無用，罷事之非要。時皆韙其言。遷監察御史。

帝在東宮，已聞其名矣，召爲翰林學士。會馬燧討賊河北久不決，請濟師；李希烈寇襄城。詔問策安出，贄言：

勞於服遠，莫若脩近；多方以救失，莫若改行。今幽、燕、恆、魏之勢緩而禍輕，汝、洛、滎、汴之勢急而禍重。田悅覆敗之餘，無復遠略，王武俊有勇無謀，朱滔多疑少決，互相制劫，急則合力，退則背憎，不能有越軼之患，此謂緩也。希烈果於奔噬，忍於傷殘，據蔡、許富全之地，而益以鄧、襄鹵獲之實，東寇則饟道阻，北窺則都邑震，此謂急也。代、朔、邠、靈自昔之精騎，上黨、盟津今之選師，舉而委之山東，將多而勢分，兵廣而財屈，則屯戍失於太繁也。李勉，文吏也，而當汴必爭地；哥舒曜之衆，烏合也，扞襄城方銳之賊。本非素習，首鼠莫前，則守禦失於不足也。今若還李艽河陽以援東都，李懷光解襄城之圍，專以太原、澤、潞兵抗山東，則梁、宋安。

又言：

立國之權，在審輕重，本大而末小，所以能固。故治天下者，若身使臂，臂使指，小大適稱而不悖。王畿者，四方之本也；京邑者，王畿之本也。其勢當京邑如身，王畿如臂，而四方如指，此天子大權也。是以前世轉天下租稅，徙郡縣豪桀，以實京師。太宗列置府兵八百所，而關中五百，舉天下不敵關中，則居重馭輕之意也。方世承平久，武備微，故祿山乘外重之勢，一舉而覆兩京。然猶諸牧有馬，州縣有糧，肅宗得以中興。乾元後，外虞踵發，悉師東討，故吐蕃乘虛，而先帝莫與爲禦，是失馭輕之權也。旣自陜還，懲乂前事，稍益禁衞，故關中有朔方、涇原、隴右之兵以捍西戎，河東有太原之兵以制北虜。今朔方、太原衆已屯山東，而神策六軍悉戍關外，將不能盡敵，則請濟師。陛下爲之輟邊軍，缺環衞，竭內廄之馬、武庫之兵，占將家子以益師，賦私畜以增騎。又告乏之財，則爲算室廬，貸商人，設諸榷之科，日日以甚。萬有一如朱滔、李希烈負固邊壘，竊發都甸者，何以備之？

夫關中，王業根本在焉。豪桀之在關中者，與籍於營衞不殊；車乘之在關中者，與列於廏牧不殊；財用之在關中者，與貯於帑藏不殊。一朝有急，可取也。陛下幸聽臣計，使朼還軍援洛，懷光救襄城，希烈必走。請神策軍及將家子占而東者追還之，凡京師稅間架、榷酒、抽貫、貸商、點召之令，一切停之，則端本整棼之術。

帝不納。後涇師急變，贄言皆効。

從狩奉天，機務塡總，遠近調發，奏請報下，書詔日數百，贄初若不經思，逮成，皆周盡事情，衍繹孰復，人人可曉。旁吏承寫不給，它學士筆閣不得下，而贄沛然有餘。始，帝蒼卒變故，每自剋責，贄曰：「陛下引咎，堯、舜意也，然致寇者乃羣臣罪。」贄意指盧杞等，帝護杞，因曰：「卿不忍歸過朕，有是言哉。然自古興衰，其亦有天命乎？今之厄運，恐不在人也。」贄退而上書曰：

自安史之亂，朝廷因循函養，而諸方自擅壤地，未嘗會朝。陛下將一區宇，乃命將興師，以討四方。一人征行，十室資奉，居者疲饋轉，行者苦鋒鏑，去留騷然，而閭里不寧矣。聚兵日衆，供費日博，常賦不給，乃議蹙限而加斂焉；加斂旣殫，乃別配之；別配不足，於是榷算之科設，率貸之法興。禁防滋章，吏不堪命，農桑廢于追呼，膏血竭于笞捶，兆庶嗷然，而郡邑不寧矣。邊陲之戍以保封疆，禁衞之旅以備巡警，邦之大防也。陛下悉而東征，邊備空屈，又搜私牧、責將家以出兵籍馬。夫私牧者，元勳貴戚之門也；將家者，統帥岳牧之後也。其復除征徭舊矣。今奪其畜牧，事其子孫，丐假以給資裝，破產以營卒乘，元臣貴位，孰不解體？方且稅俟王之廬，算裨販之緡，貴不見優，近不見異，羣情囂然，而關畿不寧矣。

陛下又謂百度弛廢，則持義以掩恩，任法以成治，斷失於太速，察傷於太精。斷速則寡怨于人，而疑似不容辨也；察精則多猜于物，而億度未必然也。寡怨而下懼禍，故反側之釁生；多猜而下防嫌，故苟且之患作。由是叛亂繼叢，怨讟並興，非常之虞，惟人主獨不聞。凶卒鼓行，白晝犯闕，重門無結草之禦，環衞無誰何之人。陛下雖有股肱之臣，耳目之佐，見危不能竭誠，臨難不能効死，是則羣臣之罪也。

陛下方以興衰諉之天命，亦過矣。書曰：「天視自我人視，天聽自我人聽。」則天所視聽，皆因于人，非人事外自有天命也。紂之辭曰：「我生不有命在天？」此捨人事，推天命，必不可之理也。易曰：「自天祐之。」仲尼以謂：「祐者助也，天之所助者順也，人之所助者信也。履信思乎順，是以祐之。」易論天人祐助之際，必先履行，而吉凶之報象焉。此天命在人，蓋昭昭矣。人事治而天降亂，未之有也；人事亂而天降康，亦未之有也。尚恐有可疑者，請以近事信之。

自比兵興，物力耗竭，人心驚疑如風濤然，洶洶靡定，族謀聚議，謂必有變。則京師之人，固非悉通占術、曉天命也。則致寇之由，豈運當然？夫治或生亂，亂或資治。有以無難而亡，多難而興。治或生亂者，恃治而不脩也。亂或資治者，遭亂而能治也。無難而失者，忽萬幾之重，而忘憂畏也。多難而興者，涉庶事之艱，而知敕慎也。今生亂失序之事不可追矣，其資治興邦之業，在刻勵而謹脩之。當至危之機，得其道則興，失則廢，其間不容復有所悔也，惟勤思而孰計之。捨己以從衆，違欲以遵道，遠憸佞，親忠直，推至誠，去逆詐，斯道甚易知，甚易行，不耗神，不劬力，第約之於心耳。何憂乎亂人，何畏乎厄運，何患乎不寧哉？

帝又問贄事切於今者，贄勸帝：「羣臣參日，使極言得失。若以軍務對者，見不以時，聽納無倦。兼天下之智，以爲聰明。」帝曰：「朕豈不推誠！然顧上封者，惟譏斥人短長，類非忠直。往謂君臣一體，故推信不疑，至憸人賣爲威福。今兹之禍，推誠之敝也。又諫者不密，要須歸曲於朕，以自取名。朕嗣位，見言事多矣，大抵雷同道聽，加質則窮。故頃不詔次對，豈曰倦哉！」贄因是極諫曰：

昔人有因噎而廢食者，又有懼溺而自沈者，其爲防患，不亦過哉！願陛下鑒之，毋以小虞而妨大道也。臣聞人之所助在信，信之所本在誠。一不誠，心莫之保；一不信，言莫之行。故聖人重焉。傳曰：「誠者，物之終始，不誠無物。」物者事也，言不誠卽無所事矣。匹夫不誠，無復有事，況王者賴人之誠以自固，而可不誠於人乎？陛下所謂誠信以致害者，臣竊非之。孔子曰：「可與言而不與之言，失人；不可與言而與之言，失言。智者不失人，亦不失言。」陛下可審其言而不可不信，可愼其所與而不可不誠。所謂民者，至愚而神。夫蚩蚩之倫，或昏或鄙，此似於愚也。然上之得失靡不辨，好惡靡不知，所祕靡不傳，所爲靡不効。馭以智則詐，示以疑則偷。接不以禮則其徇義輕，撫不以情則其效忠薄。上行則下從之，上施則下報之，若景附形，若響應聲。故曰：「惟天下至誠，爲能盡其性。」不盡於己而責盡於人，不誠於前而望誠於後，必紿而不信矣。今方鎭有不誠於國，陛下興師伐之；臣有不信於上，陛下下令誅之。有司奉命而不敢赦者，以陛下所有責彼所無也。故誠與信不可斯須去己。願陛下愼守而力行之，恐非所以爲悔也。

傳曰：「人誰無過？過而能改，善莫大焉。」仲虺歌成湯之德曰：「改過不吝。」吉甫美宣王之功曰：「袞職有闕，仲山甫補之。」夫成湯聖君也，仲虺聖輔也，以聖輔贊聖君，不稱其無過，稱其改過；周宣中興賢王也，吉甫文武賢臣也，歌誦其主，不美其無闕，而美其補闕。則聖賢之意，貴於改過，較然甚明。蓋過差者，上智下愚所不免，惟智者能改而之善，愚者恥而之非也。中古以降，其臣尙諛，其君亦自聖，掩盛德，行小道，乃有入則造膝，出則詭辭，姦由此滋，善由此沮，天子意由此惑，爭臣罪由此生，媚道行而害斯甚矣。太宗有文武仁義之德、治致太平之功，可謂盛矣，然而人到于今以從諫改過爲稱首。是知諫而能從，過而能改，帝王之大烈也。陛下謂諫官論事，引善自予，歸過於上者，信非其美，然於盛德，未有虧焉。納而不違，傳之適足增美；拒而違之，又安能禁之勿傳？不宜以此梗進言之路也。

聖人不忽細微，不侮鰥寡。爹言無驗不必用，質言當理不必違；遜於志不必然，逆於心不必否；異於人不必是，同於衆不必非；辭拙而效迂者不必愚，言甘而利重者不必智。考之以實，惟善所在，則可以盡天下之心矣。夫人情蔽於所信，阻於所疑；忽於所輕，溺於所欲。信偏則聽言不盡其實，故有過當之言；疑甚則雖實不聽其言，故有失實之聽。輕其人則遺可重之事，欲其事則存可棄之人。苟縱所私，不考其實，則是失天下之心矣。故常情之所輕，聖人之所重，不必慕高而好異也。

陛下又以雷同道說，加質則窮。臣謂陛下雖窮其辭而未窮其理，能服其口而未服其心。且下之情莫不願達於上，上之情莫不求知於下，然而下常苦上之難達，上常苦下之難知。若是者何？九弊不去也。所謂九弊者，上有六，下有三：好勝人，恥聞過，騁辯給，衒聰明，厲威嚴，恣彊愎，上之弊也；諂諛，顧望，畏懦，下之弊也。好勝而恥過，必甘佞辭，忌直言，則諂諛者進，而忠實之語不聞矣。騁辯而衒明，必折人以言，虞人以詐，則顧望者自便，而切摩之益不盡矣。厲威而恣愎，必不能降情接物，引咎在己，則畏懦者至，而情理之說不申矣。人之難知，堯、舜所病，胡可以一酬一詰，而謂盡其能哉？夫欲治天下，而不務得人心，則天下固不治矣；務得人心，而不勤接下，則心固不得矣；務接下而不辨君子小人，則下固不可接矣；務辨君子小人，而惡直嗜諛，則君子小人固不可辨矣。趨和求媚，人之甚利存焉；犯顏冒禍，人之甚害存焉。居上者易其言而以美利利之，猶懼忠告之不暨，況疏隔而猜忌者乎？

是時，賊未平，帝欲明年遂改元，而術家爭言數鍾百六，宜有所變，示天下復始。帝乃議更益大號。贄曰：「今乘輿播越，大憝未去，此人情向背、天意去就之隙，陛下宜痛自貶勵，不宜益美名以累謙德。」帝曰：「卿言固善，然要當小有變革，爲朕計之。」贄奏言：「古之人君，德合於天曰『皇』，合於地曰『帝』，合於人曰『王』，父天母地以養人治物得其宜者曰『天子』，皆大名也。三代而上，所稱象其德，不敢有加焉。至秦乃兼曰『皇帝』，流及後世昏僻之君，始有聖劉、天元之號，故人主重輕，不在稱謂，視德何如耳。若以時屯當有變革，不若引咎降名，以祗天戒。且矯舊失，至明也；損虛飾，大知也。寧與加冗號以受實患哉？」帝從之。

會興元赦令方具，帝以稾付贄，使商討其詳。贄知帝執德不固，困則思治，泰則易驕，欲激之使彊其意，即建言：「履非常之危者，不可以常道安；解非常之紛者，不可以常令諭。陛下窮用兵甲，竭取財賦，變生京師，盜據宮闈。今假王者四凶，僭帝者二豎，其它顧瞻懷貳，不可悉數。而欲紓多難，收羣心，惟在赦令而已。動人以言，所感已淺，言又不切，人誰肯懷？故誠不至者物不感，損不極者益不臻。夫悔過不得不深，引咎不得不盡，招延不可不廣，潤澤不可不弘。使天下聞之，廓然一變，人人得其所欲，安有不服哉？其須改革科條，已別封上。臣聞知過非難，改之難；言善非難，行之難。易曰：『聖人感人心而天下和平。』夫感者，誠發於心，而形於事，事或未諭，故宜之於言，言必顧心，心必副事，三者相合，乃可求感。惟陛下先斷厥志，以施其辭。度可行者而宣之，不可者措之。無苟於言，以重取悔。」帝納之。

始，帝播遷，府藏委棄，衞兵無褚衣。至是天下貢奉稍至，乃於行在夾廡署瓊林、大盈二庫，別藏貢物。贄諫，以爲：「瓊林、大盈於古無傳。舊老皆言：開元時貴臣飾巧以求媚，建言郡邑賦稅，當委有司以制經用，其貢獻悉歸天子私有之。蕩心侈欲，亦終以餌寇。今師旅方殷，瘡痛呻吟之聲未息，遽以珍貢私別庫，恐羣下有所觖望，請悉出以賜有功。令後納貢必歸之有司，先給軍賞，瓌怪纖麗無得以供。是乃散小儲成大儲，捐小寶固大寶也。」帝悟，即撤其署。

李懷光有異志，欲怒其軍使叛，即上言：「兵稟薄，與神策不等，難以戰。」李晟密言其變，因請移屯。帝遣贄見懷光議事。贄還奏：「懷光寇奔不追，師老不用，羣帥欲進，輒沮止其謀。此必反，宜有以制之。」因勸帝許晟移軍。初，贄與懷光語及晟，懷光妄詫曰：「吾無所藉晟。」贄卽美其彊雄，使不得翻覆。至是，請下詔書如其意者，且無辭歸短於朝。又建：「遣李建徽、陽惠元與晟并屯東渭橋，託言晟兵寡不足支賊，俾爲掎角。懷光雖不欲遣，且辭窮，無以沮解。」帝猶豫曰：「晟移屯，懷光固怏怏，若又遣建徽等俱東，彼且爲辭。少須之。」晟已徙營，不閱旬，懷光果奪兩節度兵，建徽挺身免，惠元死之，行在震驚，遂徙幸梁。

道有獻瓜果者，帝嘉其意，欲授以試官，贄曰：「爵位，天下公器，不可輕也。」帝曰：「試官虛名，且已與宰相議矣，卿其無嫌。」贄奏：「信賞必罰，霸王之資也。輕爵褻刑，衰亂之漸也。非功而獲爵則輕，非罪而肆刑則褻。天寶之季，嬖幸傾國，爵以情授，賞以寵加，綱紀始壞矣。羯胡乘之，遂亂中夏。財賦不足以供賜，而職官之賞興焉。職員不足以容功，而散、試之號行焉。今所病者爵輕也，設法貴之，猶恐不重，若又自棄，將何勸焉？陛下謂試官爲虛名，豈思之未熟邪？夫立國惟義與權，誘人惟名與利。名近虛，於教爲重；利近實，於德爲輕。凡所以裁是非，立法制，則存乎其義；參虛實，揣輕重，則存乎其權。專實利而不濟之以虛，則物有匱耗而不給矣；專虛名而不副之以實，則情有誕謾而不趨矣。故錫貨財，列稟秩，以彰實也；差品列，異服章，以飾虛也。居上者達其變，相須以爲表裏，則爲國之權得矣。按甲令，有職事官，有散官，有勳官，有爵號。其賦事受奉者，惟職事一官，以敍才能，以位勳德，所謂施實利而寓虛名也。勳、散、爵號，止於服色、資蔭，以馭崇貴，以甄功勞，所謂假虛名佐實利者也。今員外、試官與勳、散、爵號同，然而突銛鋒、排禍難者以是酬之可謂重矣。今獻瓜一器、果一盛則受之，彼忘軀命者有以相謂矣，曰：『吾之軀命乃同瓜果。』瓜果，草木也。若草木然，人何勸哉？夫田父野人必欲得其歡心，厚賜之可也。」

俄以勞遷諫議大夫，仍爲學士。時鳳翔節度使李楚琳殺張鎰得位，雖數貢奉，議者頗言其挾兩端，有所狙伺。然帝亦不能容，其使至，皆不得召，欲以渾瑊代之。贄諫曰：「楚琳之罪舊矣，今議者乃始紛紜，不亦晚哉？且勤王之師在畿內者，急宜亟告，景刻不可差。商嶺既回遠，而駱谷又爲賊所扼，通王命者唯褒斜爾。若復阻，則諸鎮之向背者，我勝則來，賊勝遂往，此焉幾會，不容差跌。使楚琳遑憾，敢爲倡狂，南塞要衝，東與賊合，則我咽喉梗而心膂分矣，豈不病哉！今顧望兩端，是乃天誘其衷，通歸塗，濟大業也。」帝釋然，盡召見其使，優詔勞安之。

帝欲以內外從官普號「定難元從功臣」。贄曰：「宮官具寮，恪居奔走，勞則有之，何功之云？難則嘗之，何定之云？今與奮命者齒，恐沮戰士之心，結勳臣之憤。」帝乃止。

京師已平，帝欲詔渾瑊訪奔亡內人，給裝使赴行在，贄諫曰：「大難始平，而百役疲瘵之甿、重傷殘廢之卒，皆忍死扶疾，想聞德音。蓋事有先後，義有輕重，重者宜先，輕者宜後。昔武王克殷，有未下車而爲之者，有下車而爲之者。當今所務，謂宜以大臣馳傳，迎復神主，脩飭郊丘，展禋享之禮，申告謝之意，恤死義，犒有功，崇進忠直，優問耆耋，定反側，寬脅從，官失職，復廢業，是皆宜先不可後也。葺宮室，治服玩，耳目之娛、巾櫛之侍，是皆宜後不可先也。且內人當離潰之後，或爲將士所私。昔人掩絕纓、飲盜馬者，豈忘其愛邪？知爲君之體然也。天下固多褻人，何必獨此？」帝不復下詔，猶遣使諭璘資遣。

初，劉從一、姜公輔等材下，不逮贄遠甚，徒以單言暫謀偶有合，由下位建台宰。而贄孤立一意，爲左右權倖沮短，又言事無所回諱，陰失帝意，久之不得宰相。還京，但爲中書舍人。母韋猶在江東，帝遣中人迎還京師。俄以喪解官，客東都。諸方賵遺一不取，惟韋皋以布衣交，先以聞，故所致輒稱詔受之。又詔中人護父柩至自吳會，葬洛陽。服除，以權知兵部侍郎復召爲學士。入謝，伏地鯁泣，帝爲興，改容慰撫。眷遇彌渥，天下屬以爲相，而竇參素不平，忌之。贄亦數言參罪失。貞元七年，罷學士，以兵部侍郎知貢舉。明年，參黜，乃以中書侍郎同中書門下平章事。

帝始任楊炎、盧杞，引樹私黨，排忠良，天下怨疾。貞元後，懲艾其失，雖置宰相，至除用庶官，反覆參詰乃得下。及贄秉政，始請臺閣長官得自薦其屬，有不職，坐舉者。帝初許之，或言諸司所引皆親黨，招賂遺，無實才，帝復詔宰相自擇。贄奏言：「齊桓公問管仲害霸，對曰：『得賢不能任，害霸也。任賢不能固，害霸也。固始而不終，害霸也。與賢人謀事，而小人議之，害霸也。』所謂小人者，非悉懷險詖以覆邦家也，蓋趨向狹促，以沮議爲出衆，自異爲不羣，趣小利，昧遠圖，効小信，傷大道爾。所謂臺省長官，僕射、尚書、丞、郎、御史大夫、中丞是也。陛下擇輔相多出其中，行實不能頓殊也。今乃謂不能進一二屬吏，豈後位宰相則可擇天下材乎？夫求才者貴廣，考課者貴精。往武后收人心，務拔擢，非徒人得薦士，亦許自舉其才，豈不易哉？然而課責嚴，進退速，故當世稱知人之明，累朝賴多士之用。陛下賞鑒獨任，難於公舉，有登延之路，無練覈之方。武后以易得人，陛下以精失士。今擇宰相以重於庶品，選長官以愈於下流，及宰相獻言，長吏薦士，則又納橫議，廢始謀，是任以重者輕其言，待以輕者重其事也。」帝雖嘉之，然卒停薦士詔。

舊制，吏部選以歲集。乾元後，天下兵興，率三年一調，吏員稽壅，則案牒叢淆，僞冒蒙眞，吏緣以爲姦，廢置無綱，至十年不被調者，缺員或累歲不補。贄乃請以內外員三分之，每歲計闕集人，檢柅吏姦，天下便之。當是時，賈耽、盧邁、趙憬同輔政，凡有司關白，三人者更相顧不肯判。贄又請如故事，旬一人秉筆，所咨輒判。

又以西北邊歲調河南、江淮兵，謂之「防秋」。士不素練，戰數敗，將統制不一，亡以應敵。乃上陳其弊曰：

自祿山搆亂，肅宗始撤邊備，以靖中邦，借外威，寧內難，於是吐蕃乘釁，回紇矜功，中國不振，四十餘年。率傷耗之民，竭力以事，西輸賄繒，北償馬資，尙不足滿其意。於是調斂四方，以屯疆陲，又不能遏其侵。故小入則驅略，深入則戎嚴。于時議安邊者，皆務所難，忽所易，勉所短，略所長，行之而要不精，圖之而功靡就。

夫勢有難易，事有先後。力大而敵脆，則先所難，是謂奪人之心也；力寡而敵堅，則先所易，是謂觀釁而動也。今財匱於中，人勞未瘳，而欲發師徒以犯獵寇境，復其侵疆，攻其堅城，前有勝負未必之虞，後有餽運不繼之患，萬一撓敗，適所以啓戎心，挫國威也。以此安邊，可謂不量勢而務所難矣。天之授有分，地之產有宜，是以五方之俗，長短各殊。勉所短而敵長者殆，用所長而乘短者彊。且以水草爲居，討獵爲生，便於馳突，不恥敗亡，此戎狄所長，中國之短也。而欲益兵蒐乘，爭驅角力，交鋒原野之上，決命尋常之間，以此禦寇，可謂勉所短而校其長矣。務所難，勉所短，勞費百倍，終無成功，雖果成之，不挫則廢。誠以越天授，違地產，虧時勢，以反物宜者也。胡不守所易，用所長乎？

若乃擇將吏，脩紀律，訓齊師徒；耀德以佐威，能邇以示遐；禁侵暴以彰吾信，抑攻取以昭吾仁；彼求和則善之而勿與盟，彼爲寇則備之而不報復。此當今所易也。賤力貴智，好生惡殺；輕利重人，忍小全大；安其居而動，俟其時後行。脩封疆，守要害，蹊塹隧，列屯營，謹禁防，明斥候，務農足食，非萬全不謀，非百克不鬬；寇小至則遏其入，寇大至則邀其歸，據險以乘之，多方以誤之，使其勇無所加，衆無所用，掠則靡獲，攻則不能，進有腹背支敵之虞，退有首尾不相救之患。是謂乘其弊，不戰而屈人兵。此中國之長也。我之所長，戎狄之短也；我之所易，戎狄之難也。以長制短，則用力寡而見功多；以易敵難，則財不匱而事速成。捨此不務而反爲所乘，斯謂倒持戈矛，以鐏授寇者也。今皆務之矣，尙且守封未固，寇戎未懲者何邪？病在謀無定用，衆無適從；任者不必才，才者不必任；聞不必實，實不必聞；所信不必誠，所誠不必信；行不必當，當不必行。

又有六失焉。夫兵有攻討，有鎭守。權以紓難，暫以應機，事有便宜，謀有奇詭，不卹常制，不徇衆情，死生進退，唯將所命，攻討之兵也。人情者利焉則勸，習焉則安，保親戚而後樂生，顧家業而後忘死，可以治術馭，不可以法制驅，鎭守之兵也。王者欲備封疆，禦戎狄，則選鎭守之兵以置之。古之善遷置者，必辨其土宜，察其技能，知其好惡。用其力，不違其性；齊其俗，不易其宜；引其善，不責其所不能；禁其非，不處其所不欲。類其部伍，安其家室，然後能使之樂其居，定其志。以惠則感而不驕，以威則肅而不死。靡督課而自用，弛禁防而不攜。故守則固，戰則彊。其術無它，便於人而已。今遠調屯士，以戍邊陲，邀所不能，彊所不欲，廣其數不考於用，責其力不察其情，斯可爲羽衞之儀，而無益備禦之實也。何者？窮邊之地，千里蕭條，寒風裂膚，豺狼爲鄰，晝則荷戈以耕，夜則倚烽以覘，有剽害之慮，無休暇之娛，非生其域、習其風，幼而視焉，長而安焉，則不能寧居而狎其敵也。關東百物阜殷，士忲温飽，比諸邊隅，不翅天地。聞絕寒荒陬，則辛酸動容；聆彊蕃勁虜，則懾駭褫情。又使去親族，捨園廬，甘所辛酸，抗所懾駭，將冀爲用，不亦疏乎？又有休代之期，無統制之善，資奉姑息，譬如驕子，進不邀以成功，退不處以嚴憲，屈指計歸，張頤待飼，師一挫傷，則乘其危橈，布路東潰。平居殫資儲以奉浮冗，臨難棄城鎭以搖疆場。其弊豈特無益哉？謫徙之人，本以增戶實邊，立功自贖，既無良之人，而思亂幸災又甚於戍卒，適有防衞之煩，而無立功之益。雖前代行之，固非可遵者也。帥臣身不臨邊，而以偏師戍守。大抵士之犀銳，悉選以自奉，委疲羸者以守要衝，寇至而不支，則刼執芟蹂，恣所欲得，比都府聞之，虜已旋返。治兵若此，斯可謂措置乖方。一失也。

賞以存勸，罰以示懲，以懋有庸，以威不恪。故賞罰之於馭衆，譬輗軏所以行車，銜勒所以服馬也。今將之號令不能行之軍，國之典刑不能施之將，上下遵養，以苟歲時。欲褒一有功，慮無功者怨，嫌疑而不賞；欲責一有罪，畏同惡者竦，隱忍而不誅。故忘身効節者抵譟於衆，僨軍緩救者畜姦不畏。褒貶稱毀，紛然相亂。公者直己不求諸人，則罹困厄；姦者行私苟媚於衆，則取優崇。此義士勇夫所以痛心解體也。又如遇敵而守不固，陳謀而功不成，責將帥，將帥曰資糧不足，責有司，有司曰須給無乏，更相爲解，而朝廷含糊，未嘗究詰。故抱直者吞聲，罔上者不懈。馭衆若此，可謂課責虧度。二失也。

以課責之虧，措置之乖，將不得竭其才，卒不得盡其力，屯集雖衆，無施戰陣，虜常橫行，以謂境無人焉。吏習其常，惟曰兵少不敵，朝廷莫之省，則又調發益師，無裨於備禦，而有弊於供億。閭井日耗，斂求日繁，傾家析產，榷鹽稅酒，無慮所入半以事邊。制用若此，可謂財匱於兵衆矣。三失也。

今四夷最彊盛者，莫如吐蕃。舉吐蕃衆，未當中國十數大郡，而內虞外備與中國不殊，所以能寇邊者無幾。又器不犀利，甲不精完，材不趫敏。動則中國懲其衆不敢抗，靜則憚其彊不敢侵，何哉？良以我之節制多，而彼之統帥一也。且節制多，則人心不一；人心不一，則號令不行；號令不行，則進退難必；進退難必，則疾徐失宜；疾徐失宜，則機會不及；機會不及，則氣勢自衰。斯乃勇廢爲尪，衆失爲弱。開元、天寶時，制西北二蕃，則朔方、河西、隴右三節度而已，尙慮權分，或詔兼領之。中興未遑外討，則僑四鎮隸安定，以隴右附扶風，所當二蕃，則朔方、涇原、隴右、河東四節度而已，以關東戍卒屬之。雖任未得人，而措置之法存焉。自賊泚亂以誘涇原，懷光反以汙朔方，則分朔方爲三節度，其鎮軍且四十，皆特詔任之，各有中人監軍，咸得相抗。既無軍法臨下，莫能稟屬，邊書告急，方使關白用兵，是謂從容拯溺，揖讓救焚矣。兵以氣若勢爲用者也。氣聚則盛，散則消；勢合則威，析則弱。今之邊戍，勢弱氣消。建軍若此，可謂力分於將多矣。四失也。

治戎之要，在均齊而已。故軍法無貴賤之差、多少之異，所以同其志，盡其力也。被邊長鎮之兵，皆百戰傷夷，角所能則習，度所處則危，考服役則勞，察臨敵則勇，然衣稟止於當身，又爲家室所分，居常凍餒。而關東戍士，歲月更代，怯於應敵，懈於服勞，然衣稟優厚，繼以茶藥，資以蔬醬。豐寡相縣，勢則遠甚。又有以邊軍詭爲奏請遙隸神策者，稟賜之饒，有三倍之益。此士類所以忿恨，經費所以褊匱。夫事業未異，給養頓殊，人情所不甘也。不爲戎首，已可嘉者，況使協力同心，以攘寇難，臣知有所不能焉。養士若此，可謂怨生於不均矣。五失也。

凡任將帥，必先考察行能，然後指所授之方、所委之要，令自揣可否，以見要領。須某甲兵，藉某參屬，用若干步騎，計若干資糧，何所列屯，何時成功，覩其言，校其實。

若曰不足取，當艱之於初，不宜詒悔於後也。若曰可任，則當要之於終，不宜掣肘於內也。故疑者不使，使者不疑。勞神於拔選，端拱於委任，然後覈否臧，信賞罰，受賞者不爲濫，當罰者不敢辭，付授專則苟且之心息矣。是以古之遣將者，君推轂而命之，又賜鈇鉞，故軍容不入國，國容不入軍，機宜不以遠決，號令不以兩從。今陛下命帥，先求易制者，多其部使力分，輕其任使心弱。由是分閫責成之義廢，死綏任咎之志衰。一則聽命，二則聽命，止取承順可矣，若有意乎靖難則不可。兩疆相接，兩軍相持，事機所急，罅不留息，況千里之遠，九重之深，陳述之難明，聽覽之不專，欲事無遺策，雖聖亦有所不能焉。守戍者以寡不敢抗，分鎭者以無詔不敢救，逗留之頃，寇已奔逼。牧馬屯牛，鞠椎剽矣；嗇夫樵婦，罄俘囚矣。假令詔至發兵，更相顧望，莫敢遮礙。敗者減百爲一，獲者衍百爲千。帥守以總制在朝，不卹於罪；陛下以權出己，不究厥情。用帥若此，可謂機失於遙制矣。六失也。

臣愚謂宜罷四方之防秋者，以其數析而三之：其一，責本道節度，募壯士願屯邊者徙焉；其一，則弟以本道衣稟，責關內、河東募用蕃、夏子弟願傅軍者給焉；其一，以所輸資糧給應募者，以安其業。詔度支市牛，召工就諸屯繕完器具。至者家給牛一，耕耨水火之器畢具，一歲給二口糧，賜種子，勸之播蒔。須一年，則使自給，有餘粟者，縣官倍價以售。既息調發之煩，又無幸免之弊，出則人自爲戰，處則家自爲耕。與夫暫屯遽罷，豈同日論哉！然後建文武大臣一人爲隴右元帥，自涇、隴、鳳翔薄長武城，盡山南西道，凡節度府之兵皆屬焉。又詔一人爲朔方元帥，由鄜坊、邠寧揵靈夏，凡節度府之兵屬焉。又詔一人爲河東元帥，舉河東，極振武，節度府之兵屬焉。各以臨邊要州爲治所，所部州若府遴柬良吏爲刺史，外奉軍興，內課農桑，愼守中國所長，謹行當今所易，則八利可致，六失可去矣。

帝愛重其言，不從也。

班宏判度支，卒官，贄薦李巽，帝漫許之，而自用裴延齡，贄言：「延齡僻戾躁妄，不可用。」不聽。俄而延齡姦佞得君，天下仇惡，無敢言。贄上書苦諫，帝不懌，竟以太子賓客罷。贄本畏愼，未嘗通賓客。延齡揣帝意薄，讒短百緒，帝遂發怒，欲誅贄，賴陽城等交章論辨，乃貶忠州別駕。後稍思之，會薛延爲刺史，諭旨慰勞。韋臯數上表請贄代領劍南，帝猶銜之，不肯與。順宗立，召還。詔未至，卒，年五十二，贈兵部尙書，謚曰宣。

始，贄入翰林，年尙少，以材幸，天子常以輩行呼而不名。在奉天，朝夕進見，然小心精潔，未嘗有過，由是帝親倚，至解衣衣之，同類莫敢望。雖外有宰相主大議，而贄常居中參裁可否，時號「內相」。嘗爲帝言：「今盜徧天下，宜痛自咎悔，以感人心。昔成湯罪己以興，楚昭王出奔，以一言善復國。陛下誠不吝改過，以言謝天下，使臣持筆亡所忌，庶叛者革心。」帝從之。故奉天所下制書，雖武人悍卒無不感動流涕。後李抱眞入朝，爲帝言：「陛下在奉天、山南時，赦令至山東，士卒聞者皆感泣思奮。臣是時知賊不足平。」議者謂興元戡難功，雖爪牙宣力，蓋贄有助焉。狩山南也，道險澀，與從官相失，夜召贄不得，帝驚且泣，詔軍中得贄者賞千金。久之，上謁，帝喜見顏間，自太子以下皆賀。及輔政，不敢自顧重，事有可否必言之，所言皆剴拂帝短，懇到深切。或規其太過者，對曰：「吾上不負天子，下不負所學，皇它卹乎？」既放荒遠，常闔戶，人不識其面。又避謗不著書，地苦瘴癘，祗爲今古集驗方五十篇示鄉人云。

贊曰：德宗之不亡，顧不幸哉！在危難時聽贄謀，及已平，追仇盡言，怫然以讒倖逐猶棄梗。至延齡輩，則寵任磐桓，不移如山，昏佞之相濟也。世言贄白罷翰林，以爲與吳通玄兄弟爭寵，竇參之死，贄漏其言，非也。夫君子小人不兩進，邪諂得君則正士危，何可訾耶？觀贄論諫數十百篇，譏陳時病，皆本仁義，可爲後世法，炳炳如丹，帝所用纔十一。唐祚不競，惜哉！

唐書卷一百五十八

列傳第八十三

韋皋 聿 正貫 劉闢 張建封 愔 嚴震 謨 韓弘 公武 充

韋皋字城武，京兆萬年人。六代祖範，有勳力周、隋間。皋始仕爲建陵挽郎，諸帥府更辟，擢監察御史。張鎰節度鳳翔，署營田判官。以殿中侍御史知隴州行營留事。

德宗狩奉天，李楚琳殺鎰，劫衆叛歸朱泚，隴州刺史郝通奔降楚琳。始，泚以范陽軍鎮鳳翔，既歸節，而留兵五百戍隴上，以部將牛雲光督之。至是，雲光謀請皋爲帥，將劫以臣泚。別將翟曄伺知，以白皋。雲光懼不克，率衆出奔，至汧陽，遇泚奴使皋所，謂雲光曰：「太尉已爲天子，使我以御史中丞授皋，若聽，固吾人也，不受，可遂誅之，請以兵俱。」許之。皋迎勞，先納奴，僞受泚詔。卽讓雲光曰：「既去而復，何也？」對曰：「向未知公之命，故去；今還，願與公同生死。」皋曰：「大使固善，苟無它圖，請釋甲以安衆，而後可入也。」雲光以皋諸生，亡能爲，乃命士委仗鎧，皋受而内其卒。明日，置酒大會，奴、雲光與其下至，皋伏甲左右廡，酒行，盡殺之，以其首徇。泚復使它奴拜皋鳳翔節度使，皋亦斬之及從騎三人，縱一人使報泚。帝聞，乃授皋隴州刺史，置奉義軍，拜節度使，寵其功。皋遣兄平及弁繼至奉天，士氣益壯。乃築壇血牲與士盟曰：「協力一心，以誅元惡，有渝此盟，神其殛之。」又馳使吐蕃與連和，隴坻遂安。帝自梁、洋還，召爲左金吾衞將軍，遷大將軍。

貞元初，代張延賞爲劍南西川節度使。初，雲南蠻羈附吐蕃，其盜塞必以蠻爲鄉道。皋計得雲南則斬虜右支，乃間使招徠之，稍稍通西南夷。明年，蠻大首領苴那時以王爵讓其兄子烏星。始，烏星幼，那時攝領其部，故請歸爵。皋上言：「禮讓行于殊俗，則悖戾者化，願皆封以示褒進。」詔可。又明年，雲南款邊求内屬，約東蠻鬼主驃傍、苴夢衝等絶吐蕃盟。五年，東蠻斷瀘水橋攻吐蕃，請皋濟師。皋遣精卒二千，與蠻共破吐蕃於臺登，殺青海大酋乞臧遮遮、臘城酋悉多楊朱及論東柴等，虜墜死崖谷不可計，多獲牛馬鎧裝。遮遮，尚結贊之子，虜貴將悍雄者也，既敗，酋長百餘行哭隨之。悍將已亡，則屯栅以次降定。進檢校吏部尚書。

初，東蠻地二千里，勝兵常數萬，南倚閤羅鳳，西結吐蕃，狙勢彊弱爲患，皋能綏服之，故戰有功。詔以那時爲順政王，夢衝懷化王，驃傍和義王，刻「兩林」、「勿鄧」等印以賜之。

而夢衝復與吐蕃盟，臯遣別將蘇峞召之，詰其叛，斬于琵琶川，立次鬼主樣棄等，蠻部震服。乃建安夷軍於資州，維制諸蠻；城龍谿於西山，保納降羌。

九年，天子城鹽州，策虜且來橈襲，詔臯出師牽維之。乃命大將董勔、張芬分出西山、靈關，破峨和、通鶴、定廉城，踰的博嶺，遂圍維州，搏棲雞，攻下羊溪等三城，取劍山屯焚之。南道元帥論莽熱來援，與戰，破其軍，進收白岸，乃城鹽州。詔臯休士。以功爲檢校尚書右僕射、扶風縣伯。

於是西山羌女、訶陵、南水、白狗、逋租、弱水、清遠、咄霸八國酋長，皆因臯請入朝。乃遣幕府崔佐時由石門趣雲南，而南詔復通。石門者，隋史萬歲南征道也，天寶中，鮮于仲通下兵南溪，道遂閉。至是蠻徑北谷，近吐蕃，故臯治復之。繇黎州出邛部，直雲南，置青溪關，號曰「南道」。乃詔臯統押近界諸蠻、西山八國、雲南安撫使。俄進同中書門下平章事。

十三年，復巂州。吐蕃怨，完壘造舟，謀擾邊，臯輒破卻之。自是曩貢、臘城等九節度嬰嬰、籠官馬定德與大將舉落皆降，昆明管些蠻又內附。贊普怒，遂北掠靈、朔，破麟州以取償焉。帝詔臯深入以橈虜。臯遣大將陳洎等出三奇，崔堯臣趨石門無衣山，仇冕、董振走維州，邢玭出黃崖略棲雞、老翁城，高倜、王英俊繇峨和、清溪道薄故松州，元膺出濕山、成溪，臧守至道黎、巂，韋良金趨平夷，路惟明自靈關、夏陽攻逋租、偏松城，王有道涉大度河，陳孝陽牽蠻苴那時等道西瀘攻昆明、諾濟，師無慮五萬，以八月悉出塞。十月，大破吐蕃，拔其保鎮捕候，追奔轉戰千里，遂圍維州。吐蕃釋靈、朔兵，使論莽熱以內大相兼東境五節度大使，率雜虜十萬來救。師伏以待，虜乘勝深入，師譟而奮，虜大潰，生禽莽熱獻諸朝。帝悅，進檢校司徒兼中書令、南康郡王，帝製紀功碑褒賜之。

順宗立，詔檢校太尉。會王叔文等干政，皐遣劉闢來京師謁叔文曰：「公使私於君，請盡領劍南，則惟君之報。不然，惟君之怨。」叔文怒，欲斬闢，闢遁去。皐知叔文多釁，又自以大臣可與國大議，即上表請皇太子監國，又上牋太子，暴叔文、伾之姦，且勸進。會大臣繼請，太子遂受禪，因投殛姦黨。是歲，皐暴卒，年六十一，贈太師，謚曰忠武。

皐治蜀二十一年，數出師，凡破吐蕃四十八萬，禽殺節度、都督、城主、籠官千五百，斬首五萬餘級，獲牛羊二十五萬，收器械六百三十萬，其功烈爲西南劇。善拊士，至雖昏嫁皆厚資之，婿給錦衣，女給銀塗衣，賜各萬錢，死喪者稱是。其僚掾官雖顯，不使還朝，即署屬州刺史，自以侈橫，務蓋藏之。故劉闢階其厲，卒以叛。朝廷欲追繩其咎，而不與皐者詆所進兵皆鏤「定秦」字，有陸暢者上言：「臣向在蜀，知『定秦』者，匠名也。」繇是議息。暢字達夫，皐雅所厚禮。始，天寶時，李白爲蜀道難篇以斥嚴武，暢更爲蜀道易以美皐焉。

始，皋務私其民，列州互除租，凡三歲一復。皋沒，蜀人德之，見其遺象必拜。凡刻石著皋名者，皆鑱其文尊諱之。

兄聿，弟平〔一〕。

聿以蔭調南陵尉，遷祕書郎，以父嫌名換太子司議郎，辟淮南杜佑府。元和初，爲國子司業。劉闢與盧文若反，皋子行式娶文若女弟，聿不以聞。闢平，行式妻當沒掖庭，有司幷按聿，或以道遠不應坐，乃皆赦之。終太子右庶子。

平與皋斬朱泚使者，間走奉天上功，擢萬年尉。

平子正貫，字公理，少孤，皋謂能大其門，名曰臧孫。推蔭爲單父尉，不得意，棄官去，改今名。舉賢良方正異等，除太子校書郎，調華原尉。後又中詳閑吏治科，遷萬年主簿，擢累司農卿。坐尚食乏供，貶均州刺史。久之，進壽州團練使。

宣宗立，以治當最，拜京兆尹、同州刺史。俄擢嶺南節度使。南海舶賈始至，大帥必取象犀明珠，上珍而售以下直，正貫既至，無所取，吏咨其淸。南方風俗右鬼，正貫毀淫祠，教民毋妄祈。會海水溢，人爭咎撤祠事，以爲神不厭，正貫登城沃酒以誓曰：「不當神意，長人任其咎，無逮下民。」俄而水去，民乃信之。居鎭三歲，既病，遺令無厚葬，無用鼓吹，無請謚。卒，年六十八，贈工部尚書。

劉闢者，字太初，擢進士宏詞科，佐韋皋府，遷累御史中丞、支度副使〔三〕。皋卒，闢主後務，諷諸將徼旄節，憲宗以給事中召之，不奉詔。時帝新卽位，欲靜鎭四方，卽拜檢校工部尚書、劍南西川節度使。闢意帝可動，益驁蹇，吐不臣語，求統三川，欲以所善盧文若節度東川，卽以兵取梓州。且以術家言五福、太一舍于蜀，乃造大樓以祈祥。帝始重征討，而宰相杜黃裳勸帝，且言：「闢，妄書生耳，可鼓而俘也。」薦高崇文、李元奕等將神策行營兵皆西，使嚴礪、李康掎角之。

詔許自新，闢不聽，崇文取東川，帝乃下詔奪其官，進破鹿頭關，遂下成都。闢從數十騎走至羊灌田，自投水，不能死，騎將酈定進禽之。文若先殺其族，縋石自沈于江，失其尸。檻車送闢京師，尚冀不死，食飲于道晏然，將至都，神策以兵迎之，係其首，曳而入，驚曰：「何至是邪？」帝御興安樓受俘，詔詰反狀，闢曰：「臣不敢反，五院子弟爲惡，不能制。」詔問：「遣使賜節何不受？」乃伏罪。獻廟社，徇于市，斬于城西南獨柳下。子超郎等九人，與部將崔綱以次誅。

始，闢嘗病，見問疾者必以手行入其口，闢卽裂食之。唯盧文若至，如平常，故益與之厚，而皆夷族。

張建封字本立，鄧州南陽人，客隱兗州。父玠，少任俠。安祿山反，使李廷偉脅徇山東，魯郡太守韓擇木迎館之。玠率豪桀段絳等集兵，將斬以徇，擇木不許，唯司兵參軍張孚助其謀，乃殺廷偉幷其黨以聞。擇木、孚皆受賞，而玠去之江南，不自言功。

建封少喜文章，能辯論，慷慨尙氣，自許以功名顯。李光弼鎭河南，盜起蘇、常間，殘掠鄉縣。代宗詔中人馬日新與光弼麾下皆討。建封見中人，請前喩賊，可不須戰。因到賊屯開譬禍福，一日降數千人，縱還田里，由是知名。湖南觀察使韋之晉辟署參謀，授左淸道兵曹參軍，不樂職，輒去。令狐彰節度滑亳，奏置幕府，彰不朝覲，建封非之。往見轉運使劉晏，晏奏試大理評事，使筦漕務，歲餘罷。時馬燧爲三城鎭遏使，雅知之，表爲判官，擢監察御史。燧伐李靈耀，軍中事多所諏訪，從鎭河東，授侍御史，卽表其能於朝。楊炎將任以要職，盧杞不喜，出爲岳州刺史。

李希烈既破梁崇義，跋扈不臣，壽州刺史崔昭與相聞，德宗召宰相選代昭者，杞倉卒不暇取它吏，卽白用建封。希烈數敗王師，張甚，遂僭卽天子位，淮南節度使陳少游陰附之。

希烈遣將楊豐齎僞赦二，畀建封、少游。豐至，建封縛致軍中，會中人來，對之斬其首，因送僞書于行在。少游聞之，恚汗不自處，建封乃劾其附賊狀，帝方蒙難，不暇治也。希烈又署杜少誠爲淮南節度使，約破壽州，以趣江都。建封壁霍丘秋栅拒之，賊不能東。遷團練使。帝還自梁，少游卒憂死。進兼御史大夫、濠壽廬觀察使。是時，四方尙多故，乃繕陴隍，益治兵，四鄙附悅。希烈使票帥悍卒來戰，建封皆沮衄之。賊平，進封階，又任一子正員官。

貞元四年，拜御史大夫、徐泗濠節度使。始，李洧以徐降，洧卒，高承宗、獨孤華代之，地迫于寇，常困蹙不支。於是李泌建言：「東南漕自淮達諸汴，徐之埇橋爲江、淮計口，今徐州刺史高明應甚少，脫爲李納所幷，以梗餉路，是失江、淮也。請以建封代之，益與濠、泗二州。夫徐地重而兵勁，若帥又賢，卽淄青震矣。」帝曰：「善。」繇是徐復爲雄鎭。久之，檢校尙書右僕射。十三年，來朝，帝不待日召見延英殿，詔會朝赴大夫班，以示殊寵，建封賦朝天行以獻。帝眷遇異等，賜名馬珍具。

是時，宦者主宮市，置數十百人閱物廛左，謂之「白望」。無詔文驗覈，但稱宮市，則莫敢誰何，大率與直十不償一。又邀闔闢所奉及脚傭，至有重荷趨肆而徒返者。有農賣一驢薪，宦人以數尺帛易之，又取它費，且驅驢入宮，而農納薪辭帛，欲亟去，不許，恚曰：「惟有死耳！」遂擊宦者。有司執之以聞，帝黜宦人，賜農帛十匹，然宮市不廢也。諫臣交章列上，皆不納，故建封請間爲帝言之，帝頗順聽。會詔書蠲民逋賦，帝問何如，答曰：「殘逋積負，決無可斂，雖蠲除之，百姓尙無所益。」又陳：「河東節度使李說、華州刺史盧徵皆病不能事，左右得以爲姦。右金吾大將軍李翰好刺細事規寵，人疾惡之。」帝悉嘉可。未幾，制詔：「官師過從，人情之常，自今金吾勿以聞。」

元巳，賜宴曲江，特詔與宰相同榻食。其還鎭，帝賦詩以餞，于時雖馬燧、渾瑊、劉玄佐、李抱眞等勳寵卓越，未有以詩餞者。帝又使左右以所持鞭賜之，曰：「卿節誼歲寒弗渝，故用此爲況。」建封又賦詩以自警勵。十六年，以病求代，詔韋夏卿代之，未至而建封卒，年六十六，册贈司徒。

治徐凡十年，躬於所事，一軍大治。善容人過，至健黠亦未嘗曲法假之。其言忠義感激，故下皆畏悅。性樂士，賢不肖游其門者禮必均，故其往如歸。許孟容、韓愈皆奏署幕府，有文章傳于時。

子愔，始以蔭補虢州參軍事。建封卒，府佐鄭通誠者攝留事，畏其軍亂，因浙西戍兵過徐，謀引以爲援。擧軍怒，斧庫取兵，環府大譟，殺通誠及大將數人，乃表于朝，請愔爲留後，假旄節。帝不許，披濠、泗隸淮南，詔杜佑討徐亂。泗州刺史張伾以兵攻埇橋，與徐軍确，伾大敗。帝未有以制，乃授愔右驍衞將軍、徐州刺史，知留後。以伾爲泗州留後，杜兼爲濠州留後。俄進愔武寧軍節度使。

元和初，以疾求代，召爲工部尙書，以王紹節度武寧，還濠、泗隸徐。徐人喜，遂不敢亂，而愔得行。未踰境，卒。愔治徐七年，其政稱治。贈尙書右僕射。

嚴震字遐聞，梓州鹽亭人。本農家子，以財役里閭。至德、乾元中，數出貲助邊，得爲州長史。西川節度使嚴武知其才，署押衙，遷恆王府司馬，委以軍府衆務。武卒，罷歸。會東川節度使李叔明表爲渝州刺史，震以叔明姻家，移疾去。山南西道節度府又表爲鳳州刺史。母喪解。起爲興、鳳兩州團練使，好興利除害。建中中，劍南黜陟使韋楨狀震治行爲山南第一，乃賜上下考，封鄖國公。治鳳十四年，號稱淸嚴，遠邇咨美。遷山南西道節度使。

朱泚反，遣腹心穆廷光等遺帛書誘之，震卽斬以聞。是時，李懷光與賊連和，奉天危蹙，帝欲徙蹕山南，震聞，馳表奉迎，遣大將張用誠以兵五千扞衞。用誠至盩厔有反計，帝憂之；會震牙將馬勛嗣至，帝告以故，勛曰：「臣請歸取節度符召之，卽不受，斬其首以復命。」帝悅，使計日往。勛還得符，請壯士五人與偕，出駱谷，用誠以爲未知其謀，以數百騎迓勛館之，左右嚴侍。勛未發，陰令焚草館外，士寒爭附火，勛從容引符示之，曰：「大夫召君。」用誠懼，將走，壯士自後禽之。用誠子斫勛傷首，左右扞刀得免，遂仆用誠，而格殺其子。勛卽軍中，士皆擐甲矣。勛昌言曰：「若父母妻子在梁州，今棄之而反，何所利邪？大夫取用誠爾，若等無與！」衆乃服，不敢動。卽縛用誠送於震，杖殺之，而拔其副以統師。始，勛赴行在，踰半日期，帝頗憂。比至，大喜。翌日，發奉天。既入駱谷，懷光以騎追襲，賴山南兵以免。尋加檢校戶部尙書、馮翊郡王，實封二百戶。

天子至梁州，宰相以爲地貧無所仰給，請進幸成都，震曰：「山南密邇畿輔，李晟銳於收復，方藉六師爲聲援，今引而西，則諸將顧望，責功無期。」帝未決，會晟表至，亦請駐蹕梁、洋，議遂定。然梁、漢間刀耕火耨，民采稆爲食，雖領十五郡，而賦入纔比東方數大縣。自安、史後，山賊剽掠，戶口流散，震隨宜勸課，鳩斂有法，民不煩擾，而行在供億具焉。車駕將還，加檢校尙書左僕射。詔改梁州爲興元府，卽用震爲尹，加實封二百戶。久之，進同中書門下平章事。貞元十五年卒，年七十六，贈太保，謚曰忠穆。

從孫譔，與宰相楊收善。咸通中，繇桂管觀察使擢爲江西節度使，改號鎭南軍。時南蠻內寇，詔諲募士三萬備之。或言諲廣補卒，擅納縑稟，及收得罪，韋保衡以諲素善收，賕賄狼藉，遣使按覆，詔賜死。

韓弘，滑州匡城人。少孤，依其舅劉玄佐。舉明經不中，從外家學騎射。由諸曹試大理評事，爲宋州南城將。事劉全諒，署都知兵馬使。貞元十五年，全諒死，軍中思玄佐，以弘才武，共立爲留後，請監軍表諸朝，詔檢校工部尚書，充宣武節度副大使，知節度事。

先是，曲環死，吳少誠與全諒謀襲陳許，使數輩仍在館。弘始得帥，欲以忠自表於衆，卽驅出少誠使斬之，選卒三千，會諸軍擊少誠，敗之。汴自劉士寧以來，軍益驕，及殺陸長源，主帥勢輕，不可制。弘察軍中素恣橫者劉鍔等三百人，一日，數其罪斬之牙門，流血丹道，弘言笑自如。自是訖弘去，無一敢肆者。李師古屯曹州，以謀鄭、滑，或告：「師古治道矣，兵且至，請備之。」弘曰：「師來不除道也。」師古情得，乃引去。累授檢校司空、同中書門下平章事，弘以官與太原王鍔等，詒書宰相，恥爲鍔下。憲宗方用兵淮西，藉其重，更授檢校司徒，班鍔上。

嚴綬以王師敗，乃拜弘淮西諸軍行營都統，使扞兩河，而令李光顏、烏重胤擊賊。弘不親屯，遣子公武領兵三千屬光顏，然陰爲逗橈計，以危國邀功者，每諸將告捷，輒累日不怡。元濟平，以功加兼侍中，封許國公。李師道誅，弘大懼，因請入朝，册拜司徒、中書令，以足疾，命中人掖拜，固願留京師。帝崩，攝冢宰。俄出爲河中節度使。以病請還，復拜司徒、中書令。卒，年五十八，贈太尉，謚曰隱。

始，弘自汴來朝，獻馬三千、絹五十萬、它錦綵三萬，而汴之庫廄錢尚百萬緡，絹亦百餘萬，馬七千，糧三百萬斛，兵械不可數。弘爲人莊重寡言，罪殺人，問法何如，不自爲輕重，沈謀勇斷，故少誠、師道等皆憚之。詔使至，或驁侮不爲禮。齊、蔡平，勢屈而後請覲，然天子尊寵異等，能以名位始終，亦其天幸。

子公武，字從偃，起家衞尉主簿，爲宣武行營兵馬使，以討蔡功檢校左散騎常侍、鄜坊等州節度使。弘入朝，爲右金吾將軍。弘出河中，弘弟充徙宣武，乃曰：「二父居重鎮，我以孺子又當執金吾職乎？」因固辭，改右驍衞大將軍。性恭遜，不以富貴自處。卒，贈戶部尚書，謚曰恭。

充本名璀，少亦依舅家。李元爲河陽節度使，署牙將。元改昭義，又從之。元嘗謂賓佐曰：「充後當貴，諸君必善事之。」未幾，弘領宣武，召主親兵，元曰：「我知君舊矣，吾兒不才，無足累君者，二女方幼，以爲託。」遂辭去。累授御史大夫。

弘峻法，人人不自保。充謙愼無少懈，念弘在鎭久，不入見天子，身又得士，不自安，因請入宿衞，弘許之，不卽遣。後因獵，單騎走洛陽，朝廷亮其節，擢右金吾衞將軍，轉大將軍，斥軍士虛名不如令者七百人。歷少府監，鄜坊等州節度使。

穆宗立，幽、鎭、魏復亂，王承元以冀兵二千屯滑州，朝廷恐冀兵相訹爲叛，徙承元鄜坊，而授充檢校尙書左僕射，爲義成軍節度使。會汴軍逐李愿，以李夰主留事。帝謂充素爲汴士悅向，詔節度宣武，兼統義成兵討夰。戰郭橋，破之。會李質斬夰，遂入汴。初，陳許李光顏亦奉詔討夰，屯尉氏，意先得汴，欲俘掠以餌軍，而汴監軍姚文壽亦欲內光顏，充聞其謀，馳至城下，汴人望見充，歡躍無復貳者。

始，帝遣人問破賊期，充對：「汴，天下咽喉，臣頗習其人，然王師臨之，一月可破。」方二旬卽克。帝喜曰：「充料敵若神。」加檢校司空。籍夰所脅爲兵者三萬，悉縱之。又責首亂者千餘，斥出境，令曰：「敢後者斬！」由是內外按堵，汴人愛賴之。卒，年五十五，贈司徒，謚曰肅。

充雖將家，性儉節，歷三鎭，居處服玩如儒先生，乘機決策無餘悔，世推善將。李元沒，充爲嫁二女，周其家。自弘去汴，監軍選軍中敢士三千直閤下，日秩酒肴，物力幾屈，然不敢廢。充未入時，李質總軍事，乃曰：「韓公至而頓去三千人食，豈不失人心乎？不去，且無以繼，可以弊事遺吾帥乎！」因悉罷之而後迎充。

李質者，節士也。始爲牙將，及介爲留後，邀帥節，勸之不從，介疽發于首，委質以兵，遂禽介。終金吾將軍。

贊曰：皐、建封、弘本諸生，震興田畝間，未有以異人，及投隙龍驤，皆爲國梁楹，光奮一時。使不遭遇，與庸夫汨汨並齒而腐可也。皐、弘雖陰慝，卒能以誠言自解，長沒天年，宜哉！

校勘記

〔一〕弟平　「弟」，本卷上文、舊書卷一四〇韋皐傳及通鑑卷二二八俱作「兄」。

〔二〕支度副使　「支度」，各本原作「度支」。舊書卷一四〇韋皐、劉闢傳及通鑑卷二三六均作「支度」。按唐六典卷三，唐代中央設度支，邊軍設支度使。此應作「支度」，據改。

唐書卷一百五十九

列傳第八十四

鮑防　李自良　蕭昕　薛播　樊澤宗師　王緯　吳湊士矩

鄭權　陸亘　盧坦閻濟美　柳晟　崔戎雍

鮑防字子慎，襄州襄陽人。少孤窶，彊志于學，善辭章。及進士第，歷署節度府僚屬。入爲職方員外郎。薛兼訓帥太原，被病，代宗授防少尹、節度行軍司馬，召見，慰遣之。俄知留後，兼太原尹、節度使。人樂其治，詔圖形別殿。入爲御史大夫，歷福建、江西觀察使，召拜左散騎常侍。從德宗奉天，進禮部侍郎，封東海郡公。

貞元元年，策賢良方正，得穆質、裴復、柳公綽、歸登、崔邠、韋純、魏弘簡、熊執易等，世美防知人。時比歲旱，策問陰陽祲沴，質對：「漢故事，免三公，卜式請烹弘羊。」指當時輔政者。右司郎中獨孤愐欲下質，防不許，曰：「使上聞所未聞，不亦善乎？」卒置質高第，帝見策嘉揖。

初，防與知雜御史竇參遇，導騎不引避，參讁其僕。及爲相，防尹京兆，迫使致仕，授工部尙書。防吒曰：「吾與蕭昕子齒，而同昕老，坐宰相餘忿邪！」不得志卒，年六十九，贈太子少保，謚曰宣。

防於詩尤工，有所感發，以譏切世敝，當時稱之。與中書舍人謝良弼友善，時號「鮑謝」云。

李自良，兗州泗水人。天寶亂，往從兗鄆節度使能元皓。以戰多，累授右衞率。從袁傪討賊袁晁，積閥至試殿中監，事浙東薛兼訓節度府。兼訓徙太原，又爲牙將。鮑防代總節度事，會回紇入寇，防遣大將焦伯瑜等擊之，自良曰：「寇遠來，難與爭鋒。請築二壘搤歸路，堅壁勿出，求戰不許，師老而墮，其勢易乘。」防不聽。伯瑜戰百井，大敗。由是知名。

馬燧代防，表爲軍候。自良爲人勤且有謀，燧倚信之。從討田悅還，攻李懷光河中，數履鋒陷陣，功在諸將右。貞元三年，燧來朝，德宗罷燧兵，以自良代之。自良以事燧久，不敢當，議者多其讓，乃授右龍武大將軍。入謝，帝終以河東近胡，謂曰：「卿於進退寧不有禮？然守北門無易卿者，勉爲朕行。」乃以檢校工部尚書充河東節度使。居治九年，舉不愆法，簡儉易循，民不知有軍，上下諳附。卒于官，贈尚書左僕射。

蕭昕字中明，梁鄱陽王恢七世孫，世居河南。再中博學宏辭科，調壽安尉，累遷左補闕。哥舒翰爲副元帥拒安祿山，辟掌書記，翰敗，儳道走蜀。肅宗立，奉誥册見行在。歷中書舍人、禮部侍郎。代宗狩陝，昕由武關從帝，擢國子祭酒。建請崇太學以樹教本，帝寤其言，詔羣臣有籍于朝及神策六軍子弟隸業者，聽補生員。

大曆中，持節弔回紇。回紇恃功，廷讓昕曰：「乃中國亂，非我無以平，奈何市馬不時歸我直？」衆失色。昕徐曰：「國家龕定寇難，功雖絲毫不遺賞，況鄰國乎？僕固懷恩，我之叛臣，爾與連禍，又引吐蕃暴我郊甸。天舍其衷，吐蕃敗北，回紇悔懼，叩額乞和。非天子卹舊功，則隻馬不得出塞下，孰爲失信者？」回紇大慚，因厚禮昕，遣使者約和。轉工部尚書，封晉陵侯。德宗出奉天，昕年八十餘，步出城。賊求之急，獨竄山谷間，僅至奉天。遷太子少傅，爵郡公，兼禮部尚書，知貢舉。久之，以太子少師致仕，卒，年九十三，贈揚州大都督，謚曰懿。

昕始薦張鎬、來瑱，在禮部擢杜黃裳、高郢、裴垍。其後鎬興布衣，不數年位將相，瑱爲將有威名，黃裳等繼輔政，並爲名宰云。

薛播，河中寶鼎人。曾祖文思，官中書舍人。播早孤，伯母林通經史，善屬文，躬授經諸子及播兄弟，故開元、天寶間，播兄弟七人皆擢進士第，衣冠光韙。累授殿中侍御史，遷武功、萬年令。温敏而裕，與人交有常，李栖筠、常衮、崔祐甫並器之。祐甫輔政，拜中書舍人，出爲汝州刺史。坐小累，貶泉州，再遷至河南尹。以禮部侍郎卒，贈本曹尚書。

子公達，擢進士第。佐鳳翔軍。會帥不文，嘗集射，設的高數十尺，令曰：「中者酬錦與金。」一軍莫能中。公達執弓矢揖曰：「請爲公歡。」射三發連中，衆大呼笑。帥不喜，乃自免去。復佐河陽軍。以國子助教居東都卒。

樊澤字安時，河中人。少孤，依外家客河朔。相衞節度使薛嵩表爲堯山令。舉賢良方正，次潼關，雨淖，困不能前。有熊執易者，同舍逆旅，哀之，輟所乘馬，傾褚以濟，自罷所舉。是歲，澤上第，楊炎善之，擢左補闕。澤有武力，喜兵法，議者謂有將帥器。嘗召對延英，德宗嘆其論兵「與我意合」。累遷山南東道司馬，就拜節度使。每射獵，諸將憚其材武。數與李希烈确，禽票將張嘉瑜、杜文朝、梁俊之等，賊氣沮縮，遂取唐、隨二州。貞元三年，爲荆南節度使。會山南東道嗣曹王臯卒，軍亂，剽居人。以澤威惠著襄、漢間，復徙山南東道，加檢校尙書右僕射。十四年卒，年五十七，贈司空，謚曰成。訃至，帝爲撤宴廢朝。

子宗師，字紹逑。始爲國子主簿，元和三年，擢軍謀宏遠科，授著作佐郎。歷金部郎中、綿州刺史。徙絳州，治有迹。進諫議大夫，未拜卒。始，宗師家饒于財，悉散施姻舊賓客，妻子告不給，宗師笑不答。然力學多通解，著春秋傳、魁紀公、樊子凡百餘篇，別集尙多。韓愈稱宗師論議平正有經據，嘗薦其材云。

王緯字文卿，幷州太原人。父之咸，爲長安尉，與弟之賁、之奐皆有文。緯舉明經，以書判入等，歷長安尉。大曆中，與李泌俱爲路嗣恭江西觀察判官。泌見惡於元載，嗣恭希意欲殺之，緯護解，僅免。泌執政，奏於己有私恩，德宗許爲泌報，故進緯給事中。浙西觀察使缺，泌擬緯，帝曰：「是朕爲君報德者乎？黃門要地，獨不留議事耶？」對曰：「浙西賦入尤劇，緯淸而忠，能惠養民，故請遣之。」制可。初，州縣有韓滉時罷錢未入者十八萬緡，府史請哀爲進奉，緯上疏願蠲以紓民，詔聽之。貞元十年，加御史大夫兼諸道鹽鐵轉運使。裴延齡以諸道負錢四百萬緡獻爲羨錢，以圖寵，緯奏「此諸州經費」，大忤延齡意，改檢校工部尙書。卒，年七十一，贈太子少保。

緯居官以淸白稱，然好用刻深吏督察其下，條約苛碎，人不聊云。

吳湊，章敬皇后弟也。繇布衣與兄漵一日賜官封皆等，而湊畏太盛，乞解太子詹事，換檢校賓客兼家令。進累左金吾衞大將軍。

湊才敏銳，而謙畏自將，帝數顧訪，尤見委信。是時，令狐彰、田神功等繼沒，其下乘喪挾兵，輒偃蹇搖亂。湊持節至汴、滑，委悉慰說，裁所欲爲奏，各盡其情，亦度朝廷可行者，故軍中驩附。帝才其爲，重之。元載當國久，愎狀日肆，帝陰欲誅，未發也，顧左右無可與計，卽召湊圖之。俄而收載賜死。於是王縉、楊炎、王昂、韓會、包佶等皆當坐，湊建言：「法有首從，從不應死，一用極刑，虧德傷仁。」縉等繇是得減死。丁後母喪解職。既除，拜右衞將軍。

德宗初，出爲福建觀察使，政勤淸，美譽四騰。與宰相竇參有憾，參數加短毀，又言湊風痹不良趨走，帝召還，驗其疾，非是，繇是不直參。擢湊陝虢觀察使，代李翼。翼，參黨也。宣武劉玄佐死，以湊檢校兵部尚書領節度使馳代。未至，汴軍亂，立玄佐子士寧。帝欲遣兵內湊，而參請授士寧以沮湊，還爲右金吾衞大將軍。

貞元十四年夏，大旱，穀貴，人流亡，帝以過京兆尹韓皐，罷之。卽召湊代皐，已謝，督視事，明日詔乃下。湊爲人彊力劬儉，瞿瞿未嘗擾民，上下愛向。京師苦宮市彊估取物，而有司附媚中官，率阿從無敢爭。湊見便殿，因言：「中人所市，不便甯民，徒紛紛流議。宮中所須，責臣可辦。若不欲外吏與聞禁中事，宜料中官高年謹信者爲宮市令，平賈和售，以息衆讙。」又言：「掌閑、彍騎、飛龍、內園、芙容園、禁兵諸司雜供役手，資課太繁，宜有蠲省。」帝輒順可。初，府中易湊貴戚子，不更簿領，每有疑獄，時其將出，則遮湊取決，幸蒼卒得容欺。湊叩鞍一視，凡指擿，盡中其弊，初無留思，衆畏服，不意湊精裁遣如此。僚史非大過不榜責，召至廷，詰服原去，其下傳相訓勗，舉無稽事。

文敬太子、義章公主仍薨，帝悼念，厚葬之，車土治墳，農事廢。湊候帝閒徐言，極爭不避。或勸論事宜簡約，不爾，爲上厭苦，湊曰：「上明睿，憂勞四海，不以愛所鍾而疲民以逞也。顧左右鉗噤自安耳，若反復啓寤，幸一聽之，則民受賜爲不少。擿舌阿旨固善，有如窮民上訴，叵云罪何？」以能，進兼兵部尙書。

及屬病，門不內醫巫，不嘗藥，家人泣請，對曰：「吾以庸謹起田畝，位三品，顯仕四十年，年七十，尙何求？自古外戚令終者可數，吾得以天年歸侍先人地下，足矣！」帝知之，詔侍醫敦進湯劑，不獲已，一飮之。卒，年七十一，贈尙書右僕射，諡曰成。

先是，街樾稀殘，有司莳榆其空，湊曰：「榆非人所蔭玩。」悉易以槐，及槐成而湊已亡，行人指樹懷之。唐興，后族退居奉朝請者，猶以事失職，而湊任中外，未嘗以罪過罷，爲世外戚表云。

瀲子士矩，文學蚤就，喜與豪英游，故人人助爲談說。開成初，爲江西觀察使，饗宴侈縱，一日費凡十數萬。初至，庫錢二十七萬緡，晚年纔九萬，軍用單匱，無所仰。事聞，中外共申解，得以親議，文宗弗窮治也，貶蔡州別駕。諫官執處其罪，不納。於是御史中丞狄兼謩建言：「陛下擢任士矩，非私也；士矩負陛下而治之，亦非私也。請遣御史至江西鞫訊，使杜江淮它鎭循習意。」帝聽，乃流端州。

鄭權，汴州開封人。擢進士第，佐涇原節度劉昌府。昌被病入朝，度其軍必亂，以權寬厚容衆，檄主後務。昌去，軍果亂，權挺身冒白刃，明諭逆順，殺首亂者，一軍畏伏。德宗方厭兵，藩屯校佐得士心者，皆就命之，權自試參軍拜行軍司馬。擢累河南尹，進拜山南東道節度使，徙領德棣滄景軍。時討李師道，權身將兵出屯，奏置歸化縣，綏納降附。滄州刺史李宗奭數違命，權劾奏，詔追之，宗奭以州兵留己自解。憲宗更以烏重胤代權，滄人懼，共逐宗奭還京師，有詔斬以徇，徙權節度邠寧。或訟宗奭爲權所誣，左遷原王傅。改右金吾衞大將軍。

穆宗立，以左散騎常侍持節爲回鶻告哀使，以足疾辭，不許，肩舁就道。權識詣魁然，有閎辯。與可汗爭曲直，持議明壯，虜禮異之。使還，三遷工部尚書。用度豪侈，乃結權幸求鎭守，於是檢校尚書右僕射、嶺南節度使，多裒貲珍，使吏輸送，凡帝左右助力者皆有納焉，人笑之。卒于官。

陸亘字景山，蘇州吳人。元和三年，策制科中第，補萬年丞。再遷太常博士。禮史孟眞練容典，博士降色訪逮，史倚以倨横。會將册皇太子，草儀，眞參議偃蹇，亘榜逐之，胥曹失色。遷累戶部郎中、太常少卿。歷兗蔡虢蘇四州刺史、浙東觀察使，徙宣歙。大和八年卒，年七十一，贈禮部尚書。

亘文明嚴重，所到以善政稱。初爲兗州，對延英，具陳：「節度分兵屯屬州，刺史不能制，故易亂。」帝因詔屯士得隸刺史。温州瀕海，經賊亂，奪官吏半祿代民租，後相沿，吏以爲姦，亘還官全稟，繩贓罪，吏畏而賴之。

盧坦字保衡，河南洛陽人。仕爲河南尉。時杜黄裳爲尹，召坦立堂下，曰：「某家子與惡人游，破產，盍察之？」坦曰：「凡居官廉，雖大臣無厚畜，其能積財者必剝下以致之。如子孫善守，是天富不道之家，不若恣其不道，以歸於人。」黄裳驚其言，自是遇加厚。

李復爲鄭滑節度使，表爲判官。監軍薛盈珍數干政，坦每據理拒之。有善笛者，大將等悦之，諧復請爲重職，坦笑曰：「大將久在軍，積勞亟遷，乃及右職。奈何自薄，欲與吹笛少年同列邪？」諸將慚，遽出就坦謝。復病甚，盈珍以甲士五百內牙中，封府庫，舉軍大恐。

坦勸止之，軍乃安。復卒，詔姚南仲代之，盈珍以南仲本書生，易之，曰：「是將材邪？」坦私謂人曰：「姚大夫外柔中剛，監軍若侵之，必不受。我留，恐及禍。」乃從復喪歸東都，爲壽安令。盈珍果與南仲不相中，幕府多黜死者。

河南賦限已窮，縣人訴機織未就，坦詣府請申十日，不聽。坦諭縣人弟輸，勿顧限，違之不過罰令俸爾。由是知名。累爲刑部郎中，兼侍御史知雜事。赤縣尉爲臺所按，京兆尹密救之，帝遣中人就釋。坦白中丞請中覆，中人走以聞，帝曰：「吾固宜先命有司。」遂下詔，乃釋。數月遷中丞。

初，諸道長吏罷還者，取本道錢爲進奉，帝因赦令一切禁止，而山南節度使柳晟、浙西觀察使閻濟美格詔輸獻，坦劾奏，晟、濟美白衣待罪。帝諭坦曰：「二人所獻皆家財，朕已許原，不可失信。」坦曰：「所以布大信者，赦令也。今二臣違詔，陛下奈何以小信失大信乎！」帝曰：「朕既受之，奈何？」坦曰：「出歸有司，以明陛下之德。」帝納之。李錡誅，有司將毀其祖墓，坦上疏諫止。裴均爲僕射，將居諫議、常侍上，坦引故事及姚南仲舊比，均曰：「南仲何人？」曰：「守正而不交權幸者。」均怒，遂罷爲左庶子。

數月，拜宣歙池觀察使。初，劉闢壻蘇彊坐誅，彊兄弘宦晉州，自免去，人莫敢用者。坦奏「弘有才行，其弟從闢時，距三千里，宜不通謀，今坐廢，非用人意」，因請署判官，帝曰：

「使彊不誅，尙錄其材，況彼兄耶！」時江淮旱，穀踊貴，或請抑其價，坦曰：「所部地狹，穀來他州，若直賤，穀不至矣，不如任之。」既而商以米坌至，乃多貸兵食出諸市，估遂平。

再遷戶部侍郎，判度支。或告泗州刺史薛謇爲代北水運時，畜異馬，不以獻，事下度支。坦遣吏驗，未反，帝遲之，更遣中人劉泰昕往，坦曰：「事付有司，而又遣宦官，豈有司不足信乎？」三奏，帝乃止。表韓重華爲代北水運使，開廢田，列壁二十，益兵三千人，歲收粟二十萬石。

河毀西受降城，宰相李吉甫議徙天德。坦以爲：「城當磧口，得制北狄之要，美水豐草，邊鄣所利。若避河流，不過退徙數里，奈何徇一時省費，墮萬世策邪？天德故城地壤墝瘠，北倚山，去河遠，烽候無所統接，虜騎唐突，勢不容知，是無故而蹙地二百里，故曰非便。」城使周懷義亦以爲言。吉甫不悅，出坦爲東川節度。後數月，懷義憂死，燕重旰代之，遂徙天德，師人怨，殺重旰，覆其家。

初，坦與宰相李絳議多協，絳藉爲己助，及坦出半歲而絳罷。治東川，盡蠲山澤鹽井榷率之籍。吳少誠之誅，詔以兵二千屯安州，坦每朔望使人問其父母妻子，視疾病醫藥，故士皆感慰，無逃還者。惟請收軍吏閏月糧助行營，爲人所非。元和十二年卒，年六十九，贈禮部尙書。

舊制，官、階、勳俱三品始聽立戟，後雖轉四品官，非貶削者戟不奪。坦爲戶部侍郎時，階朝議大夫，勳護軍，以嘗任宣州刺史三品，請立戟，許之。時鄭餘慶淹練舊章，以爲非是。爲憲司劾正，詔罰一月俸，奪戟。自貞元以來，立戟十八家不應令，並追正之。

閻濟美者，第進士，有長者名。貞元末，繇婺州刺史爲福建觀察使，徙浙西。爲治簡易，居鎮未嘗增常賦。罷浙西也，方在道，見詔而貢獻無所還，故帝爲言之。尋出華州刺史，入爲祕書監，以工部尙書致仕。卒，謚曰温。

柳晟，河中解人。六世祖敏，仕後周爲太子太保。父潭，尙和政公主，官太僕卿。晟年十二，居父喪，爲聞孝。代宗養宮中，使與太子諸王受學於吳大瓘幷子通玄，率十日輒上所學。既長，詔大瓘等卽家敎授。拜檢校太常卿。

德宗立，晟親信用事。朱泚反，從帝至奉天，自請入京師說賊黨以攜沮之，帝壯其志，得遣。泚將右將軍郭常、左將軍張光晟皆晟雅故，晟出密詔，陳禍福逆順，常奉詔受命，約自拔歸。要籍朱旣昌告其謀，泚捕繫晟及常外獄，晟夜半坎垣毀械而亡，斷髮爲浮屠，間歸奉天，帝見，爲流涕。乘輿還京師，擢原王府長史。吳通玄得罪，晟上書理其辜，其弟止曰：「天子方怒，無詒悔！」不聽。凡三上書，帝意解，通玄得減死。

晟累遷將作少監，以護作崇陵，封河東縣子，授山南西道節度使。府兵討劉闢還，未叩城，復詔戍梓州，軍曹怒，脅監軍謀變。晟聞，疾驅入勞士卒，既而問曰：「若等何爲成功？」曰：「誅驕不受命者。」晟曰：「若知劉闢得罪天子而誅之，奈何復欲使後人誅若等耶？」士皆免冑拜，從所徙。入爲將作監。使回鶻，奉册立可汗，逆謂曰：「屬聞可汗無禮自大，去信自彊。夫禮信不能爲，何足奉中國乎？」可汗諸貴人愕然駭，皆跪伏成禮。還爲左金吾衞大將軍，爵爲公。卒，年六十九，詔從官臨弔，贈太子少保。

晟敏于辯，下士樂施，唯自興元入朝，貢獻不如詔，爲御史中丞盧坦所劾，憲宗以其賢，置弗暴云。

崔戎字可大，玄暐從孫也。舉明經，補太子校書郎。判入等，調藍田主簿。辟淮南李鄘府。衞次公代鄘，憲宗稱戎才，故次公倚成于職。裴度節度太原，署參謀。時王承宗以鎭叛〔一〕，度請戎往諭，承宗至泣下，乃聽命。入爲殿中侍御史，擢累諫議大夫。

雲南蠻亂成都，詔戎持節劍南爲宣撫使。奏罷稅外薑芋錢。當賦錢者率三之，以其一準緡布，優其估以與民。綏招流亡。凡廢若置，公私莫不便之。還拜給事中。出爲華州刺史。吏以故事，置錢萬緡爲刺史私用，戎不取。及去，召吏曰：「籍所置錢享軍，吾重矯激以夸後人也。」徙兗海沂密觀察使，民擁留于道不得行，乃休傳舍，民至抱持取其韡。時詔使尙在，民泣詣使，請白天子丐戎還，使許諾。戎恚責其下，衆曰：「留公而天子怒，不過斬吾二三老人，則公不去矣。」戎夜單騎亡去，民追不及乃止。至兗州，鉏滅姦吏十餘輩，民大喜。歲餘卒，年五十五，贈禮部尙書。

子雍，字順中，由起居郎出爲和州刺史。龐勛以兵劫烏江，雍不能抗，遣人持牛酒勞之，密表其狀。民不知，訴諸朝，宰相路巖素不平，因是傅其罪，賜死宣州。

校勘記

〔一〕裴度節度太原署參謀時王承宗以鎮叛　按舊書卷一七〇裴度傳，度於元和十四年授太原尹、北都留守、河東節度使。長慶元年，「朱右融、王廷湊復亂河朔，詔度以本官充鎮州四面行營招討使」。本書卷八穆宗紀及舊書卷一四二王廷湊傳亦載廷湊于長慶元年以鎮州叛。而王承宗叛在前，元和十三年已詔復官爵。事詳本書卷七及舊書卷一五憲宗紀。是裴度領太原時，以鎮州叛者乃王廷湊而非王承宗。下文「承宗」同誤。

唐書卷一百六十

列傳第八十五

徐浩　呂渭 溫 恭　孟簡　劉伯芻 寬夫 允章　楊憑 凝 敬之

潘孟陽　崔元略 鉉 沆 元式 崔龜從　韋綬

徐浩字季海，越州人。擢明經，有文辭。張說稱其才，繇魯山主簿薦爲集賢校理，見喜雨、五色鴿賦，咨嗟曰：「後來之英也！」進監察御史裏行。辟幽州張守珪幕府。歷河陽令，治有績。東都留守王倕表署其府。民有妄作符命者，衆不爲疑，浩獨按簿詰狀，果詐爲之。遷累都官郎中，爲嶺南選補使，又領東都選。

肅宗立，繇襄州刺史召授中書舍人。四方詔令，多出浩手，遣辭贍速，而書法至精，帝喜之。又參太上皇誥册，寵絶一時。授兼尚書右丞。浩建言：「故事，有司斷獄，必刑部審覆。自李林甫、楊國忠當國，專作威福，許有司就宰相府斷事，尚書以下，未省即署，乖愼卹意。

請如故便。」詔可。故詳斷復自此始。進國子祭酒，爲李輔國譖，貶廬州長史。代宗復以中書舍人召，遷工部侍郎、會稽縣公，出爲嶺南節度使。召拜吏部侍郎，與薛邕分典選。浩有妾弟冒優，託之邕，擬長安尉，御史大夫李栖筠劾之，帝怒，黜邕歙州刺史，浩明州別駕。德宗初，召授彭王傅，進郡公。卒，年八十，贈太子少師，謚曰定。

始，浩父嶠之善書，以法授浩，益工。嘗書四十二幅屛，八體皆備，艸隸尤工，世狀其法曰「怒猊抉石，渴驥奔泉」云。晚節治廣及領選，頗嗜財，惑於所嬖，卒以敗。

呂渭字君載，河中人。父延之，終浙東節度使。渭第進士，從浙西觀察使李涵爲支使，進殿中侍御史。大曆末，涵爲元陵副使，渭又爲判官。涵繇御史大夫擢太子少傅，渭建言：「涵父名少康，當避。」宰相崔祐甫善其言，擢司門員外郎。御史共劾渭：「昔涵再任少卿，不以嫌，今謂少傅爲慢官，疑渭爲涵游說。」乃貶渭歙州司馬。

貞元中，累遷禮部侍郎。始，中書省有古柳，建中末枯死，德宗自梁還，復榮茂，人以爲瑞柳，渭令貢士賦之。帝聞，不以爲善。又與裴延齡爲姻家，擢其子操上第，會入閤，遺私謁之書于廷。出爲潭州刺史。卒，贈陝州大都督。

四子：温、恭、儉、讓。

温字和叔，一字化光，從陸質治春秋，梁肅爲文章。貞元末，擢進士第。與韋執誼厚，因善王叔文。再遷爲左拾遺。以侍御史副張薦使吐蕃，會順宗立，薦卒於虜，虜以中國有喪，留温不遣。時叔文秉權，與游者皆貴顯，温在絕域不得還，常自悲。元和元年乃還，而柳宗元等皆坐叔文貶，温獨免，進戶部員外郎。

温操翰精富，一時流輩推尙。性險躁，譎詭而好利，與竇羣、羊士諤相昵。羣爲御史中丞，薦温知雜事，士諤爲御史，宰相李吉甫持之，久不報，温等怨。時吉甫爲宦侍所抑，温乘其間謀逐之。會吉甫病，夜召術士宿于第，即捕士掠訊，且奏吉甫陰事。憲宗駭異，旣詰辨，皆妄言，將悉誅羣等，吉甫苦救乃免，於是貶温均州刺史，士諤資州。議者不厭，再貶爲道州。久之，徙衡州，治有善狀。卒，年四十。

恭字恭叔，尙氣節，喜縱橫、孫吳術。爲山南西道府掌書記，進殿中侍御史，終嶺南府判官。

儉亦爲御史。讓，太子右庶子。皆美材。

孟簡字幾道，德州平昌人。曾祖詵，武后時同州刺史。簡舉進士、宏辭連中，累遷倉部員外郎。王叔文任戶部，簡以不附離見疾，不敢顯黜，宰相韋執誼爲徙它曹。元和中拜諫議大夫，知匭事。韓泰、韓曄之復刺史，吐突承璀爲招討使，簡皆固爭，詒延英言不可狀，以悻切出爲常州刺史。州有孟瀆，久淤閼，簡治導，溉田凡四千頃，以勞賜金紫，召爲給事中。

代李遜爲浙東觀察使。遜抑士族，右編人，至橫恣不檢，及簡，一反之，農估兼受其弊，時謂兩失之。以工部侍郎召還。初，使府得代，詔至，署留後卽行。李俻觀察浙西，始請留故使交政。及簡還，半道堂牒還之，如例，乃聽解。

進戶部，加御史中丞。戶部有二員，判使桉者居別一署，謂之「左戶」，元和後，選委華重，宰相多由此進。崔羣既相，而簡代之，故簡意且柄任。及出山南東道節度使，內不樂。政頗嚴峭。時有詔置臨漢監以牧馬，命簡兼使職。簡以親吏陸翰主奏邸，翰通闍侍，翰持之，數傲很，簡怒，追還，以土囊斃之。家上變，發簡姦贓，御史劾驗，得遺吐突承璀貲七百萬。左授太子賓客，分司東都，再貶吉州司馬。以赦令進睦州刺史，復徙常州，仍太子賓客分司，卒。

簡尤工詩，聞江、淮間。尙節義，與之交者，雖歿，視卹其孤不少衰。晚路殊躁急，佞佛過甚，爲時所誚。嘗與劉伯芻、歸登、蕭俛譯次梵言者。

劉伯芻字素芝，兵部侍郞迺之子。行脩謹。淮南杜佑奏署節度府判官。府罷，召拜右補闕，遷主客員外郞。數過友家飮噱，爲韋執誼陰劾，貶虔州參軍。久乃除考功員外郞。裴垍待之善，擢累給事中。李吉甫當國而垍卒，不加贈，伯芻爲申理，乃贈太子少傅。或言其妻垍從母也，吉甫欲按之，求補虢州刺史。稍遷刑部侍郞、左散騎常侍。卒，贈工部尙書。伯芻風度高嚴，善談確，而動與時適，論者少之。

子寬夫，寶曆中爲監察御史。奏言：「以王府官攝祠，位輕，非嚴恭意，請以尙書省、東宮三品若左右丞、侍郞通攝。」俄轉左補闕。陳岵注浮屠書，因供奉僧以聞，除濠州刺史。寬夫劾狀，敬宗怒謂宰相曰：「岵不繇僧得州，諫臣安受此言？」寬夫曰：「衆劾岵，獨臣草狀，應伏誅。推言所從，恐累國體。」帝讓其言，釋之。

子允章，字蘊中，咸通中爲禮部侍郎。請諸生及進士第並謁先師，衣青衿，介幘，以還古制。改國子祭酒。又建言：「羣臣輸光學錢治庠序，宰相五萬，節度使四萬，刺史萬。」詔可。後爲東都留守。黄巢至，分司李磎挈尙書印走河陽，允章寄治河淸。巢僭號，輒受僞官，文書盡用金統。遣取印磎所，磎不與，更悔愧，移檄近鎭起兵扞賊，磎持印還之。後廢于家。

楊憑字虛受，一字嗣仁，虢州弘農人。少孤，其母訓道有方。長善文辭，與弟凝、凌皆有名，大曆中，踵擢進士第，時號「三楊」。憑重交游，尙氣節然諾，與穆質、許孟容、李鄘相友善，一時歆慕，號「楊、穆、許、李」。

歷事節度府，召爲監察御史，不樂，輒免去。累遷太常少卿、湖南江西觀察使。性簡傲，接下脫略，人多怨之。在二鎭尤侈忲。入拜京兆尹。與御史中丞李夷簡素有隙，因劾憑江西姦贓及它不法，詔刑部尙書李鄘、大理卿趙昌卽臺參訊。于時憑治第永寧里，功役叢煩，又幽妓妾於永樂別舍，謗議頗讙，故夷簡藉之痛擿發，欲抵以死。旣置對，未得狀，卽逮捕故官屬推蹟，簿憑家貲。翰林學士李絳奏言：「憑所坐贓，不當同逆人法。」乃止。憲宗以憑治京兆有績，但貶臨賀尉。始，德宗時假借方鎮，習爲僭儗事，夷簡首按憑，時以爲宜，而緣私怨，論者亦不與。俄徙杭州長史。以太子詹事卒。

憑所善客徐晦者，字大章，第進士、賢良方正，擢櫟陽尉。憑得罪，姻支憚累，無往候者，獨晦至藍田慰餞。宰相權德輿謂曰：「君送臨賀誠厚，無乃爲累乎？」晦曰：「方布衣時，臨賀知我，今忍遽棄邪？有如公異時爲姦邪譖斥，又可爾乎？」德輿歎其直，稱之朝。李夷簡遽表爲監察御史，晦過謝，問所以擧之之由。夷簡曰：「君不負楊臨賀，肯負國乎？」後歷中書舍人，彊直守正，不沈浮於時。嗜酒喪明，以禮部尚書致仕，卒。

凝字懋功，由協律郎三遷侍御史，爲司封員外郎，坐鼇正嫡媵封邑，爲權幸所忌，徙吏部，稍遷右司郎中。宣武董晉表爲判官，亳州刺史缺，晉以凝行州事。增墾田，決汴堰，築隄防，水患訖息。時孟叔度橫縱撓軍治，而凝亦荒湎，晉卒，亂作。凝走還京師，闔門三年。拜兵部郎中，以痼疾卒。

凌字恭履，最善文，終侍御史。子敬之。

敬之字茂孝，元和初，擢進士第，平判入等，遷右衞胄曹參軍。累遷屯田、戶部二郎中。

坐李宗閔黨，貶連州刺史。文宗尚儒術，以宰相鄭覃兼國子祭酒，俄以敬之代。未幾，兼太常少卿。是日，二子戎、戴登科，時號「楊家三喜」。轉大理卿，檢校工部尚書，兼祭酒，卒。

敬之嘗爲華山賦示韓愈，愈稱之，士林一時傳布，李德裕尤咨賞。敬之愛士類，得其文章，孜孜玩諷，人以爲癖。雅愛項斯爲詩，所至稱之，繇是擢上第。斯字子遷，江東人。敬之祖客灞上，見閩人濮陽愿，閱其文，大推挹，徧語公卿間。會愿死，敬之爲斂葬。

潘孟陽，史亡何所人。父炎，大曆末官右庶子，爲元載所惡，久不遷。載誅，進禮部侍郎，以病免。方劉晏任權，炎乃其婿，雖書疏報答，未嘗輒關，時稱有古人節。晏得罪，坐貶澧州司馬，時輿疾上道，不自言。于邵高其介，申救，不見聽。

孟陽少以蔭，俄登博學宏辭科，補渭南尉，再遷殿中侍御史。公卿多父行及外家賓客，故被慰薦，擢累兵部郎中。貞元末，王紹以恩倖進，數稱孟陽才，權知戶部侍郎。杜佑判度支，奏以自副。時憲宗新立，詔孟陽馳驛江淮視財賦，加鹽鐵轉運副使，幷察諸使治否。孟陽恃奥主，又氣豪倨，從者數百人，所至會賓客，留連倡樂，招金錢，多補吏，譽望大喪。使還，罷爲大理卿。其後左司郎中鄭敬宣慰江淮，帝誡曰：「朕宮中用尺寸物皆有籍，唯賑民無所計，卿是行，宜諭朕意，毋若潘孟陽殫財費酣飲游山寺而已。」

元和三年，出爲華州刺史，遷劍南東川節度使。宰相武元衡與孟陽舊，復以戶部侍郎召判度支，又兼京北五城營田使。太府王遂爲西北供軍使，持營田不可，至私忿恨，更請間論列，帝怒，罷孟陽左散騎常侍。明年，復舊官。盛葺第舍，帝徹行至樂游原，望見之，以問左右，孟陽懼，輟不敢治。而伎媵用度過侈汰，人多指怒之。病風痺，復改左散騎常侍。卒，贈兵部尙書，謚曰康。

初，孟陽爲侍郎，年未四十，其母謂曰：「以爾之材而位丞郎，使吾憂之。」

崔元略，博州人。父儆，貞元時終尙書左丞。元略第進士，更辟諸府，遷累殿中侍御史，以刑部郎中知御史雜事，進拜中丞。時李夷簡召爲大夫，故詔元略留司東臺。改京兆少尹，行府事，數月，遷爲尹。徙左散騎常侍。

初，中丞缺，議者屬崔植，而元略謬謂植入閤不如儀，使御史彈治。及宰相以二人進，元略果得之。植恨悵。既當國，以元略爲宣撫党項使。辭疾不行。植奏：「不少責，無以示羣臣。」乃出爲黔南觀察使，徙鄂岳。久乃拜大理卿。

敬宗初，還京兆尹，兼御史大夫。收貸錢萬七千緡，爲御史劾奏，詔刑部郎中趙元亮、大理正元從質、侍御史温造以三司雜治。元略素事宦人崔潭峻，頗左右之，獄具，削兼秩而已。俄授戶部侍郎，譏謗大興，諫官斥元略方劾而遷，有助力，元略自解辨，乃止。京兆劉栖楚又劾元略前造東渭橋，縱吏增估物不償直，取工徒贓二萬緡。詔奪一月俸。於是栖楚規相位，疑元略妨己路，故舉疑似衊染之。大和三年，以戶部尚書判度支，出爲東都留守，改義成節度使。卒，贈尚書左僕射。子鉉。

鉉字台碩，擢進士第，從李石荆南爲賓佐，入拜司勳員外郎、翰林學士，遷中書舍人、學士承旨。武宗好蹴鞠、角抵，鉉切諫，帝褒納之。會昌三年，拜中書侍郎、同中書門下平章事。鉉入朝凡三歲至宰相，而石猶在江陵。澤潞平，兼戶部尚書。與李德裕不叶，罷爲陝虢觀察使。宣宗初，擢河中節度使，以御史大夫召，用會昌故官輔政，進尚書左僕射，兼門下侍郎，封博陵郡公。

鉉所善者鄭魯、楊紹復、段瓌、薛蒙，頗參議論，時語曰：「鄭、楊、段、薛，炙手可熱；欲得命通，魯、紹、瓌、蒙。」帝聞之，題於扆。是時，魯爲刑部侍郎，鉉欲引以相，帝不許，用爲河南尹。它日，帝語鉉曰：「魯去矣，事由卿否？」鉉惶懼謝罪。

久之，出爲淮南節度使，帝餞太液亭，賜詩寵之。因宣州軍亂，逐觀察使鄭薰，鉉出兵討擊，詔兼宣歙池觀察使。既平，加檢校司空，罷兼使。居九年，條教一下無復改，民以順賴。咸通初，徙山南東道、荆南二鎭，封魏國公。龐勛叛，自桂管北還，所過剽略。鉉聞，大募兵屯江、湘，邀賊歸路。賊懼，更踰嶺，自淮而北。朝廷壯其忠。卒官下。

子沆，字内融，累遷中書舍人。韋保衡逐于琮，沆亦貶循州司戶參軍。僖宗立，召爲永州刺史，復拜舍人，進禮部、吏部二侍郎。乾符五年，以戶部侍郎同中書門下平章事。昕旦告廡，大霧塞廷中，百僚就班脩慶，大風雨雹，時謂不祥。俄改中書侍郎，兼工部尙書。時王景崇進兼中書令，讓其兄景儒，求易定節度。沆謂魏博、盧龍且相援，執不可。盧攜專政，而黃巢勢寖盛，沆每建裁遏，多爲攜沮抑。賊陷京師，匿張直方第，遇害。

元略弟元受、元式、元儒，皆舉進士第。元受以高陵尉直史館。元和時，于皋謩爲河北行營糧料使，元受從之，督供饋。皋謩得罪，元受逐死嶺表。

元式始署帥府僚佐，累官湖南觀察使。會昌中，澤潞用兵，遷河中，拜河東、義成節度使。宣宗初，以刑部尙書判度支，拜門下侍郎、同中書門下平章事，進兼戶部尙書。以疾罷。卒，贈司空，謚曰莊。

大中時，又有宰相崔龜從，字玄告，初舉進士，復以賢良方正、拔萃，三中其科，拜右拾遺。大和初，遷太常博士。最明禮家沿革，問不虛酬。定敬宗廟室祝辭，皇帝不可云孝弟。九宮皆列星，不容爲大祠。大臣薨，不於計日輟朝，乃在數日外。因引貞觀時，任瓌卒，有司對仗奏，太宗責其不知禮，岑文本歿，是夕罷警嚴，張公謹亡，哭不避辰日，故閔悼之切，不宜過時。又言三品以上官，非經任將相密近，不宜輟朝。詔皆可其議，九宮遂爲中祠。再遷至司勳郎中，知制誥，眞拜中書舍人，歷戶部侍郎。大中四年，以中書侍郎同中書門下平章事。再歲，罷爲宣武軍節度使，數徙鎭，卒。

韋綬字子章，京兆萬年人。有至性，然好不經，喪父，鑱臂血寫浮屠書。建中末，爲長安尉。朱泚亂，羸服走奉天，拜華陰令。佐襄陽于頔府，數譏詆刺頔橫恣，頔不能容，薦諸朝。三遷職方郎中。

穆宗爲太子，綬入侍讀，遷諫議大夫。太子書「依」字輒去「人」，曰：「上以此可天下事，烏得全書耶？」綬白之，帝喜，卽賜綬錦綵。方太子幼，綬數爲俚言以悅太子，它日侍，太子爲帝道之，帝怒曰：「綬當以經義輔導太子，而反語此，朕何賴焉？」外遷虔州刺史。

穆宗立，召爲尚書右丞、集賢院學士，出入禁中，怙寵甚。建白：「帝誕日，百官先詣光順門賀皇太后，然後上皇帝千萬歲壽。」詔可。久之，宰相奏古無生日稱賀者，綬議格。時大臣論啓或未決，綬居中助可否。九月九日宴羣臣曲江，綬請集賢學士得別會，帝一順聽。進位禮部尙書。帝問所以振災邀福者，對曰：「宋景公以善言退法星三舍，漢文除祕祝，敕有司祭而不祈，此二君皆受自至之福，書美前史。如失德以却災，媚神以丐助，神而有知，且因以譴也。」時帝不德，故託諷焉。

俄以檢校戶部尙書爲山南西道節度使。入辭，請門戟十二以行，又乞賜錢二百萬，官子元弼太常丞，帝以舊恩許之。綬耄而貪，不能事軍政，綱維亂弛。卒，贈尙書右僕射，帝遣中人弔其家。有司謚通醜，故吏以爲言，改謬醜，不報，罷。

唐書卷一百六十一

列傳第八十六

張薦 讀 趙涓 博宣 李紓 鄭雲逵 徐岱 王仲舒 馮伉 庾敬休

張薦字孝舉，深州陸澤人。祖鷟，字文成，早惠絕倫。爲兒時，夢紫文大鳥，五色成文，止其廷。大父曰：「吾聞五色赤文，鳳也；紫文，鸑鷟也。若壯，殆以文章瑞朝廷乎？」遂命以名。調露初，登進士第。考功員外郎騫味道見所對，稱天下無雙。授岐王府參軍。八以制舉皆甲科，再調長安尉，遷鴻臚丞。四參選，判策爲銓府最。員外郎員半千數爲公卿稱「鷟文辭猶青銅錢，萬選萬中」，時號鷟「青錢學士」。證聖中，天官侍郎劉奇以鷟及司馬鍠爲御史。性躁卞，儻蕩無檢，罕爲正人所遇，姚崇尤惡之。開元初，御史李全交劾鷟多口語訕短時政，貶嶺南，刑部尚書李日知訟斥太重，得內徙。鷟屬文下筆輒成，浮豔少理致，其論著率詆誚蕪猥，然大行一時，晚進莫不傳記。武后時，中人馬仙童陷默啜，問：「文成在否？」答曰：「近自御史貶官。」曰：「國有此人不用，無能爲也。」新羅、日本使至，必出金寶購其文。終司門員外郎。

薦敏銳有文辭，能爲周官、左氏春秋。初，爲顏眞卿歎賞。大曆中，浙西觀察使李涵表薦才任史官，詔授左司禦率府兵曹參軍，以母老辭不就。喪除，禮部侍郎于邵以聞，召充史館脩撰，兼陽翟尉。眞卿爲李希烈所拘，遣兄子峴及家僕奏事五輩，皆留內客省，不得出。薦上疏曰：

去正月中，眞卿奉使淮西，期不先戒，行無素備。受命之後，不宿於家，親黨不遑告別，介副不及陳請，孱僮單騎，卽日載馳。冒姦鋒於臨汝，折元惡於許下，捐軀杖義，威詬羣凶，遂令脅制者回慮，忠勇者肆情。周曾奮發於外，韋清伺應於內，希烈蒼黃窘迫，奔固舊穴，蓋眞卿義風所激也。眞卿逮事四朝，爲國元老，忠直孝友，羽儀王室。行年八十，被羸老之疾，拘囚環堵之間，顧眄鉤戟之下，呼嗟憤恚，失寢忘食，不知悲翁何以堪此！

伏聞希烈之母，鍾念幼子，目不絕泣，求責希烈；又希烈妻祖母郭及妻妹封並逮捕京師。此三人留之無益，請賓境上以贖眞卿，先降詔書，分明諭告。且希烈知眞卿人望，不敢加害，旣無嫌隙，但因循未遣耳。若歸其親愛，賊亦何吝還一使哉？

臣又聞眞卿所遣兄子峴及家僮從官奉表來者五輩，皆留中，其子頵等拳拳實希一見，望許休澣，告以安否。

疏奏，盧杞持之，不報。

朱泚反，詭姓名伏匿城中，著史遁先生傳。京師平，擢左拾遺。詔復用杞爲刺史，薦與陳京、趙需等論杞姦惡傾覆不當用，入對挺確，德宗納之。

貞元元年，帝親郊。時更兵亂，禮物殘替，用薦爲太常博士，參綴典儀，略如舊章。刑部尚書關播持節送咸安公主于回紇，以薦爲判官。還，遷工部員外郎。久之，擢諫議大夫，復爲史館脩撰。

方裴延齡用事，中傷俊良，建白無不當帝意。薦將疏其惡，延齡知之，因言于帝曰：「諫議論朝政得失，史官書人君善惡，二者不可兼。」薦改祕書少監。延齡必欲以罪斥廢之。會遣使册回鶻毗伽懷信可汗，使薦至回鶻。還爲監。吐蕃贊普死，擢薦工部侍郎，爲弔祭使。薦占對詳辯，三使絕域，始兼侍御史、中丞，後大夫。次赤嶺，被病卒，年六十一，吐蕃傳其柩以歸。順宗立，問至，贈禮部尙書，謚曰憲。

薦自拾遺至侍郎，凡二十年，常兼史館脩撰。初，貞元時，京師旱，帝避正殿，減膳，薦白限日以應古制。及定昭德皇后廟樂，遷獻、懿二祖，定太儀位號、大臣祔廟鼓吹法，莫不參裁，諸儒謂博而詳。所著書百餘篇。子又新，別有傳。

孫讜，字聖用，幼穎解。大中時第進士，鄭薰辟署宣州幕府。累遷禮部侍郎。中和初爲吏部，選牒精允。調者丐留二年，詔可，榜其事曹門。後兼弘文館學士，判院事，卒。

趙涓，冀州人。幼有文，天寶時第進士，補鄗城尉，稍歷臺省。河南王縉引署副元帥府判官。德宗初，爲衢州刺史。始，永泰時，禁中火，近東宮，代宗疑之。涓以監察御史爲巡使，驗治明諦，迹火所來，乃宦人直舍。帝在東宮頗德之。及治衢，不爲觀察使韓滉所容，奏免官，帝見其名，問宰相曰：「是豈永泰時御史乎？」對曰：「然。」詔拜尚書左丞。既至，勞之曰：「卿正直，朕所自知，乃以罪聞，不信也。」命典吏部選。從狩梁。興元元年卒，贈戶部尚書。

子博宣，亦擢進士第。藻翰豪邁，沈於酒，傲忽少檢。陳許曲環辟署於府，久不能堪，乃誣「受吳少誠金爲反間，數言休咎惑衆」。有詔杖四十，流康州，時人冤之。

李紓字仲舒，始仕爲校書郎，大曆初，李季卿薦爲左補闕，遷累中書舍人。德宗居奉天，繇禮部侍郎選爲同州刺史。帝次梁，紓委城趨行在，擢兵部侍郎、高邑伯。建言享武成王廟不宜與文宣王等，制從之。

紓性樂易，喜接後進。其自奉養頗華裕，不爲齪齪崖檢。官雖貴，而游縱自如。奉詔爲興元紀功述及它郊廟樂章，論譔甚多。進吏部侍郎。年六十二卒，贈禮部尚書。

鄭雲逵，系本滎陽。父昕，爲鄾城尉，州刺史移職，民之暴警者遮道留，昕誅殺六七人。採訪使奇之，言狀，擢北海尉。安祿山反，縣民孫俊驅市人以應，昕率衆擊殺之。改登州司馬。李光弼表爲武寧府判官，遷沂州刺史，諭降賊李浩五千人。終滁州刺史。

雲逵爲人誕譎敢言，已登進士第，去客燕朔，朱泚善之，表爲掌書記，妻以滔女。泚將朝，使雲逵先入奏，同府蔡廷玉譖于泚，奏貶爲平州參軍。滔代泚將，復辟雲逵爲判官。廷玉與要藉官朱體微它日與泚從容言：「滔非長者，不可付以兵。」雲逵數漏其語以怒滔，故滔論廷玉等，皆得罪死。滔助田悅，雲逵諫，不從，遂棄室自歸。德宗悅，擢諫議大夫。帝在梁，雲逵依李晟，晟表以禮部侍郎爲軍司馬，時時咨逮戎略。元和初，爲京兆尹，卒。弟方逵，悖悍，結徒剽劫，父欲殺之，不克。雲逵自劾「不能教，恐赤臣家」。詔錮死黔州。

徐岱字處仁，蘇州嘉興人，世農家子。於學無所不通，辯論明銳，座人常屈。大曆中，劉晏表爲校書郎。觀察使李栖筠欽其賢，署所居爲「復禮鄉」。名達于朝，擢偃師尉。禮儀使蔣鎭薦爲太常博士，專掌禮事。從德宗出奉天，以膳部員外郎兼博士。

貞元初，爲太子、諸王侍讀，遷給事中、史館脩撰。帝以誕日歲歲詔佛、老者大論麟德殿，并召岱及趙需、許孟容、韋渠牟講說。始三家若矛楯然，卒而同歸于善。帝大悅，賚予有差。兩宮恩遇無比。性篤慎，至宮殿中語未嘗近之，不談人短，宗族孤孺者皆爲婚嫁。然吝嗇，自持家管鑰，世所譏云。卒，贈禮部尙書。

王仲舒字弘中，并州祁人。少客江南，與梁肅、楊憑游，有文稱。貞元中，賢良方正高第，拜左拾遺。德宗欲相裴延齡，與陽城交章言不可。後入閤，帝顧宰相指曰：「是豈王仲舒邪？」俄改右補闕，遷禮部考功員外郎。奏議詳雅，省中伏其能。坐累爲連州司戶參軍，再徙荆南節度參謀。

元和初，召爲吏部員外郎，未幾，知制誥。楊憑得罪斥去，無敢過其家，仲舒屢存之。將直憑冤，貶峽州刺史，母喪解。服除，爲婺州刺史。州疫旱，人徙死幾空，居五年，里閭增完，就加金紫服。徙蘇州。隄松江爲路，變屋瓦，絕火災，賦調嘗與民爲期，不擾自辦。

穆宗立，每言仲舒之文可思，最宜爲誥，有古風。召爲中書舍人。既至，視同列率新進少年，居不樂，曰：「豈可復治筆研於其間哉！吾久棄外，周知俗病利，得治之，不自愧。」宰相聞之，除江西觀察使。初，江西榷酒利多佗州十八，民私釀，歲抵死不絕，穀數斛易斗酒。仲舒罷酤錢九十萬。吏坐失官息錢三十萬，悉產不能償，仲舒焚簿書，脫械不問。水旱，民賦不入，歎曰：「我當減燕樂他用可乎！」爲出錢二千萬代之。有爲佛老法、興浮屠祠屋者，皆驅出境。卒于官，年六十二，贈左散騎常侍，謚曰成。

仲舒尙義概，所居急民廢置，自爲科條，初若煩密，久皆稱其便。

馮伉，魏州元城人，徙貫京兆。第五經、宏辭，調長安尉。三遷膳部員外郎，爲睦王等侍讀。

李抱眞卒，伉持節臨弔，歸之帛，不受，又致京師，伉上表固拒。於是醴泉令缺，宰相高選，德宗曰：「前使澤潞不受幣者，其人淸，可用也。」遂以授伉。縣多嚚猾，數犯法，伉爲著諭蒙書十四篇，大抵勸之務農、進學，而敎以忠孝。鄕鄕授之，使轉相敎督。居七年，韋渠牟薦爲給事中、皇太子諸王侍讀。對殿中，賜金紫服。進兵部侍郎，出爲同州刺史。以散騎常侍召，領國子祭酒者再。卒，年六十六，贈禮部尙書。

庾敬休字順之，鄧州新野人。祖光烈，與弟光先不受安祿山僞官，遁去。光烈終大理少卿，光先吏部侍郎。父何，當朱泚反，又與弟倬逃山谷，不臣賊。官兵部郎中。敬休擢進士第，又中宏辭，辟宣州幕府。入拜右補闕、起居舍人。建言：「天子視朝，宰相羣臣以次對，言可傳後者，承旨宰相示左右起居，則載錄，季送史官，如故事。」詔可。旣而執政以幾密有不可露，罷之。召爲翰林學士。文宗將立魯王爲太子，愼選師傅，敬休以戶部侍郎兼魯王傅。

初，劍南西川、山南道歲征茶，戶部自遣巡院主之，募賈人入錢京師。大和初，崔元略奏責本道主當歲以四萬緡上度支。久之，逗留多不至。敬休始請置院秭歸，收度支錢，乃無逋沒。又言：「蜀道米價騰踊，百姓流亡，請以本道闕官職田賑貧民。」詔可。再爲尙書左丞。卒，贈吏部尙書。

敬休夷澹，多容可，不飲酒食肉，不邇聲色。

弟簡休，亦至工部侍郎。

唐書卷一百六十二

列傳第八十七

姚南仲　獨孤及朗　郁　庠　顧少連　韋夏卿瓘　段平仲
呂元膺　許孟容季同　薛存誠廷老　李遜方玄　建　訥

姚南仲，華州下邽人。乾元初，擢制科，授太子校書。遷累右補闕。大曆十年，獨孤皇后崩，代宗悼痛，詔近城爲陵，以朝夕臨望。南仲上疏曰：「臣聞人臣宅於家，帝王宅於國。長安乃祖宗所宅，其可興鑿建陵其側乎？夫葬者，藏也，欲人之不得見也。今西近宮闕，南迫大道。使近而可視，歿而復生，雖宮以待之可也。如令骨肉歸土，魂無不之，雖欲自近，了復何益？且王者必據高明，燭幽隱，先皇所以因龍首而建望春也。今起陵目前，心一感傷，累日不能平。且匹夫向隅，滿堂不樂，況萬乘乎，天下謂何？陛下謚后以貞懿，而終以褻近，臣竊惑焉。今國人皆曰后陵在邇，陛下將日省而時望焉，斯有損聖德，無益先后，欲寵反辱，惟陛下孰計。」疏奏，帝嘉納，進五品階以酬讜言。

坐善宰相常衮，出爲海鹽令。浙西觀察使韓滉表爲推官，擢殿中侍御史內供奉。召還，四遷爲御史中丞，改給事中、陝虢觀察使。拜義成節度使。監軍薛盈珍恃權橈政，不能逞，因毀南仲於朝，德宗惑之。俄遣小使程務盈誣表以罪。會南仲裨將曹文洽入奏，知其語，則晨夜追至長樂驛，及之，與同舍，夜殺務盈，投其誣于廁。爲二書，一抵南仲，一治南仲冤，且自言殺務盈狀，乃自殺。驛吏以聞，帝駭異。南仲不自安，固請入朝。帝勞曰：「盈珍橈卿政邪？」曰：「不橈臣政，臣隳陛下法耳。如盈珍輩，所在有之，雖使羊、杜復生，撫百姓，御三軍，必不能成愷悌之化而正師律也。」帝默然。乃授尚書右僕射。貞元十九年卒，年七十五，贈太子太保，謚曰貞。

初，崔位、馬少微者，俱在南仲幕府。盈珍之譖也，出位爲遂州別駕，東川觀察使王叔邕希旨奏位，殺之。復出少微補外，使宦官護送，度江，投之水云。

獨孤及字至之，河南洛陽人。爲兒時，讀孝經，父試之曰：「兒志何語？」對曰：「立身行道，揚名於後世。」宗黨奇之。天寶末，以道舉高第補華陰尉，辟江淮都統李峘府，掌書記。

代宗以左拾遺召，既至，上疏陳政曰：

陛下屢發德音，使左右侍臣得直言極諫。壬辰詔書，召裴冕等十有三人集賢殿待制，以備詢問。此五帝盛德也。然頃者陛下雖容其直，而不錄其言，所上封皆寢不報。有容下之名，無聽諫之實，遂使諫者稍稍自鉗口飽食，相招爲祿仕，此忠鯁之人所以竊歎，而臣亦恥之。十室之邑，必有忠信，況朝廷之大，卿大夫之衆，陛下選授之精歟！假令不能如文王之多士，其中豈不有溫故知新，可懋陳政要而億則屢中者？陛下議政之際，曾不採其一說，堯之疇咨，禹之昌言，豈若是耶？昔堯設謗木於五達之衢。孔子曰：「以能問於不能，以多問於寡。」然則多聞闕疑，不恥下問，聖人之心也。願陛下以堯、孔心爲心，日降淸問，其不可者罷之，可者議於朝，與執事者共之。使知之必言，言之必行，行之必公，則君臣無私論，朝廷無私政，陛下以此辨可否於獻替，而建太平之階可也。

師興不息十年矣，人之生產，空於杼軸。擁兵者第館亙街陌，奴婢厭酒肉，而貧人羸餓就役，剝膚及髓。長安城中，白晝椎剽，吏不敢詰。官亂職廢，將墮卒暴，百揆隳刺，如沸粥紛麻。民不敢訴於有司，有司不敢聞陛下，茹毒飲痛，窮而無告。今其心顒顯，獨恃於麥，麥不登，則易子齩骨矣。陛下不以此時厲精更始，思所以救之之術，忍令宗廟有累卵之危，萬姓悼心失圖，臣實懼焉。去年十一月丁巳夜，星隕如雨，昨清明降霜，三月苦熱，錯繆顚倒，沴莫大焉。此下陵上替，怨讟之氣取之也。天意丁寧譴戒，以警陛下，宜反躬罪己，旁求賢良者而師友之，黜貪佞不肖者，下哀痛之詔，去天下疾苦，廢無用之官，罷不急之費，禁止暴兵，節用愛人，兢兢乾乾，以徼福于上下，必能使天感神應，反妖災爲和氣矣。

又言：

減江淮、山南諸道兵以贍國用，陛下初不以臣言爲愚，然許卽施行，及今未有沛然之詔，臣竊遲之。今天下唯朔方、隴西有吐蕃、僕固之虞，邠、涇、鳳翔兵足以當之矣。自此而往，東洎海，南至番禺，西盡巴蜀，無鼠竊之盜，而兵不爲解。傾天下之貨，竭天下之穀，以給不用之軍，爲無端之費，臣不知其故。假令居安思危，以備不虞，自可阨害之地，俾置屯禦，悉休其餘，以糧儲扉屨之資充疲人貢賦，歲可以減國租半。陛下豈遲疑於改作，逡巡於舊貫，使大議有所壅，而率土之患日甚一日？是益其弊而厚其疾也。夫療癰者，必決之使潰。今兵之爲患，猶癰也，不以漸戢之，其害滋大，大而圖之，必力倍而功寡，豈易「不俟終日」之義邪？

俄改太常博士。或言景皇帝不宜爲太祖，及據禮條上。諡呂諲、盧弈、郭知運等無浮美，無隱惡，得褒貶之正。遷禮部員外郎，歷濠、舒二州刺史。歲饑旱，鄰郡庸亡什四以上，舒人獨安。以治課加檢校司封郎中，賜金紫。徙常州，甘露降其廷。卒，年五十三，諡曰憲。

及喜鑒拔後進，如梁肅、高參、崔元翰、陳京、唐次、齊抗皆師事之。性孝友。其爲文彰明善惡，長於論議。晚嗜琴，有眼疾，不肯治，欲聽之專也。

子朗、郁。

朗字用晦，由處士辟署江西、宣歙、浙東三府。元和中，擢右拾遺。建言：「宜用觀察使領本道鹽鐵，罷場監管榷吏，除百姓之患。」不聽。盜殺武元衡，朗請貶京兆尹，誅捕賊吏。因勸罷兵，忤憲宗意，貶興元戶曹參軍。久乃拜殿中侍御史，兼史館修撰。坐與李景儉飲，景儉使酒慢宰相，出爲韶州刺史。召還，再遷諫議大夫。

敬宗初，宦官毆鄠令崔發雞干下，朗請誅首惡以正常法。王播賂權近，還判鹽鐵，朗連疏論執。遷御史中丞。故事，選御史皆中丞自請。是時，崔晃、鄭居中繇宰相力，得監察御史，朗拒不納，晃、居中卒改他官。侍御史李道樞醉謁朗，朗劾不虔，下除司議郎。會殿中王源植貶官，朗直其枉，書五上不報，卽自劾執法不稱，願罷去。帝遣中人慰諭不許。文宗初，遷工部侍郎，出爲福建觀察使，創發背卒，贈右散騎常侍。

郁字古風，始生而孤，與朗育於伯父汜。擢進士第，最爲權德輿所稱，以女妻之。元和初，舉制科高等，拜右拾遺，俄兼史館脩撰，進右補闕。吐突承璀討王承宗，郁執不可，挺議鯁固，號稱職。擢翰林學士。德輿輔政，以嫌去內職，拜考功員外郎，仍兼脩撰。憲宗歎德輿乃有佳壻，詔宰相高選世族，故杜悰尙岐陽公主，然帝猶謂不如德輿之得郁也。俄知制誥。德輿去位，還爲學士。九年，以疾辭禁近，徙祕書少監，屛居鄠，卒，年四十，贈絳州刺史。郁有雅名，帝遇之厚，議者亦謂當宰相，共以早世惜之。

子庠，字賢府，喪父始十歲，有至性，聞呼父官及弔客來，輒號慟幾絕。後舉進士，仕至尙書丞。

顧少連字夷仲，蘇州吳人。舉進士，尤爲禮部侍郎薛邕所器，擢上第，以拔萃補登封主簿。邑有虎孽，民患之，少連命塞陷穽，獨移文嶽神，虎不爲害。御史大夫于頎薦爲監察御史。德宗幸奉天，徒步詣謁，授水部員外郎、翰林學士。再遷中書舍人，閱十年，以謹密稱。會請徙先兆于洛，帝重遠去，詔遣其子往，且命中人護葬役。

歷吏部侍郎。裴延齡方横，無敢忤者，嘗與少連會田鎬第，酒酣，少連挺笏曰：「段秀實笏擊賊臣，今吾笏將擊姦臣。」奮且前，元友直在坐，歡解之。改京兆尹。政尚寬簡，不爲灼灼名。先是，京畿租賦薄厚不能一，少連以法均之。遷吏部尚書，封本縣男，徙兵部。爲東都留守，表禁苑及汝閑田募耕以便民，閱武力，利鎧仗，號良吏。卒，年六十三，贈尚書右僕射，謚曰敬。

始，少連攜少子師閔奔行在，有詔同止翰林院，車駕還，授同州參軍。

韋夏卿字雲客，京兆萬年人。少邃於學，善文辭。大曆中，與弟正卿同舉賢良方正，皆策高等。授高陵主簿，累遷刑部員外郎。時仍歲旱蝗，詔以郎官宰畿甸，授奉天令，課第一，改長安令。轉吏部員外郎、郎中，擢給事中，出爲常、蘇二州刺史。徐州節度使張建封疾甚，詔夏卿爲徐泗行軍司馬，且代之。未至，而建封卒，徐軍立其子愔爲留後，召夏卿爲吏部侍郎。

時從弟執誼在翰林，嘗受人金，有所干請，密以金內夏卿懷中，夏卿毀懷不受，曰：「吾與爾賴先人遺德，致位及此，顧當是哉？」執誼大慚。轉京兆尹、太子賓客，檢校工部尚書，爲東都留守，辭疾，改太子少保。卒，年六十四，贈尚書左僕射，謚曰獻。

夏卿性通簡，好古，有遠韻，談說多聞。晚歲將罷歸，署其居曰大隱洞。與齊映、穆贊、贊弟員友善，雖同游，終年不見其喜怛。撫孤姪恩踰己子。爲政務通理，不甚作條教。所辟士如路隋、張賈、李景儉等，至宰相達官，故世稱知人。

正卿子瓘，字茂弘，及進士第，仕累中書舍人。與李德裕善，德裕任宰相，罕接士，唯瓘往請無間也。李宗閔惡之，德裕罷，貶爲明州長史。會昌末，累遷楚州刺史，終桂管觀察使。

段平仲字秉庸，本武威人，隋民部尚書達六世孫。擢進士第。杜佑、李復之節度淮南，連表掌書記。擢監察御史。磊落有氣節，嗜酒敢言。是時，德宗春秋高，躬自聽斷，天下事有所壅隔，羣臣畏帝苛察，無敢言。平仲常曰：「上聰明神武，但臣下畏怯，自爲循默爾。使我一日得召見，宜大有開納。」會京師旱，詔擇御史、郎官開倉振恤。平仲與考功員外郎陳歸被選，同得對，粗陳振恤事，帝察其意有所畜，以歸在側未言。事訖，平仲方獨進，帝乃并留歸，正色問之，雜以它語，平仲錯愕不得言，乃謬稱名，帝怒，叱去之。蒼黄向幄後，歸趨降招之，乃得去。由是坐廢七年，然名由此顯。

元和初，爲諫議大夫，憲宗使吐突承璀討鎮州，亟疏爭不可。及還，無功，又請斬之。再遷尚書右丞。朝廷有得失，未嘗不論奏，世推其敢直云。終太子左庶子。

贊曰：君有常尊，臣有定卑，自然之勢也。然臣不自通於上，君不降而逮諸下，則治不得成而功不彰。返是而天下之務檠焉幾矣。德宗察察，欲折伏臣下，自爲聰明，而治愈疏。段平仲一忤上，蒼惶失對，而猶以取名，何哉？下知所職，而上喪其所以爲上也。故聖王屈己從諫，君臣兩得其美，知道之本歟！

呂元膺字景夫，鄆州東平人。姿儀瓌秀，有器識。始游京師，謁故宰相齊映，映嘆曰：「吾不及識婁、郝，殆斯人類乎！」策賢良高第，調安邑尉，辟長春宮判官。李懷光亂河中，輒解去。論惟明節度渭北，表佐其府。惟明卒，王栖曜代之，德宗敕栖曜留元膺自佐，入拜殿中侍御史。歷右司員外郎。出爲蘄州刺史。嘗錄囚，囚或白：「父母在，明日歲旦不得省爲恨。」因泣，元膺惻然，悉釋械歸之，而戒還期。吏白不可，答曰：「吾以信待人，人豈我違？」如期而至。自是羣盜感愧，悉避境去。

元和中，累擢給事中。俄爲同州刺史。既謝，帝逮問政事，所對詳諧。明日，謂宰相曰：「元膺直氣讜言，宜留左右，奈何出之？」李藩、裴垍謝，因言：「陛下及此，乃宗社無疆之休。臣等昧死，請留元膺給事左右。」未幾，兼皇太子侍讀，進御史中丞。拜鄂岳觀察使。嘗夜登城，守者不許。左右曰：「中丞也。」對曰：「夜不可辨。」乃還。明日，擢守者爲大將。入拜尚書左丞。度支使潘孟陽、太府卿王遂交相惡，乃除孟陽散騎常侍，遂鄧州刺史，詔辭無所輕重。元膺上其詔，請明枉直，以顯褒懲。江西裴堪按虔州刺史李將順受賕，不覆訊而貶。元膺曰：「觀察使奏部刺史，不加覆，雖當誅，猶不可爲天下法。」請遣御史按問，宰相不能奪。

選拜東都留守。故事，留守賜旗甲，至元膺不給。或上言：「用兵討淮西，東都近賊，損其儀，沮威望，請比華、汝、壽三州。」帝不聽，幷三州罷之。留守不賜旗甲，自此始。都有李師道留邸，邸兵與山棚謀竊發，事覺，元膺禽破之。始，盜發，都人震恐，守兵弱不足恃，元膺坐城門指縱部分，意氣閑舒，人賴以安。東畿西南通鄧、虢，川谷曠深，多麇鹿，人業射獵而不事農，遷徙無常，皆趫悍善鬬，號曰「山棚」。權德輿居守，將羈縻之，未克。至是，元膺募爲山河子弟，使衞宮城，詔可。

改河中節度使。時方鎭多姑息，獨元膺秉正自將，監軍及中人往來者，無不嚴憚。入拜吏部侍郎。正色立朝，有台宰望，處事裁宜，人服其有體。以疾改太子賓客。居官始終無訾缺。卒，年七十二，贈吏部尚書。

許孟容字公範，京兆長安人。擢進士異等，又第明經，調校書郎。辟武寧張建封府。李納以兵拒境，建封遣使諭止，前後三輩往，皆不聽。乃使孟容見納，敷引逆順，納卽悔謝，爲罷兵。表爲濠州刺史。

德宗知其能，召拜禮部員外郎。公主子求補崇文生者，孟容固謂不可，主訴之帝，問狀，以著令對。帝嘉其守，擢郎中。累遷給事中。京兆上言「好時風雹害稼」，帝遣宦人覆視，不實，奪尹以下俸。孟容曰：「府縣上事不實，罪應罰。然陛下遣宦者覆視，紊綱紀。宜更擇御史一人參驗，乃可。」不聽。

浙東觀察使裴肅諉判官齊摠暴斂以厚獻，厭天子所欲。會肅卒，帝擢摠自大理評事兼監察御史爲衢州刺史。衢，大州也。孟容還制曰：「方用兵處，有不待次而擢者。今衢不他虞，摠無功越進超授，羣議謂何？且摠本判官，今詔書乃言『權知留後，攝都團練副使』，初無制授，尤不見其可。假令摠有可錄，宜暴課最，解中外之惑。」會補闕王武陵等亦執爭，於是詔中停。帝召謂曰：「使百執事皆如卿，朕何憂邪？」自袁高爭盧杞後，凡十八年，門下無議可否者。至孟容數論駁，四方知天子開納多士，浩然想見其風。

貞元十九年夏，大旱，上疏言：「陛下齋居損膳，具牲玉，走羣望，而天意未答，豈豐歉有定，陰陽適然乎？竊惟天人交感之際，繫敎令順民與否。今戶部錢非度支歲計，本備緩急，若取一百萬緡代京兆一歲賦，則京圻無流亡，振災爲福。又應省察流移征防當還未還，役作禁錮當釋未釋；負逋饋送，當免免之；沈滯鬱抑，當伸伸之：以順人奉天。若是而神弗祐，歲弗稔，未之聞也。」先是，爲裴延齡、李齊運流斥者，雖十年弗內移，故孟容因旱及之。帝始不悅，改太常少卿。

元和初，再遷尙書右丞、京兆尹。神策軍自興元後，日驕恣，府縣不能制。軍吏李昱貸富人錢八百萬，三歲不肯歸。孟容遣吏捕詰，與之期使償，曰：「不如期，且死！」一軍盡驚，訴於朝。憲宗詔以昱付軍治之，再遣使，皆不聽，奏曰：「不奉詔，臣當誅。然臣職司輦轂，當爲陛下抑豪彊。錢未盡輸，昱不可得。」帝嘉其守正，許之。京師豪右大震。

累遷吏部侍郎。盜殺武元衡，孟容白宰相曰：「漢有一汲黯，姦臣寢謀。今朝廷無有過失，而狂賊敢爾，尙謂國有人乎？願白天子，起裴中丞輔政，使主兵柄，索賊黨，罪人得矣。」後數日，果相度。俄以尙書左丞宣慰汴宋陳許河陽行營，拜東都留守。卒，年七十六，贈太子少保，謚曰憲。

孟容方勁有禮學，每所折衷，咸得其正。好提腋士，天下淸議上之。

弟季同，始署西川韋臯府判官。劉闢反，棄妻子歸，拜監察御史。歷長安令，再遷兵部郎中。孟容爲禮部侍郎，徙季同京兆少尹。時京兆尹元義方出爲鄜坊觀察使，奏劾宰相李絳與季同擧進士爲同年，才數月輒徙。帝以問絳，絳曰：「進士、明經，歲大抵百人，吏部得官至千人，私謂爲同年，本非親與舊也。今季同以兄嫌徙少尹，豈臣所助邪？且忠臣事君，不以私害公，設有才，雖親舊當白用。避嫌不用，乃臣下身謀，非天子用人意。」帝然之。終宣歙觀察使。

薛存誠字資明，河中寶鼎人。中進士第。擢累監察御史。元和初，討劉闢，郵傳事叢，詔以中人爲館驛使，存誠以爲害體甚，奏罷之。轉殿中侍御史，累遷給事中。瓊林庫廣籍工徒，存誠曰：「此姦人羼名以避征役，不可許。」又神策軍與咸陽尉袁儋不平，誣奏之，儋被罰。二敕皆執不下。憲宗悅，遣使勞之，拜御史中丞。浮屠鑒虛者，自貞元中關通賂遺，倚宦豎爲姦，會坐于頔、杜黃裳家事，逮捕下獄。存誠窮劾之，得贓數十萬，當以大辟。權近更保救於帝，有詔釋之，存誠不聽。明日，詔使詣臺諭曰：「朕須此囚面詰，非赦也。」存誠奏曰：「獄已具，陛下必欲召赦之，請先殺臣乃可。不然，臣不敢奉詔。」鑒虛卒抵死。江西監軍高重昌妄劾信州刺史李位謀反，追付仗內詰狀。存誠一日三表，請付位御史臺。及按，果無實。

未幾，復爲給事中。會御史中丞闕，帝謂宰相曰：「持憲無易存誠者。」乃復命之。會暴卒，帝悼惜，贈刑部侍郎。存誠性和易，於人無所不容，及當官，毅然不可奪。

子廷老。

廷老字商叟，及進士第，讜正有父風。寶曆中，爲右拾遺。敬宗政日僻，嘗與舒元褒、李漢入閤論奏曰：「比除拜不由宰司擬進，恐綱紀寖壞，姦邪放肆。」帝厲語曰：「更論何事？」元襃曰：「宮中興作太甚。」帝色變曰：「興作何所？」元襃不能對。廷老曰：「臣等以諫爲職，有聞卽應論奏。然見外輩材瓦絕多，知有所營。」帝曰：「已諭。」時造淸思院，殿中用銅鑑三千，薄金十萬餅，故廷老等懇言之。尋加史館修撰。

鄭注用事，嶺南節度使鄭權附之，悉盜公庫寶貨輸注爲謝。廷老表按權罪，由是中人切齒。又論李逢吉黨張權輿、程昔範不宜居諫爭官，逢吉怒。會廷老告滿百日，出爲臨晉令。文宗立，召爲殿中侍御史。李讓夷數薦之，拜翰林學士。日酣飲，不持檢操，帝不悅，幷讓夷罷之。開成三年，遷給事中。在公卿間，偘偘不干虛譽，推爲正人。卒，贈刑部侍郎。

子保遜，第進士，擢累給事中。

保遜子昭緯，乾寧中，至禮部侍郎。性輕率，坐事貶磎州刺史。

李遜字友道，魏申公發之後，趙郡所謂申公房者，客居荊州。始署山南東道掌書記，累遷濠州刺史。初，濠州兵謀殺其將楊騰，騰走揚州，因滅騰家，曹亡剽劫。遜至，鐫諭利害，衆釋鎧自歸。觀察使旨限外浮斂，遜一不應。入爲虞部郞中。由衢州刺史以政最擢浙東觀察使。當貞元初，福建軍亂，前觀察使奏益兵三千屯于境，以折閩衝，遂爲長戍，幾三十年。遜署事，卽停其兵。

入爲給事中。故事，天子以畸日聽政，對羣臣。遜奏：「陛下求治，而下有所陳，當不時上，豈宜限以日。如是，畢歲得望天子者幾何？」憲宗悅，從之。遷戶部侍郎。

代嚴綬爲山南東道節度使。時方討蔡，析山南東道爲兩節度，以唐、鄧、隋三州授高霞寓，得專攻討，而遜督襄、復、郢、均、房五州賦饋之。初，襄陽兵隸霞寓者多逃還，後霞寓戰賊不勝，言爲遜所橈。帝欲按狀，宰相請置不問，下遷太子賓客。中人誣之，更貶恩王傅。久乃歷京兆尹、國子祭酒。

以檢校禮部尚書爲忠武節度使。時吳元濟始平，治條疏纇，遜召會大衆，申嚴約束，明論賞罰，上下皆感畏，衆遂安。遜於爲政，抑彊植弱，貧富均一，所至有績可紀。

長慶初，幽、鎭繼亂，遜首建誅討計，不聽。詔以兵萬人會行營，卽日上道，先諸軍至，由是進檢校吏部尚書。未幾，徙節鳳翔，過京師，以疾求解爲刑部尚書。卒，年六十三，贈尙書右僕射，謚曰貞。

子方玄，字景業，第進士。裴誼奏署江西府判官。有大獄，論死者十餘囚，方玄刺審其冤，悉平貸之。累爲池州刺史。鉤檢戶籍，所以差量傜賦者，皆有科品程章，吏不得私。常曰：「沈約年八十，手寫簿書，蓋爲此云。」終處州刺史。

遜弟建，字杓直，與兄俱客荆州。鄉人爭鬭，不詣府而詣建，平決無頗。母憐其孝，每字之曰：「猨子勸吾食，吾輒飽；進藥，吾意其瘳。」貞元中，補校書郎。德宗思得文學者，或以建聞，帝問左右，宰相鄭珣瑜曰：「臣爲吏部時，當補校書者八人，它皆藉貴勢以請，建獨無有。」帝喜，擢左拾遺、翰林學士。

順宗立，李師古以兵侵曹州，建作詔諭還之，詞不假借。王叔文欲更之，建不可。左除太子詹事，改殿中侍御史。以兵部郎中知制誥。宰相有竄定稿詔者，亟請解職，除京兆少尹。會遜被讒，建申治之，出爲澧州刺史。召拜刑部侍郎。卒，贈工部尚書。

初，建爲學時，家苦貧。兄造知其賢，爲營丐，使成就之。故遜、建皆舉進士。後雖通顯，未嘗治垣屋，以淸儉稱。

建子訥，字敦止，及進士第。遷累中書舍人，爲浙東觀察使。性疏卞，遇士不以禮，爲下所逐，貶朗州刺史。召爲河南尹。時久雨，洛暴漲，訥行水魏王堤，懼漂汨，疾馳去，水遂大毁民廬。議者薄其材。初，訥居與宰相楊收接，收欲市訥宂舍以廣第，訥叱曰：「先人舊廬，爲權貴優笑地邪？」凡三爲華州刺史，歷兵部尚書，以太子太傅卒。遺命葬不請鹵簿，避贈謚，詔聽。

唐書卷一百六十三

列傳第八十八

孔巢父 戣 緯 戡 戢 溫業　穆寧 贊 質 員　崔邠 郾 鄯 鄲

柳公綽 仲郢 璞 珪 璧 玭 公權 子華　楊於陵　馬揔

孔巢父字弱翁，孔子三十七世孫。少力學，隱徂來山。永王璘稱兵江淮，辟署幕府，不應，鏟蹟民伍。璘敗，知名。廣德中，李季卿宣撫江淮，薦爲左衞兵曹參軍。三遷庫部員外郎。出爲涇原行軍司馬。累拜湖南觀察使，未行，會普王爲荆襄副元帥，署行軍司馬。俄而德宗狩奉天，行在擢給事中，爲河中、陝、華招討使，累上破賊方略，帝嘉納。

未幾，兼御史大夫，爲魏博宣慰使。巢父辯而才，及見田悅，與言君臣大義，利害逆順，開曉其衆。是時，悅久不臣，下皆厭亂，雜然喜曰：「不圖今日還爲王人！」酒中，悅起，自陳騎射工，曰：「陛下見用，何敵不摧。」巢父曰：「若爾，不蚤自歸，乃一劇賊耳。」悅曰：「能爲劇賊，豈不能爲功臣乎？」巢父曰：「國方多虞，待子而息。」悦謝焉。數日，田緒殺悦，與大將邢曹俊等聽命，巢父即以緒權知軍務，紓其難。

李懷光據河中，帝復令巢父宣慰，罷其兵，以太子太保授之。懷光素服待命，巢父不止。衆忿曰：「太尉無官矣！」方宣詔，乃譟而合，害巢父，并殺中人啖守盈。初，巢父至，懷光以其使魏博而田悦死，疑其謀出巢父，故軍亂不肯救。帝聞震悼，贈尚書左僕射，謚曰忠。詔具禮收葬，賜其家粟帛，存卹之。

從子戣、戡、戢。

戣字君嚴，擢進士第。鄭滑盧羣辟爲判官，羣卒，攝總留務。監軍楊志謙雅自肆，衆皆恐。戣邀志謙至府，與對榻卧起，示不疑，志謙嚴憚不敢動。入爲侍御史，累擢諫議大夫。條上四事：一、多冗官，二、吏不奉法，三、百姓田不盡墾，四、山澤榷酤爲州縣弊。憲宗異其言。中人劉希光受賕二十萬緡，抵死，吐突承璀坐厚善，逐爲淮南監軍。太子舍人李涉知帝意，投匭上言承璀有功不可棄。戣得副章，不肯受，面質讓之。涉更因左右以聞，戣劾奏涉結近倖，營罔上聽。有詔斥涉峽州司馬，宦寵側目，人爲危之，戣自以適所志，軒軒甚得。

俄兼太子侍讀，改給事中。江西觀察使李少和坐贓，獄寢不下；博陵崔易簡殺從父兄，鞫狀具。京兆尹左右之，翻其情。戣慷慨論正，貶少和，殺易簡，奪尹三月俸。再遷尚書左丞。信州刺史李位好黃、老道，數祠禱，部將韋岳告位集方士圖不軌，監軍高重謙上急變，捕位劾禁中。戣奏：「刺史有罪，不容繫仗內，請付有司。」詔還御史臺。戣與三司雜治，無反狀。岳坐誣罔誅，貶位建州司馬。中人愈怒，故出爲華州刺史。明州歲貢淡菜蚶蛤之屬，戣以爲自海抵京師，道路役凡四十三萬人，奏罷之。歷大理卿、國子祭酒。

會嶺南節度使崔詠死，帝謂裴度曰：「嘗論罷蚶菜者誰歟？今安在？是可往，爲朕求之。」度以戣對，卽拜嶺南節度使。既至，免屬州逋負十八萬緡、米八萬斛、黃金稅歲八百兩。先是，屬刺史俸率三萬，又不時給，皆取部中自衣食。戣乃倍其俸，約不得爲貪暴，稍以法繩之。南方鬻口爲貨，掠人爲奴婢，戣峻爲之禁。親吏得嬰兒於道，收育之，戣論以死。由是閭里相約不敢犯。士之斥南不能北歸與有罪之後百餘族，才可用用之，稟無告者，女子爲嫁遣之。蕃舶泊步有下碇稅，始至有閱貨宴，所餉犀琲，下及僕隸。戣禁絕，無所求索。舊制，海商死者，官籍其貲，滿三月無妻子詣府，則沒入。戣以海道歲一往復，苟有驗者不爲限，悉推與。自貞元中，黃洞諸蠻叛，久不平。容、桂二管利虜掠，幸有功，乃請合兵討之。戣固言不可，帝不聽，大發江、湖兵，會二管入討。士被瘴毒死者不勝計，安南乘之，殺都護李象古，而桂管裴行立、容管陽旻皆無功，憂死；獨戣不邀一旦功，交、廣晏然大治。

穆宗立，以吏部侍郎召，改右散騎常侍，還爲左丞，以老自乞。雅善韓愈，謂曰：「公尙壯，上三留，何去之果？」戣曰：「吾豈要君者？吾年，一宜去；吾爲左丞，不能進退郎官，二宜去。」愈曰：「公無留資，何恃而歸？」曰：「吾負二宜去，尙奚顧子言？」愈嗟歎，即上疏言：「臣與戣同在南省，數與戣相見，其爲人，守節淸苦，論議正平。年七十，筋力耳目未衰，憂國忘家，用意至到。如戣輩，在朝不過三數人，陛下不宜苟順其求，不留自助也。禮，大夫七十致事，若不得謝，則賜之几杖安車，不必七十盡許致事。今戣據禮求退，陛下若不聽許，亦無傷義，而有貪賢之美。」不報。以禮部尙書致仕，歲致羊酒如漢徵士禮。卒，年七十三。贈兵部尙書，謚曰貞。

子遵孺；温裕，仕爲天平節度使。遵孺子緯。

緯字化文，少孤，依諸父。多與有名者游，才譽蚤成。擢進士第，東川崔愼由表置幕府。從崔鉉淮南，復從愼由守河中，再遷觀察判官。宰相楊收薦以長安尉直弘文館。遷監察御史，進禮部員外郎、兼集賢直學士。母喪解。還爲右司員外郎。趙隱言其才，拜翰林學士，俄知制誥。頻遷戶部侍郎，擢御史中丞。緯方雅，疾惡若讎，中外聞風，未繩輒肅。三遷吏部侍郎。權要私謁至盈几，一不省，當路不悅，改太常卿。

從僖宗西到蜀，以刑部尚書判戶部。蕭遘雅不喜，坐調度不給，改太子少保。及帝避朱玫，次陳倉，惟黃門衞士數百扈乘輿。詔拜緯御史大夫，令趣百官至行在。時羣臣露次盩厔，爲盜剽脅，衣囊略盡。緯謁宰相，欲有所論，遘與裴澈怨田令孜，不欲行，辭不見。緯召御史曰：「吾等身被恩，誼不辭難，今詔羣臣皆不至，夫與人布衣游，猶緩急相卹，況於君乎？」且泣下。御史亦辭方寇奪，丐衣食，請辦一日費而行。緯曰：「吾妻疾，旦暮盡，丈夫豈以家事後國事乎？公善自謀，吾行決矣。」往見李昌符曰：「詔書再至，而羣臣顧未行。僕，大夫也，不敢後。願假兵護送天子所。」昌符具資裝送之。既及行在，緯策玫必反，建言關邑阸狹，不足駐六師，請幸梁州。卽日去陳倉而玫兵至，微緯言幾不脫。進拜兵部侍郎、同中書門下平章事。玫平，從帝還，領諸道鹽鐵轉運使，累遷尚書左僕射，賜號「持危啓運保乂功臣」，鐵券恕十死，又賜天興良田、善和里第各一區，兼京畿營田使。

昭宗卽位，進司空。以太學焚殘，乃兼國子祭酒，完治之。加司徒，封魯國公。帝將郊見，中尉樞密使索宰相朝服，有司白中人無衣冠助祭事，中尉怒，責禮官必得。緯言：「中人不朝服，國典也。陛下欲假借之，則請以所兼官爲之服。」諫官固執，帝召謂曰：「方舉大禮，爲我容之。」進兼太保。時天武都頭李順節，疏暴人也，以浙西節度使兼平章事。臺史白：「已謝，當班見百官。」緯判止之。明日，順節盛服至，則無班，怏怏去。他日見緯，以爲言，緯曰：「固疑公見望也。且百辟卿士，天子廷臣，班見宰相，以宰相爲之長。公提天武健兒，據堂受禮，安乎？必欲用之，去都頭乃可。」順節慚縮不敢言。

張濬將伐太原，帝不決，以問緯，緯助濬請。既濬敗，坐傅會，出爲荆南節度使，俄貶均州刺史。二人皆密結朱全忠，全忠爲請，詔聽所便，乃屏居華陰。李茂貞入殺韋昭度，帝惡大臣朋比，與藩臣交，更召緯入朝，再擢吏部尚書，以司空、門下侍郎復輔政。使者敦勸，力疾到京師，見帝嗚咽流涕，自陳衰疾不任事，乞歸田里。帝動容，詔使者送緯至堂視事。會天子出次石門，從至莎城，以病還都。家人召醫視，緯曰：「天下方亂，何久求生？」不肯服藥，卒，贈太尉。

戡字勝始，進士及第，補修武尉，以大理評事佐昭義李長榮節度府。長榮死，盧從史自別將代之，留署掌書記。從史稍得志，益驕，與王承宗、田緒陰相結，欲久連兵以固其位。戡始陰爭不從，則於會肆言以折之，從史始若受其言，後偃蹇不軌，戡遂以疾歸洛陽。未幾，李吉甫鎭揚州，表置幕府，戡未應。從史曰：「是故舍我而從人邪？」即誣以事，奏三上，詔以衞尉丞分司東都。自貞元後，帥鎭劾奏僚佐，不驗輒斥。至是，給事中呂元膺執不可。憲宗遣使諭曰：「朕非不知戣，行用之矣。」未幾，卒，年五十七。從史敗，追贈司勳員外郎。

戢字方舉。初，父死難，詔與一子官，補脩武尉，不受，以讓其兄戣。擢明經，書判高等，爲校書郎、陽翟尉，累遷殿中侍御史，分司東都。昭義判官徐玫，故嘗助盧從史爲跋扈者，從史敗，孟元陽代，欲復用之。戢移書昭義前縶玫，乃上列其狀。帝怒，流玫播州。轉侍御史、庫部員外郎。始，朱泚以彭偃爲中書舍人，偃子充符得不死，辟鄜坊府。或薦其能，召還京師。戢謂京兆尹裴武曰：「泚所下詔令皆偃爲之，悖逆子不鳥竄獸伏，乃干譽求進乎？子盍效季孫行父逐莒僕以勉事君者？」武即逐出充符。拜京兆少尹，再遷爲湖南觀察使，召授右散騎常侍、京兆尹。歲旱，文宗憂甚，戢躬祠曲江池，一夕大澍，帝悅，詔兼御史大夫。卒，贈工部尙書。

子温業，字遜志，擢進士第。大中時，爲吏部侍郎。求外遷，宰相白敏中顧同列曰：「吾等可少警，孔吏部不樂居朝矣。」後爲太子賓客。

穆寧，懷州河內人。父元休，有名開元間，獻書天子，擢偃師丞，世以儒聞。寧剛正，氣節自任。以明經調鹽山尉。安祿山反，署劉道玄爲景城守，寧募兵斬之，檄州縣并力捍賊。史思明略境，郡守召寧攝東光令禦之。賊遣使誘寧，寧斬以徇。郡守恐怒賊，令致死，卽奪其兵，罷所攝。始，寧過平原，見顏眞卿，嘗商賊必反。及是，聞眞卿拒祿山，卽遣眞卿書曰：「夫子爲衞君乎？」眞卿喜，署寧河北採訪支使。寧以息屬其母弟曰：「苟不乏嗣，足矣！」卽馳謁眞卿曰：「先人有嗣矣，我可從公死。」既而賊攻平原，寧勸固守，眞卿不從，夜亡過河，見肅宗行在。帝問狀，眞卿對：「不用穆寧言，故至此。」帝異之，馳驛召寧，將以諫議大夫任之。會眞卿以直忤旨，寧亦罷。

上元初，爲殿中侍御史，佐鹽鐵轉運，住埇橋。李光弼屯徐州，餉不至，檄取資糧，寧不與。光弼怒，召寧欲殺之。或勸寧去，寧曰：「避之失守，亂自我始，何所逃罪乎？」卽往見光弼。光弼曰：「吾師衆數萬，爲天子討賊，食乏則人散，君閉廩不救，欲潰吾兵耶？」答曰：「命寧主糧者，敕也，公可以檄取乎？今公求糧，而寧專饋；寧有求兵，而公亦專與乎？」光弼執其手謝曰：「吾固知不可，聊與君議耳。」時重其能守官。累遷鄂岳沔都團諫及租庸鹽鐵轉運使。當是時，河漕不通，自漢、沔徑商山以入京師。淮西節度使李忠臣不奉法，設戍邏以征商賈，又縱兵剽行人，道路幾絕。與寧夾淮爲治，憚寧威，掠劫爲衰，漕賈得通。坐杖死沔州別駕，貶平集尉。

大曆初，起爲監察御史，三遷檢校祕書少監、兼和州刺史，治有狀。後刺史疾之，以天寶舊版校見戶，妄劾寧多逋亡，貶泉州司戶參軍事。子贊訴其枉，三年始得通。詔御史覆視，實增戶數倍。召入拜太子右諭德。寧性不能事權右，毅然寡合，執政者惡之，雖直其誣，猶置散位。寧默不樂，喟曰：「時不我容，我不時徇，又可以進乎！」遂移疾，滿百日廢矣，親友彊之，輒復一朝。德宗在奉天，奔詣行在，擢祕書少監，改太子右庶子。帝還京師，乃曰：「可以行吾志矣！」即罷歸東都。以祕書監致仕，卒。

寧居家嚴，事寡姊恭甚。嘗譔家令訓諸子，人一通。又戒曰：「君子之事親，養志爲大，吾志直道而已。苟枉而道，三牲五鼎非吾養也。」疾病不嘗藥，時稱知命。

四子：贊、質、員、賞。寧之老，贊爲御史中丞，質右補闕，員侍御史，賞監察御史，皆以守道行誼顯。先是，韓休家訓子姓至嚴。貞元間，言家法者，尙韓、穆二門云。

贊字相明，擢累侍御史，分司東都。陝虢觀察使盧岳妻分貲不及妾子，妾訴之。中丞盧佋欲重妾罪，贊不聽。佋與宰相竇參共誣贊受金，捕送獄。弟賞上冤狀，詔三司覆治，無之，猶出爲郴州刺史。參敗，召爲刑部郎中，對延英，擢御史中丞。裴延齡判度支，屬吏受賕，具獄，欲曲貸吏，贊執不可。延齡白贊深文，貶饒州別駕。久之，拜州刺史。憲宗立，進宣歙觀察使，卒于官。贈工部尙書。

質性彊直，舉賢良方正，條對詳切，頻擢至給事中，政事得失，未嘗不盡言。元和時，鹽鐵、轉運諸院擅繫囚，笞掠嚴楚，人多死。質奏請與州縣吏參決，自是不冤。後論吐突承璀不宜爲將，憲宗不悅，改太子左庶子。坐與楊憑善，出爲開州刺史，卒。

員字與直，工爲文章。杜亞留守東都，署佐其府，蚤卒。

兄弟皆和粹，世以珍味目之：贊少俗，然有格，爲「酪」；質美而多入，爲「酥」〔一〕；員爲「醍醐」；賞爲「乳腐」云。

崔邠字處仁，貝州武城人。父倕，三世一爨，當時言治家者推其法。至德初，獻賦行在，肅宗異其文，位吏部侍郎。

邠第進士，復擢賢良方正，授渭南尉，遷補闕。上疏論裴延齡姦，以鯁亮知名。由中書舍人再遷吏部侍郎。性溫裕沈密，行己又簡儉，憲宗器之，裴垍亦薦邠材可宰相。會病，遂不拜。久乃爲太常卿，知吏部尚書銓。故事，太常始視事，大閱四部樂，都人縱觀。邠自第去帽，親導母輿，公卿見者皆避道，都人榮之。以母憂解，卒于喪，年六十。贈吏部尚書，謚曰文簡。

弟酆、郾、郇、鄯、鄲。

郾字廣略，姿儀偉秀，人望而慕之，然不可狎也。中進士第，補集賢校書郎。累遷吏部員外郎，下不敢欺，每擬吏，親挾格，褒黜必當，寒遠無留才。三遷諫議大夫。穆宗立，荒于游畋，內酣蕩，昕曙不能朝。郾進曰：「十一聖之功德，四海之大，萬國之衆，其治其亂，繫於陛下。自山以東百城，地千里，昨日得之，今日失之。西望戎壘，距宗廟十舍，百姓憔悴，畜積無有。願陛下親政事以幸天下。」帝動容慰謝，遷給事中。

敬宗嗣位，拜翰林侍講學士，旋進中書舍人，謝曰：「陛下使臣侍講，歷半歲，不一問經義。臣無功，不足副厚恩。」帝慚曰：「朕少間當請益。」高釴適在旁，因言：「陛下樂善而無所咨詢，天下之人不知有嚮儒意。」帝重咎謝，咸賜錦、幣。郾與高重類六經要言爲十篇，上之，以便觀省。

遷禮部侍郎，出爲虢州觀察使。先是，上供財乏，則奪吏奉助輸，歲率八十萬。郾曰：

「吏不能贍私，安暇䘏民？吾不能獨治，安得自封？」卽以府常費代之。又詔賦粟輸太倉者，歲數萬石，民困於輸，則又輦而致之河。郾乃旁流爲大敖受粟，竇而注諸艚。民悅，忘輸之勞。改鄂、岳等州觀察使。自蔡人叛，鄂、岳常苦兵，江湖盜賊顯行。郾修治鎧仗，造蒙衝，駛追窮躡，上下千里，歲中悉捕平。又觀察浙西，遷檢校禮部尚書，卒于官。贈吏部尚書，謚曰德。

郾不藏貲，有輒周給親舊，爲治其昏喪。居家怡然，不訓子弟，子弟自化。室處庳漏，無步廡，至霖淖，則客蓋而屐以就外位。治虢以寬，經月不笞一人。及涖鄂，則嚴法峻誅，一不貸。或問其故，曰：「陝土瘠而民勞，吾撫之不暇，猶恐其擾；鄂土沃民剽，雜以夷俗，非用威莫能治。政所以貴知變者也。」聞者服焉。

五子：瑤、瑰、瑾、珮、璆。瑤任禮部侍郎、浙西、鄂岳觀察使。瑾禮部侍郎、湖南觀察使。瑰、珮俱達官。

鄯擢進士，累遷至左金吾衞大將軍，暴卒，以韓約代之。不閱旬，李訓亂，約死於難。世謂鄯之亡，崔氏積善報也。贈禮部尚書。

鄲及進士第，補渭南尉。累除刑部郎中，出副杜元穎西川節度府。召入爲工部侍郎、集賢殿學士。再遷吏部侍郎，由宣歙觀察使入爲太常卿。文宗末，擢同中書門下平章事，改中書侍郎，罷爲劍南西川節度使。宣宗初，以檢校尚書右僕射同平章事，節度淮南，卒于軍。

崔氏四世緦麻同爨，兄弟六人至三品，邠、郾、鄲凡爲禮部五，吏部再，唐興無有也。居光德里，構便齋，宣宗聞而歎曰：「鄲一門孝友，可爲士族法。」因題曰「德星堂」。後京兆民即其里爲「德星社」云。

柳公綽字寬，京兆華原人。始生三日，伯父子華曰：「興吾門者，此兒也。」因小字起之。幼孝友，性質嚴重，起居皆有禮法。屬文典正，不讀非聖書。舉賢良方正直言極諫，補校書郎。間一年，再登其科，授渭南尉。歲歉饉，其家雖給，而每飯不過一器，歲豐乃復。或問之，答曰：「四方病飢，獨能飽乎？」累遷開州刺史，地接夷落，寇常逼其城，吏曰：「兵力不能制，願以右職署渠帥。」公綽曰：「若同惡邪？何可撓法。」立誅之，寇亦引去。遷侍御史、吏部員外郎。時武元衡節度劍南，與裴度俱爲判官，尤相引重。召爲吏部郎中。

憲宗喜武功，且數出游畋，公綽奏太醫箴以諷曰：「天布寒暑，不私於人。品類既一，高卑以均。人謹好愛，能保其身。淸靜無瑕，輝光以新。寒暑滿天地，浹肌膚於外；好愛在耳目，誘心知於內。端絜爲隄，奔射猶敗。氣行無間，隙不在大。謂天高矣，氛蒙晦之；謂地厚矣，橫流潰之。飲食資身，過則生患；衣服稱德，侈則生慢。唯過與侈，心必隨之。氣與心流，疾乃伺之。畋游恣樂，流情蕩志。馳騁勞形，叱吒傷氣。不養其外，前脩所忌。人乘氣生，嗜慾以萌。氣離有患，氣完則成。巧必喪眞，智實誘情。醫之上者，理於未然。患居慮後，防處事先。心靜樂行，體和道全。克施萬物，以享億年。聖人在上，各有攸處。臣司太醫，敢告諸御。」天子高其才，遣使謂曰：「卿言『氣行無間，隙不在大』，愛朕深者，當置之坐隅。」踰月，拜御史中丞。

公綽本與裴垍善，李吉甫復當國，出爲湖南觀察使。以地卑濕，不可迎養，求分司東都，不聽。後徙鄂岳觀察使。時方討吳元濟，詔發鄂岳卒五千，隸安州刺史李聽。公綽曰：「朝廷謂吾儒生不知兵邪！」卽請自行，許之。引兵度江抵安州，聽以軍禮迎謁。公綽謂曰：「公所以屬鞬負弩，豈非兵事邪？若褫戎容，則兩郡守耳，何所統壹哉？以公世將曉兵，吾且欲署職，以兵法從事。」聽曰：「唯命。」卽以都知兵馬使、中軍先鋒、行營都虞候三牒授之，選兵六千屬焉，戒諸校曰：「行營事一決都將。」聽被用畏威，遂盡力，當時服其知權。軍出，公綽數省問其家，疾病生死厚給之，婦人敖蕩者，沈之江。軍中感服曰：「中丞爲我知家事，敢不死戰！」故鄂軍每戰輒克。

元和十一年，爲李道古代還，除給事中。李師道平，遣宣諭鄆州，復命，拜京兆尹。方赴府，有神策校乘馬不避者，卽時搒死。帝怒其專殺，公綽曰：「此非獨試臣，乃輕陛下法。」帝曰：「旣死，不以聞，可乎？」公綽曰：「臣不當奏。在市死，職金吾；在坊死，職左右巡使。」帝乃解。以母喪去官。服除，爲刑部侍郎，領鹽鐵轉運使，轉兵部，兼御史大夫。

長慶元年，復爲京兆尹。時幽、鎭用兵，補置諸將，使馹係道。公綽奏曰：「比館遞匱乏，驛置多闕。敕使衣緋紫者，所乘至三四十騎；黃綠者，不下十數。吏不得視券，隨口輒供。驛馬盡，乃掠奪民馬。怨嗟驚擾，行李殆絕。請著定限，以息其弊。」有詔中書條檢定數，由是吏得紓罪。宦官共惡疾之。改吏部侍郎，遷御史大夫。韓弘病，自河中還，詔百官問疾，弘遣子辭不能見，公綽謂曰：「上使百司省候，是謂異禮，宜力疾以見公卿，安可臥令子姓傳言耶？」弘懼，掖扶以出。

改禮部尚書，以祖諱換左丞。俄檢校戶部尚書、山南東道節度使。行部至鄧，縣吏有納賄、舞文二人同繫獄。縣令以公綽素持法，謂必殺貪者，公綽判曰：「贓吏犯法，法在；姦吏壞法，法亡。」誅舞文者。其廄馬害圉人，公綽殺之。或言良馬可愛，曰：「安有良馬而害人乎？」

寶曆元年，就遷檢校左僕射。牛僧孺罷政事，爲武昌節度使，公綽具軍容伏謁，左右諫止之，答曰：「奇章始去台宰，方鎭重宰相，所以尊朝廷也。」有道士獻丹藥，問所從來，曰：「自薊門。」時朱克融方叛，遽曰：「惜哉，藥自賊境來，雖驗何益！」卽棄藥而逐道士。入爲刑部尙書，俄拜邠寧節度使。先時神策諸鎭列屯部中，不聽本道節制，故虜得窺間。公綽論所宜，因詔屯營緩急悉受節度。復爲刑部尙書。京兆獄有姑鞭婦至死者，府欲殺之。公綽曰：「尊毆卑，非鬬也，且子在，以妻而戮其母，不順。」遂減論。

大和四年，爲河東節度。遭歲惡，撙節用度，輟宴飲，衣食與士卒鈞。北虜遣梅祿將軍李暢以馬萬匹來市，所過皆厚勞，飭兵以防襲奪。至太原，公綽獨使牙將單騎勞問，待以至意，闢牙門，令譯官引謁，宴不加常。暢德之，出涕，徐驅道中，不妄馳獵。陘北有沙陀部，勇武喜鬬，爲九姓、六州所畏。公綽召其酋朱邪執宜，治廢柵十一，募兵三千留屯塞上，其妻、母來太原者，令夫人飲食問遺之。沙陀感恩，故悉力保鄣。

以病乞代，授兵部尙書，不任朝請。忽顧左右召故吏韋長，衆謂屬諉以家事。及長至，乃曰：「爲我白宰相，徐州專殺李聽親吏，非用高瑀不能安。」因瞑目不復語，後二日卒，年六十八。贈太子太保，謚曰元。

公綽居喪毀慕，三年不澡沐。事後母薛謹甚，雖姻屬不知非薛所生。外兄薛宮早卒，爲育其女嫁之。嘗曰：「吾莅官未嘗以私喜怒加於人，子孫其昌乎！」與錢徽、蔣乂、杜元穎、薛存誠善，取士如許康佐、鄭朗、盧簡辭、崔璵、夏侯孜、李拭、韋長，皆知名顯貴云。

子仲郢。

仲郢字諭蒙。母韓，卽皋女也，善訓子，故仲郢幼嗜學，嘗和熊膽丸，使夜咀嚥以助勤。長工文，著尙書二十四司箴，爲韓愈咨賞。元和末，及進士第，爲校書郞。牛僧孺辟武昌幕府，有父風矩，僧孺歎曰：「非積習名敎，安及此邪？」入爲監察御史，遷侍御史。有禁卒誣里人斫父墓柏，射殺之，吏以專殺論，而中尉護免其死，右補闕蔣係爭，不省。仲郢監罰，執曰：「賊不死，是亂典刑。」有詔御史蕭傑監之，傑復爭。遂獨詔京兆杖之，不監。朝廷嘉其守。

會昌初，累轉吏部郞中。時詔減官冗長者，仲郢條簡猥日，損千二百五十員，議者厭伏。遷左諫議大夫。武宗延方士築望仙臺，累諫諄切，帝遣中人愧諭。御史崔元藻以覆按吳湘獄得罪，仲郢切諫，宰相李德裕不爲嫌，奏拜京兆尹。置權量於東西市，使貿易用之，禁私製者。北司吏入粟違約，仲郢殺而尸之，自是人無敢犯，政號嚴明。會廢浮屠法，盡壞銅象爲錢。仲郢爲鑄錢使，吏請以字識錢者，不答。既，淮南鑄會昌字，久之，僧反取爲鍾鈸云。中書舍人紇干臮訴甥劉詡毆其母，詡爲禁軍校，仲郢不待奏，即捕取之，死杖下，宦官以爲言，改右散騎常侍，知吏部銓。德裕頗抑進士科，仲郢無所徇。是時，以進士選，無受惡官者。又當調者，持闕簿令自閱，即擬唱，吏無能爲姦。

宣宗初，德裕罷政事，坐所厚善，出爲鄭州刺史。周墀鎭滑，而鄭爲屬郡，高其績；及入相，薦授河南尹，召拜戶部侍郎。墀罷，它宰相惡仲郢，左遷祕書監。數月，復出河南尹，以寬惠爲政。或言不類京兆時，答曰：「輦轂之下，先彈壓；郡邑之治，本惠養。烏可類乎？」擢劍南東川節度使。大吏邊章簡挾勢肆貪，前帥不能制，仲郢因事殺之，官下肅然。居五年，召爲吏部侍郎，俄改兵部，領鹽鐵轉運使。有劉習者，以藥術進，詔署鹽官。仲郢以爲醫有本色官，若委錢穀，名分不正。帝悟，乃賜縑遣還。

大中十二年，辭疾，以刑部尚書罷使，轉戶部，封河東縣男，爲山南西道節度使。南鄭令權弈以罪，仲郢杖之，六日死，貶雷州刺史。頃之，以太子賓客分司東都，起爲虢州刺史，以檢校尚書左僕射東都留守。會盜發父墓，棄官歸華原。徙華州刺史，不拜。咸通五年，爲天平節度使。初，仲郢爲諫議大夫，後每遷，必烏集升平第，庭樹戟架皆滿，五日乃散。及是不復集。卒於鎭。

仲郢方嚴，尙氣義，事親甚謹。李德裕貶死，家無祿，不自振；及領鹽鐵，遂取其兄子從質爲推官，知蘇州院。宰相令狐綯持不可，乃移書開諭綯，綯感寤，從之。每私居內齋，束帶正色，服用簡素。父子更九鎭，五爲京兆，再爲河南，皆不奏瑞，不度浮屠。急於摘貪吏，濟單弱。每旱潦，必貸匱蠲負，里無逋家。衣冠孤女不能自歸者，斥稟爲婚嫁。在朝，非慶弔不至宰相第。其迹略相同。

家有書萬卷，所藏必三本：上者貯庫，其副常所閱，下者幼學焉。仲郢嘗手鈔六經，司馬遷、班固、范曄史皆一鈔，魏、晉及南北朝史再，又類所鈔它書凡三十篇，號柳氏自備，旁錄仙佛書甚衆，皆楷小精眞，無行字。

子璞、珪、璧、玭。

璞字韜玉，學不營仕。著春秋三氏異同義，又述天祚長曆，斷自漢武帝紀元，爲編年，以大政、大祥異、侵叛戰伐隨著之，閏位者附見其左。常謂「杜征南春秋後序述紀甲曆爲得實，自餘史家皆差」。蔣係以爲然。終著作郎。

珪字交玄。大中中，與璧繼擢進士，皆秀整而文，杜牧、李商隱稱之。杜悰鎭西川，表在幕府，久乃至。會悰徙淮南，歸其積俸，珪不納；悰舉故事爲言，卒辭之。以藍田尉直弘文館，遷右拾遺，而給事中蕭倣、鄭裔綽謂珪不能事父，封還其詔。仲郢訴其子「冒處諫職爲不可，謂不孝則誣。請勒就養」。詔可。始，公綽治家埒韓滉，及珪被廢，士人愧悵。終衞尉少卿。

璧字賓玉。馬植鎭汴州，辟管書記。又從李瓚桂州，規止其不法，瓚不聽，乃拂衣去。未幾，軍亂。擢右補闕，再轉屯田員外郎。僖宗幸蜀，授翰林學士，累遷右諫議大夫。

玭以經明補祕書正字，由書判拔萃，累轉左補闕。高湜再鎭昭義，皆表爲副，擢刑部員外郎。湜貶高要尉，玭三疏申理。湜後得稿嗟歎，以爲其言雖自辨不加也。出爲嶺南節度副使。廨中橘熟，既食，乃納直於官。黃巢陷交、廣，逃還，除起居郎。巢入京師，奔行在，再遷中書舍人、御史中丞。文德元年，以吏部侍郎脩國史，拜御史大夫。直淸有父風，昭宗欲倚以相，中官譖玭煩碎，非廊廟器，乃止。坐事貶瀘州刺史，卒。光化初，帝自華還，詔復官爵。

玭常述家訓以戒子孫曰：

夫門地高者，一事墜先訓，則異它人，雖生可以苟爵位，死不可見祖先地下。門高則自驕，族盛則人窺嫉。實蓺懿行，人未必信；纖瑕微累，十手爭指矣。所以修己不得不至，爲學不得不堅。夫士君子生於世，己無能而望它人用，己無善而望它人愛，猶農夫鹵莽種之而怨天澤不潤，雖欲弗餒，可乎？余幼聞先公僕射言：立己以孝悌爲基，恭默爲本，畏怯爲務，勤儉爲法。肥家以忍順，保交以簡恭，廣記如不及，求名如儻來，莅官則絜己省事，而後可以言家法，家法備，然後可以言養人。直不近禍，廉不沽名。憂與禍不偕，絜與富不並。董生有云：「弔者在門，賀者在閭。」言憂則恐懼，恐懼則福至。又曰：「賀者在門，弔者在閭。」言受福則驕奢，驕奢則禍至。故世族遠長與命位豐約，不假問龜蓍星數，在處心行事而已。

昭國里崔山南琯子孫之盛，仕族罕比。山南曾祖母長孫夫人年高無齒，祖母唐夫人事姑孝，每旦，櫛縰笄拜階下，升堂乳姑，長孫不粒食者數年。一日病，言無以報吾婦，冀子孫皆得如婦孝。然則崔之門安得不大乎？東都仁和里裴尚書寬子孫衆盛，實爲名閥。天后時，宰相魏玄同選尚書之先爲壻，未成婚而魏陷羅織獄，家徙嶺表。及北還，女已踰笄。其家議無以爲衣食資，願下髮爲尼。有一尼自外至，曰：「女福厚豐，必有令匹，子孫將遍天下，宜北歸。」家人遂不敢議。及荆門，則裴齎裝以迎矣。今勢利之徒，捨信誓如返掌，則裴之蕃衍，乃天之報施也。余舊府高公先君兄弟三人，俱居淸列，非速客不二羹胾，夕食齕蔔瓠而已，皆保重名於世。

永寧王相國涯居位，竇氏女歸，請曰：「玉工貨釵直七十萬錢。」王曰：「七十萬錢，豈於女惜？但釵直若此，乃妖物也，禍必隨之。」女不復敢言。後釵爲馮球外郎妻首飾，涯曰：「爲郎吏妻，首飾有七十萬錢，其可久乎！」馮爲賈相國餗門人，賈有奴頗橫，馮愛賈，召奴責之，奴泣謝。未幾，馮晨謁賈，賈未出，有二青衣齎銀罌出，曰：「公恐君寒，奉地黃酒三杯。」馮悅，盡舉之。俄病渴且咽，因暴卒。賈爲歎息出涕，卒不知其由。明年，王、賈皆遘禍。噫，王以珍玩爲物之妖，信知言矣，而不知恩權隆赫之妖甚於物邪？馮以卑位貪貨，不能正其家，忠於所事，不能保其身，不足言矣。賈之奴害客于牆廡間而不知，欲終始富貴，其得乎？舒相國元輿與李繁有隙，爲御史，鞫譙獄，窮致繁罪，後舒亦及禍。今世人盛言宿業報應，曾不思視履考祥事歟？夫名門右族，莫不由祖考忠孝勤儉以成立之，莫不由子孫頑率奢傲以覆墜之。成立之難如升天，覆墜之易如燎毛。

余家本以學識禮法稱於士林，比見諸家於吉凶禮制有疑者，多取正焉。喪亂以來，門祚衰落，基構之重，屬於後生。夫行道之人，德行文學爲根株，正直剛毅爲柯葉。有根無葉，或可俟時；有葉無根，膏雨所不能活也。至於孝慈、友悌、忠信、篤行，乃食之醯醬，可一日無哉？
其大概如此。

公權字誠懸，公綽弟也。年十二，工辭賦。元和初，擢進士第。李聽鎭夏州，表爲掌書記。因入奏，穆宗曰：「朕嘗於佛廟見卿筆蹟，思之久矣。」卽拜右拾遺、侍書學士，再遷司封員外郎。帝問公權用筆法，對曰：「心正則筆正，筆正乃可法矣。」時帝荒縱，故公權及之。帝改容，悟其以筆諫也。公綽嘗寓書宰相李宗閔，言家弟本志儒學，先朝以侍書見用，頗類工祝，願徙散秩。乃改右司郎中、弘文館學士。

文宗復召侍書，遷中書舍人，充翰林書詔學士。嘗夜召對子亭，燭窮而語未盡，宮人以蠟液濡帋繼之。從幸未央宮，帝駐輦曰：「朕有一喜，邊戍賜衣久不時，今中春而衣已給。」公權爲數十言稱賀，帝曰：「當賀我以詩。」宮人迫之，公權應聲成文，婉切而麗。詔令再賦，復無停思，天子甚悅，曰：「子建七步，爾乃三焉。」常與六學士對便殿，帝稱漢文帝恭儉，因舉袂曰：「此三澣矣！」學士皆賀，獨公權無言。帝問之，對曰：「人主當進賢退不肖，納諫諍，明賞罰。服澣濯之衣，此小節耳，非有益治道者。」異日，與周墀同對，論事不阿，墀爲惴恐，公權益不奪，帝徐曰：「卿有諍臣風，可屈居諫議大夫。」乃自舍人下遷，仍爲學士知制誥。

開成三年，轉工部侍郎。召問得失，因言：「郭旼領邠寧，而議者頗有臧否。」帝曰：「旼，尚父從子，太皇太后季父，官無玷鄆，自大金吾位方鎮，何所更議？」答曰：「旼誠勳舊，然人謂獻二女乃有是除，信乎？」帝曰：「女自參承太后，豈獻哉？」公權曰：「疑嫌間不可戶曉。」因引王珪諫廬江王妃事。是日，帝命中官自南內送女還旼家。其忠益多類此。遷學士承旨。武宗立，罷爲右散騎常侍。宰相崔珙引爲集賢院學士，知院事，李德裕不悅，左授太子詹事，改賓客。累封河東郡公，復爲常侍，進至太子少師。大中十三年，天子元會，公權稍耄忘，先羣臣稱賀，占奏忽謬，御史劾之，奪一季俸，議者恨其不歸事。咸通初，乃以太子太保致仕。卒，年八十八。贈太子太師。

公權博貫經術，於詩、書、左氏春秋、國語、莊周書尤邃，每解一義，必數十百言。通音律，而不喜奏樂，曰：「聞之令人驕怠。」其書法結體勁媚，自成一家。文宗嘗召與聯句，帝曰：「人皆苦炎熱，我愛夏日長。」公權屬曰：「薰風自南來，殿閣生餘涼。」它學士亦屬繼，帝獨諷公權者，以爲詞情皆足，命題於殿壁，字率徑五寸，帝歎曰：「鍾、王無以尚也！」其遷少師，宣宗召至御座前，書帋三番，作眞、行、草三體，奇祕，賜以器幣，且詔自書謝章，無限眞、行。當時大臣家碑誌，非其筆，人以子孫爲不孝。外夷入貢者，皆別署貨貝曰：「此購柳書。」嘗書京兆西明寺金剛經，有鍾、王、歐、虞、褚、陸諸家法，自爲得意。凡公卿以書貺遺，蓋鉅萬，而主藏奴或盜用。嘗貯盃盂一笥，滕識如故而器皆亡，奴妄言叵測者，公權笑曰：「銀盃羽化矣！」不復詰。唯研、筆、圖籍，自鐍祕之。

子華，公綽諸父也。始辟嚴武劍南府，累遷池州刺史。代宗將幸華清宮，先命完葺，欲以子華爲京兆少尹，尹惡其剛方，沮解之，遂爲昭應令，檢校金部郎中、脩宮使。設棘圍於市，徇邑中曰：「民有得華清瓦石材用，投圍中，踰三日不還者死。」不終日，已山積矣，營辦略足。宰相元載有別墅，以奴主務，自稱郎將，怙勢縱暴，租賦未嘗入官。子華因奴入謁，收付獄，劾發宿罪，杖殺之，一邑震伏。載不敢怨，遣吏厚謝。預知其終，自爲墓銘。

子公器、公度。公度善攝生，年八十餘，有彊力。常云：「吾初無術，但未嘗以氣海煖冷物，熟生物，不以元氣佐喜怒耳。」位光祿少卿。公器生遵，遵生璨，別有傳。

楊於陵字達夫，本漢太尉震之裔。父太清，倦宦，客河朔，死安祿山之亂。於陵始六歲，間關至江左，逮長，有奇志。十八擢進士，調句容主簿。節度使韓滉剛嚴少許可，獨奇於陵，謂妻柳曰：「吾求佳壻，無如於陵賢。」因以妻之。辟鄂岳、江西使府。滉居宰相，領財賦，權震中外。於陵隨府罷，避親不肯調，退廬建昌，以文書自娛樂。滉卒，乃入爲膳部員外郎。以吏部判南曹，選者恃與宰相親，文書不如式，於陵駁其違，宰相怒，以南曹郎出使弔宣武軍。未幾，遷右司郎中，換吏部，出爲絳州刺史。德宗雅聞其名，留拜中書舍人。時京兆李實恃恩暴橫，於陵與所善許孟容不離附，爲所譖短，徙祕書少監。帝崩，宣遺詔於太原、幽州，節度獻遺無所納。拜華州刺史，遷浙東觀察使。越人飢，請出米三十萬石拯贍貧民，政聲流聞。

入爲京兆尹。先是，編民多竄北軍籍中，倚以橫閭里。於陵請限丁制，減三丁者不得著籍，姦人無所影賴，京師豪右大震。遷戶部侍郎。元和初，牛僧孺等以賢良方正對策，於陵被詔程其文，居第一，宰相惡其言，出爲嶺南節度使。辟韋詞、李翺等在幕府，咨訪得失，教民陶瓦易蒲屋，以絕火患。監軍許遂振者，悍戾貪肆，憚於陵不敢撓以私，則爲飛語聞京師，憲宗不能無惑，有詔罷歸。遂振領留事，笞吏剔抉其贓，吏呼曰：「楊公倘拒他方賂遺，肯私官錢邪？」宰相裴垍亦爲帝別白言之，乃授吏部侍郎，而遂振終得罪。

初，吏部程判，別詔官參考，齊抗當國，罷之。至是，尚書鄭餘慶移疾，乃循舊制。於陵建言：「他官但第判能否，不知限員，有司計員爲留遺之格，事不相謀，莫如勿置。」於是有詔三考官止較科目選，至常調悉還吏部。又請修甲曆，南曹置別簿相檢實，吏不能爲姦。始奏選者納直給符告，居四年，凡調三千員，時謂爲適。

以兵部兼御史大夫，判度支。王師討淮西，於陵用所親爲供軍使，主唐、鄧，而高霞寓牓牒度支，以餉道乏，及戰敗，詔責之，指以爲言。帝怒，貶於陵郴州刺史。徙原王傅，復以戶部侍郎知吏部選。李師道平，詔宣慰淄青。朝廷始議分其地，而劉悟節度滑州，未出鄆，於陵趣使上道。還奏，帝悅其能。會浙西觀察使李翛死，皇甫鎛素忌於陵，薦以代翛，帝不之可。

穆宗立，遷戶部尚書，爲東都留守。數上疏乞身，不許。授太子少傅，封弘農郡公。俄以尚書左僕射致仕，詔賜實俸，讓不受。於陵器量方峻，進止有常度，節操堅明，始終不失其正，時人尊仰之。大和四年卒，年七十八。册贈司空，謚曰貞孝。

四子：景復仕至同州刺史，紹復中書舍人，師復大理卿，中子嗣復位宰相，自有傳。

馬揔字會元，系出扶風。少孤窶，不妄交游。貞元中，辟署滑州姚南仲幕府，監軍薛盈珍誣南仲不法，揔坐貶泉州別駕。盈珍入用事，福建觀察使柳冕希旨欲誅之，會刺史穆贊保護乃免，徙恩王傅。

元和中，以虔州刺史遷安南都護，廉淸不撓，用儒術教其俗，政事嘉美，獠夷安之。建二銅柱於漢故處，鑱著唐德，以明伏波之裔。徙桂管經略觀察使，入爲刑部侍郎。十二年，兼御史大夫，副裴度宣慰淮西。吳元濟禽，爲彰義節度留後。蔡人習僞惡，相掉訐，獷戾有夷貊風。摠爲設教令，明賞罰，磨治洗汰，其俗一變。始奏改彰義爲淮西，尋擢拜淮西節度使，徙忠武，改華州防禦、鎭國軍使。李師道平，析鄆、曹、濮等爲一道，除摠節度，賜號天平軍。

長慶初，劉總上幽、鎭地，詔總徙天平，而詔摠還，將大用之。會總卒，穆宗以鄆人附賴摠，復詔還鎭。二年，檢校尙書左僕射，入爲戶部尙書。摠篤學，雖吏事倥傯，書不去前，論著頗多。卒，贈右僕射，謚曰懿。

贊曰：巢父恃正義，觸羣不肖，謀不以權，遂喪其身。寧、邪皆所謂邦之司直者，後世卒蕃衍。公綽仁而勇，於陵方重，摠沈懿，皆有大臣風，才堪宰相而用不至，果時有不幸邪？穆、崔、柳代爲孝友閨家，君子之澤遠哉！

校勘記

〔一〕質美而多入爲酥　「入」，冊府卷七八三作「文」。

唐書卷一百六十四

列傳第八十九

歸崇敬 登 融　奚陟　崔衍　盧景亮 王源中　薛苹 膺

衞次公 洙　薛戎 放　胡証　丁公著　崔弘禮　崔玄亮

王質　殷侑 盈孫　王彥威

歸崇敬字正禮，蘇州吳人。治禮家學，多識容典，擢明經。遭父喪，孝聞鄉里。調國子直講。天寶中，舉博通墳典科，對策第一，遷四門博士。有詔舉才可宰百里者，復策高等，授左拾遺。肅宗次靈武，再遷起居郎、贊善大夫、史館脩撰、兼集賢殿校理，脩國史、儀注。以貧求解。歷同州長史、潤州別駕。未幾，有事橋陵、建陵，召還參掌儀典，改主客員外郎，復兼脩撰。

代宗幸陝，召問得失，崇敬極陳：「生人疲敝，當以儉化天下，則國富而兵可用。」時百官朝朔望，皆服袴褶，崇敬非之，建言：「三代逮漢無其制，隋以來，始有服者，事不稽古，宜停。」詔可。又言：「東都太廟不當置木主，按禮，『虞主用桑，練主用栗』，作栗主則瘞桑主，猶天無二日，土無二王也。東都太廟，本武后所建，以祀諸武，中宗去主存廟，以備行幸還都之置。且商遷都前八後五，不必每都別立神主也。若曰神主已經奉祀，不得一日而廢，則桑主以虞，至練祭而埋之，明是不然。」時有方士巨彭祖建言：「唐家土德，請以四季月郊祀天地。」詔禮官儒者雜議。崇敬議：「禮以先立秋十八日迎黃靈，祀黃帝，黃帝於五行爲土，而火爲母，故火用事之末而祭之，三季月則否。彭祖牽緯候說，事詭不經，不可用。」又議：「五人帝於國家爲前後，無君臣義，天子祭宜毋稱臣，祭而稱臣，於天帝無異。」又「春秋釋奠孔子，祝版皇帝署，北面揖，以爲太重。宜准武王受丹書於師尙父，行東面之禮。」事皆施行。

大曆初，授倉部郎中，充弔祭册立新羅使。海道風濤，舟幾壞，衆驚，謀以單舸載而免，答曰：「今共舟數十百人，我何忍獨濟哉？」少選，風息。先是，使外國多齎金帛，貿舉所無，崇敬囊橐惟衾衣，東夷傳其清德。還，授國子司業、兼集賢學士。八年，遣祀衡山，未至，而哥舒晃亂廣州，監察御史憚之，請望祀而還，崇敬正色曰：「君命豈有畏邪？」遂往。

皇太子欲臨國學行齒胄禮，崇敬以學與官名皆不正，乃建議：

古天子學曰辟雍。以制言之，壅水環繚如璧然；以誼言之，以禮樂明和天下云爾。在禮爲澤宮，故前世或曰璧池，或曰璧沼，亦言學省。漢光武立明堂、辟雍、靈臺，號「三雍宮」。晉武帝臨辟雍，行鄉飲酒禮，別立國子學，以殊士庶。永嘉南遷，唯有國子學。隋大業中，更名國子監。今聲明之盛，辟雍獨闕，請以國子監爲辟雍省。祭酒、司業之名，非學官所宜。業者，栒簴大版，今學不教樂，於義無當。請以祭酒爲太師氏，位三品；司業爲左師、右師，位四品。

近世明經，不課其義，先取帖經，顓門廢業，傳受義絕。請以禮記、左氏春秋爲大經，周官、儀禮、毛詩爲中經，尙書、周易爲小經，各置博士一員。公羊、穀梁春秋共準一中經，通置博士一員。博士兼通孝經、論語，依章疏講解。德行純絜、文詞雅正、形容莊重可爲師表者，委四品以上各舉所知，在外給傳，七十者安車蒲輪敦遣。國子、太學、四門三館，各立五經博士，品秩、生徒有差。舊博士、助教、直講、經直、律館算館助教，請皆罷。

教授法。學生謁師，贄用腶脩一束，酒一壺，衫布一裁，色如師所服。師出中門，延入與坐，割脩酹酒，三爵止。乃發篋出經，摳衣前請，師爲說經大略，然後就室，朝晡請益。師二時堂上訓授道義，示以文行忠信、孝悌睦友。旬省，月試，時考，歲貢，視生徒及第多少爲博士考課上下。有不率教者，檟楚之，國子移禮部，爲太學生；太學又不變，徙之四門；四門不變，徙本州之學；復不變，繇役如初，終身不齒。雖率教，九年學不成者，亦歸之本州。

禮部考試法。請罷帖經。於所習經問大義二十而得十八，論語、孝經十得八，爲通；策三道，以本經對，通二爲及第。其孝行聞鄉里者，舉解具言，試日義闕一二，許兼收焉。天下鄉貢如之。習業考試，並以明經爲名，得第授官，與進士同。

有詔尚書省集百官議。皆以習俗久，制度難分明，省禁非外司所宜名，周官世職者稱氏，國學非世官，不得名辟雍省、太師氏。大抵憚改作，故無施行者。

坐史給稟錢不實，貶饒州司馬。德宗立，召還，復拜國子司業，稍遷翰林學士、左散騎常侍，充皇太子侍讀，又兼普王元帥參謀，封餘姚郡公。田悅、李納稟命，持節宣慰，稱旨。表歸上冢，寵賜繒帛，儒先以爲榮。遷工部尚書，仍前職。年老，以兵部尚書致仕。卒，年八十八，贈尚書左僕射，謚曰宣。論撰數十篇。

子登。

登字沖之，事繼母篤孝。大曆中，舉孝廉高第。貞元初，策賢良，爲右拾遺。裴延齡得幸，德宗欲遂以相，右補闕熊執易疏論之，以示登，登動容曰：「願竄吾名，雷霆之下，君難獨處。」故同列有所諫正，輒聯署無所回諱。轉右補闕、起居舍人，凡十五年，僚類有出其下而進趨，自喜得顯官，惟登與右拾遺蔣武退然遠權勢，終不以淹晚概懷。遷兵部員外郎。順宗爲皇太子，登父子侍讀，及即位，以東宮恩超拜給事中，遷工部侍郎，復爲皇太子、諸王侍讀，獻龍樓箴以諷。徙左散騎常侍，入謝，憲宗問政所先，登知帝睿而果于斷，勸順納諫爭，內外傳爲讜言。後判國子祭酒事，進工部尚書，累封長洲縣男。卒，年六十七，贈太子少師，謚曰憲。

子融。

登性溫恕，家僮爲馬所踶，笞折馬足，登知，不加責。有遺金石不死藥者，紿曰已嘗，及登服幾死，訊之，乃未之嘗，人皆爲怒，而登不爲愠。常慕陸象先爲人，世亦許其類云。

融字章之，元和中，及進士第，累遷左拾遺。事文宗爲翰林學士，進至戶部侍郎。開成初，拜御史中丞。湖南觀察使盧周仁以南方屢火，取羨錢億萬進京師。融劾奏：「天下一家，中外之財皆陛下府庫，周仁陳小利，假異端，公違詔書，徇私希恩。恐海內效之，因緣漁刻，生人受弊，罪始周仁。請重責，還所進，代貧民租入。」詔不從，置錢河陰院以虞水旱。

初，戶部員外郎盧元中、左司員外郎判戶部案姚康受平糴官秦季元絹六千匹，貸乾沒錢八千萬，俱貶嶺南尉。數年，金部員外郎韓益判度支，子弟受賕三百萬，未入者半。帝問融：「益所犯與盧元中、姚康孰甚？」對曰：「元中等枉失庫錢，益所坐子弟受賄，事異法輕。」故益止貶梧州參軍。融遷京兆尹，李固言爲相，惡之，徙祕書監。固言罷，擢權知兵部侍郎。歲間，出爲山南西道節度使，徙東川。還，歷兵部尚書，累封晉陵郡公。會昌後，儒臣少，朝廷禮典多本融議。辭疾，以太子少傅分司東都。大中七年，卒，贈尚書左僕射。

奚陟字殷卿，其先自譙亳西徙，故爲京兆人。少篤志，通羣書。大曆末，擢進士、文辭清麗科，授弘文館校書郎。德宗立，諫議大夫崔河圖持節使吐蕃，表陟自副，以親老辭不拜。楊炎輔政，召授左拾遺。居親喪，毀瘠過禮。朱泚反，走間道及車駕于興元，拜起居郎、翰林學士，不就職。賊平，改太子司議郎，歷金部、吏部員外。會左右丞缺，轉左司郎中。貞元八年，遷中書舍人。於是江南、淮西皆大水，詔陟勞問循尉，所至人人便安。中書史倚宰相勢，常姑息，獨陟遇之無假借。先是，右省雜給視職田稾，主事與拾遺等，陟以奉稍爲率，由是吏官有差。中書令李晟有紙筆猥料積于省，它日以遺舍人，而雜事舍人常私有之，陟均舍寮無厚薄。雖細務，皆身親其勞，久益彊力，人以爲難。

遷刑部侍郎。京兆尹李充有美政，裴延齡惡之，誣劾充比陸贄，數遺金帛，當抵罪，又乾沒京兆錢六十八萬緡，請付比部鉤校。時郎中崔元翰怨贄，揣延齡指，逮繫搒掠甚急，內以險文。陟持平無所上下，具獄上，且言「京兆錢給縣館傳，餘以度支符用度略盡」。充既免，元翰不得意，以恚死。

陟尋知吏部選事，遷侍郎。銓綜平允，時謂與李朝隱略等，不能擿發淸明如裴行儉、盧從愿也。十五年，病癃，帝遣醫療視，敕曰：「陟，賢臣，爲我善治之。」卒，年五十五，贈禮部尙書。

陟少自厎厲，著名節。常薦權德輿爲起居舍人知制誥，楊於陵爲郎中，其後皆有名。

子敬玄，位左補闕。

崔衍字著，深州安平人。

父倫，字敍，居父喪，跣護柩行千里，道路爲流涕，廬冢彌年。服除，及進士第，歷吏部員外郎。安祿山反，陷于賊，不汙僞官，使子弟間表賊事。賊平，下遷晉州長史。李齊物訟其忠，授長安令，封武邑縣男。寶應二年，以右庶子使吐蕃，虜背約，留二歲，執倫至涇州，逼爲書約城中降，倫不從，更囚邏娑城，閱六歲，終不屈，乃許還。代宗見之，爲感動嗚咽。卽具陳虜情僞、山川險易，指畫帝前，人服其詳。遷尙書左丞，以疾改太子賓客。卒，年七十一，贈工部尙書，謚曰敬。

衍，天寶末擢明經，調富平尉。繼母李不慈，倫自吐蕃歸，李弊衣以見，問故，曰：「衍不吾給。」倫怒，召衍，將袒而鞭之，衍涕泣無所陳。倫弟殷趨白：「衍所稟舉送夫人所，尙何云！」倫悟，繇是譖無入。調清源令，勸民力田，懷附流亡，觀察使馬燧表其能，徙美原。父卒，事李益謹，歲爲李子部償負不勝計，故官刺史，妻子僅免飢寒。

歷蘇、虢二州。虢居陝、華間，而賦數倍入，衍白太重。裴延齡領度支，方聚斂，私謂衍：「前刺史無發明，公當止。」衍不聽，復奏：「州部多巖田，又郵傳劇道，屬歲無秋，民舉流亡，不蠲減租額，人無生理。臣見長吏之患，在因循不以聞，不患陛下不憂卹也；患申請不實，不患朝廷不矜貸也。陛下拔臣大州，寧欲視民困而顧望不言哉？」德宗公其言，爲詔度支減賦。遷宣歙池觀察使，簡靜爲百姓所懷。幕府奏聘皆有名士，後多顯于時。卒，年六十九，贈工部尙書。衍儉約畏法，室無妾媵，祿稍周於親族，葬埋嫁娶，倚以濟者數十家。

及卒，不能葳喪，表諸朝，賜賻帛三百段，米粟稱之。

先是，天下以進奉結主恩，州藏耗竭，韋皋、劉贊、裴肅爲之倡。贊死，衍代之。舊貢金錫凡十八品，皆倍直市于州，民匱，多逃去，衍至，蠲革之。居十年，嗇用度，府庫充衍。及穆贊代州，以錢四十萬緡假民賦，故雖旱，人不流捐，由衍蓄積有素也。路應爲觀察使，以衍有惠在民，言狀，元和元年，詔書褒美，賜一子官云。謚曰懿。

盧景亮字長晦，幽州范陽人。少孤，學無不覽。第進士、宏辭，授祕書郎。張延賞節度荆南，表爲枝江尉，掌書記。入遷右補闕。朱泚反，景亮勸德宗曰：「陛下罪己不至，則感人不深。」帝然之。景亮志義崒然，多激發，與穆質同在諫爭地，書數上，鯁亮無所回。宰相李泌劾景亮等嘗衆會，漏所上語言，引善在己，即有惡歸之君。帝怒，貶爲朗州司馬，質亦斥去，廢抑二十年。至憲宗時，由和州別駕召還，再遷中書舍人。

景亮善屬文，根於忠仁，有經國志，嘗謂：「人君足食足兵而又得士，天下可爲也。」乃興軒、頊以來至唐，劉治道之要，著書上下篇，號三足記。又作答問，言輓運大較及陳西戎利害，切指當世。公卿伏其達古今云。元和初卒，贈禮部侍郎。

憲宗時，以直諫知名者，又有王源中，字正蒙。擢進士、宏辭，累遷左補闕。是時，中官領禁兵，數亂法，捕臺府吏屬繫軍中。源中上言：「臺憲者，紀綱地，府縣責成之所。設吏有罪，宜歸有司，無令北軍亂南衙，麾下重於仗內。」帝納之。累轉戶部郎中、侍郎，擢翰林學士，進承旨學士。

源中嗜酒，帝召之，醉不能見。及寤，憂其慢，不悔不得進也。他日，又如之，遂失帝意。以疾自言，出爲山南西道節度使，入拜刑部侍郎。未幾，領天平節度使。開成三年卒，贈尚書右僕射。

源中澹名利，率身治人，約而簡，當時咨美。

薛苹，河中寶鼎人。七世祖道實，爲隋禮部尚書。父順爲奉天尉，與楊國忠有舊，及用事，將引之，輒謝絕。

苹以吏最拜長安令，歷虢州刺史。憲宗時，奏最，擢湖南觀察使，徙浙東，以治行遷浙西，加御史大夫，累封河東郡公。所居守法度，務在安人。治身儉薄，所衣綠袍更十年，至緋衣乃易。居三鎮，聲樂不聞于家，所得祿，卽分散親屬故人，而無餘藏。除左散騎常侍，年七十致仕。是時有年過苹不肯去，故論者高苹。居四年，卒，贈工部尚書，謚曰宣。苹於文章中長於詩。

兄芳，有器幹；萊與苹，其母代宗從母也，以外戚奉朝請，皆贊善大夫。

苹子膺，大和初，爲右補闕內供奉。其弟齊佐興元李絳幕府，絳遇害，齊死于難。膺聞，不及請，馳赴之，哀甚，聞者垂泣。後歷工部員外郎。

衞次公字從周，河中河東人。擧進士，禮部侍郎潘炎異之，曰：「國器也。」高其第。調渭南尉。嚴震在興元，辟佐其府。累遷殿中侍御史。貞元中，擢左補闕、翰林學士。德宗崩，與鄭絪皆召至金鑾殿。時皇太子久疾，禁中或傳更議所立，衆失色。次公曰：「太子雖久疾，冢嫡也，內外係心久矣。必不得已，宜立廣陵王。」絪隨贊之，議乃定。順宗立，王叔文等用事，輕弄威柄，次公與絪多所持正。知禮部貢擧，斥華取實，不爲權力侵橈。由中書舍人充史館脩撰，改兵部侍郎。絪以宰相罷，坐與善，下除太子賓客。

久乃爲陝、虢州觀察使，蠲橫租錢歲三百萬。復入爲兵部侍郎。故英公李勣、大理卿徐有功之孫，皆以負不得調，次公召見曰：「子之祖，勳在王府，寧限常格乎？」即優補而遣。進尙書左丞。時方討蔡，數建請罷兵，帝將相之，制稟具而蔡捷書至，乃追止。以檢校工部尙書爲淮南節度使。久之，召還，道病卒，年六十六，贈太子少傅，謚曰敬。

次公本善琴，方未顯時，京兆尹李齊運使子與游，請授之法，次公拒絕，因終身不復鼓。其節尙終始完潔。

子洙，擧進士，尙臨眞公主，檢校祕書少監、駙馬都尉。文宗曰：「洙起名家，以文進，宜諫官寵之。」乃爲左拾遺，歷義成節度使。咸通中卒。

薛戎字元夫，河中寶鼎人。客毗陵陽羨山，年四十餘不仕。江西觀察使李衡辟署幕府，三返乃肯應。故宰相齊映代衡，奏留之，府罷，復歸陽羨。福建觀察使柳冕辟佐其府。先是，馬摠佐鄭滑府，監軍宦人誣劾之，貶泉州別駕。冕欲除摠以附倖家，卽使戎攝刺史，按置其罪。戎曰：「以是待我耶？我始不願仕，正謂此爾！」不肯從，還白其狀。冕怒，據案引戎入，戎叱引者曰：「見賓客乃爾乎？」由東廂進。晃度未可屈，揖而去，囚之它館，環兵脅辱之，累月，戎終不爲屈。淮南節度使杜佑聞之，書責晃，會晃亦病死，得解，自放江湖間。復爲藩府交奏，稍遷河南令。吐突承璀討鎮州，所過吏迎延畏不及，治道前驅，惟戎境內按故無所治逕。留府卒犯令者，縛置獄，留守怒，遣將略出之，不與。累遷浙東觀察使，所部州觸酒禁者罪當死，橘未貢先鬻者死，戎弛其禁。卒治下，年七十五，贈左散騎常侍。戎爲吏，不尙約束詭名譽，其有善，歸之所部，故居官時無灼灼可驚者，已罷則懷之。悉奉稟賙濟內外親，無疏遠皆歸之，旣病，以所有分遺之曰：「吾死矣，可持爲歸資！」衆皆哭而去。

弟放，端厚寡言。第進士，擢累兵部郎中。穆宗爲太子，拜侍讀，及卽位，參贊機命。帝謂曰：「小子新立，懼不克荷，先生宜相，以輔不逮。」放叩頭曰：「臣庸淺，不足塵大任，自有賢能處之。」帝美其誠，進工部侍郎、集賢學士，寵待尤至。改刑部侍郎。

帝嘗問：「朕欲學經與史，何先？」放曰：「六經者，聖人之言，孔子所發明，天人之極也。史記道成敗得失，亦足以鑒，然謬於是非，非六經比。」帝曰：「吾聞學者白首不能通一經，安得其要乎？」對曰：「論語，六經之菁華也；孝經，人倫之本也。漢時論語首立於學官。光武令虎賁士皆習孝經，玄宗爲注訓，蓋人知孝慈，則氣感和樂也。」帝曰：「聖人以孝爲至德要道，信然。」終江西觀察使，謚曰簡。

胡証字啓中，河中河東人。舉進士第，渾瑊美其才，又以鄉府奏賓幕下。繇殿中侍御史爲韶州刺史，以母老辭，爲太子舍人。更從襄陽于頔，署掌書記。入爲戶部郎中。田弘正以魏博內屬，請使自副，詔兼御史中丞，爲弘正副使。入遷諫議大夫。

元和九年，党項屢擾邊，而單于都護府累更武將，職事廢，証以儒而勇選拜振武軍節度使。道河中，時趙宗儒爲帥，以州民入謁，里人榮之。居四年，召任金吾大將軍，又充京西、京北巡邊使。

太和公主降回鶻，以檢校工部尚書爲和親使。舊制，行人有私覿禮，縣官不能具，召富人子納貲於使而命之官。証請儉受省費，以絕鬻官之濫。次漠南，虜人欲屈脅之，且言使者必易胡服，又欲主便道疾驅者，証固不從，以唐官儀自將，訖不辱命。還，拜工部侍郎，改京兆尹、左散騎常侍。寶曆初，以戶部尚書判度支，固辭，拜嶺南節度使。卒，年七十一，贈尚書右僕射。

廣有舶貝奇寶，証厚殖財自奉，養奴數百人，營第脩行里，彌亙閭陌，車服器用珍侈，遂號京師高訾。素與賈餗善，李訓敗，衞軍利其財，聲言餗匿其家，爭入剽劫，執其子溵內左軍，至斬以徇。

証旅力絕人。晉公裴度未顯時，羸服私飲，爲武士所窘，証聞，突入坐客上，引觥三釂，客皆失色。因取鐵燈檠，摘枝葉，捼合其跗，橫膝上，謂客曰：「我欲爲酒令，飲不釂者，以此擊之。」衆唯唯。証一飲輒數升，次授客，客流離盤杓不能盡，証欲擊之，諸惡少叩頭請去，証悉驅出。故時人稱其俠。

丁公著字平子，蘇州吳人。三歲喪母。甫七歲，見鄰媼抱子，哀感不肯食，請於父緒，願絕粒學老子道，父聽之。稍長，父勉敕就學，舉明經高第，授集賢校書郎，不滿秩輒去，侍養于家。父喪，負土作冢，貌力癯悴，見者憂其死孝。觀察使薛苹表上至行，詔刺史弔問，賜粟帛，旌闕其閭。淮南節度使李吉甫表授太子文學，兼集賢校理。會入輔政，擢爲右補闕，遷直學士，充皇太子、諸王侍讀，因著太子諸王訓十篇。

穆宗立，未聽政，召居禁中，條詢治理，且許以相。公著陳讓牢切，乃擢給事中，遷工部侍郎，知吏部選事。公著內知帝欲進用，故辭疾求外，遷授浙西觀察使，徙爲河南尹，治以清靜聞。四遷禮部尙書、翰林侍講學士。長慶中，浙東災癘，拜觀察使，詔賜米七萬斛，使賑饑捐。久之，入爲太常卿。大和中，以病丐身還鄉里，卒，年六十四，贈尙書右僕射。公著淸約守道，每進一官，輒憂見顏間。四十喪妻，終身不畜妾。及卒，天下惜之。

崔弘禮字從周，系出博陵，北齊左僕射懷遠六世孫。磊磊有大志，通兵略。過宣武，從劉玄佐獵夷門，玄佐酒酣，顧曰：「崔生獨不知此樂邪？」弘禮笑曰：「我固喜武，請爲公歡。」玄佐臂鷹與弘禮馳逐，急緩在手，一軍驚曰：「安得此奇客？」玄佐大悅，欲留之，固辭，厚爲資餉。至京師，所善李觀病且死，弘禮殫褚爲治喪，葬畢乃去。

及進士第，平判異等。靈武李欒表爲判官，以親老不應，更署東都留守呂元膺參謀。時天子討蔡，李師道謀襲洛，脅沮朝廷以釋蔡危。弘禮爲箝揣賊情，部分設張，東都卒無患。遷留守判官，擢忻、汾二州刺史。田弘正請朝，表弘禮徙衞州，兼魏博節度副使。伐李師道，弘正多所咨逮。還魏博，又表爲相州刺史。

長慶初，張弘靖鎭幽州，詔弘禮往副，未及行，軍亂，改絳州刺史。李㝏反于汴，詔徙河南尹，倚以捍賊。遷河陽節度使，治河內秦渠，溉田千頃，歲收八萬斛。徙華州刺史，改天平節度使。

李同捷叛，與李聽合師討之。至濮州，大將李萬瑀、劉宋擁兵自固，弘禮表萬瑀守沂州，宋守黃州，奪其兵，擊賊禹城，破之，獲鎧裝數十萬。時徐泗節度使王智興檄兗、海、鄆、曹、淄、青當徐道者出車五千乘，轉粟饋軍，弘禮度道遠，乃自兗開盲山故渠，自黃隊抵青丘，師人大濟。李祐以鄭滑兵三千入齊而潰，弘禮悉斬之，爲出鄆兵二千，祐遂大破賊，尸藉十餘里，祐望鄆拜曰：「活我者崔公也！」加檢校尚書左僕射，徙東都留守。召還，以病自乞，改刑部尚書，復爲留守。卒，年六十五，贈司空。

弘禮短於治民，少愛利，晚頗務多積，素議訿之。

崔玄亮字晦叔，磁州昭義人。貞元初，擢進士第，累署諸鎮幕府。父喪，客高郵，臥苦終制，地下濕，因得痺病，不樂進取。元和初，召爲監察御史，累轉駕部員外郎。淸愼介特，澹如也。稍遷密、歙二州刺史。歙人馬牛生駒犢，官籍蹄噭，故吏得爲姦，玄亮焚其籍，一不問。民山處，輸租者苦之，下令許計斛輸錢，民賴其利。歷湖、曹二州，辭曹不拜。大和四年，遷太常少卿改諫議大夫，朝廷推爲宿望，拜右散騎常侍。每遷官，輒讓形於色。鄭注構宋申錫，捕逮倉卒，內外震駭。玄亮率諫官叩延英苦諍，反復數百言，文宗未諭，玄亮置笏在陛曰：「孟軻有言：衆人皆曰殺之，未可也；卿大夫皆曰殺之，未可也；天下皆曰殺之，然後察之，乃寘於法。今殺一凡庶，當稽典律，況欲誅宰相乎？臣爲陛下惜天下法，不爲申錫言也。」俯伏流涕，帝感悟，衆亦服其不橈，繇此名重朝廷。頃之，移疾歸東都，召爲虢州刺史。卒，年六十六，贈禮部尚書。

玄亮晚好黃、老清靜術，故所居官未久輒去。遺言：「山東士人利便近，皆葬兩都，吾族未嘗遷，當歸葬滏陽，正首丘之義。」諸子如命。

王質字華卿。五世祖通爲隋大儒。質少孤，客壽春，力耕以養母。講學不倦，諸生從授業者甚衆。年逾四十，偃蹇無進取意，姻友苦勸以仕，乃擧進士，中甲科。繇祕書省正字累佐帥府，五遷侍御史，繇山南西道節度副使再轉諫議大夫。宋申錫之得罪，質與諫官伏閤，文宗開延英召見，泣涕陳諫，帝稍寤，申錫得不死。爲宦豎所惡，出虢州刺史。李德裕素器之，擢給事中、河南尹，徙宣歙觀察使。卒，年六十八，贈左散騎常侍，謚曰定。

質淸白畏愼，爲政必先究風俗，所至有惠愛。雖與德裕厚善，而中立自將，不爲黨。奏署幕府者，若河東裴夷直、天水趙晳、隴西李行方、梁國劉蕡，皆一時選云。

殷侑，陳州人。幼有志於學，不治貲產。長通經術，以講道爲娛。貞元末，及五經第，其學長於禮，擢太常博士。元和八年，回鶻請和親，朝廷以仰費廣劇，欲紓以期。詔侑、宗正少卿李孝誠使回鶻，可汗驕甚，盛陳甲兵，欲臣使者，侑不爲屈。已傳命，虜責其倨，宣言欲留不遣，衆色怖，侑徐曰：「可汗，唐壻，欲坐屈使者拜，乃可汗無禮，非使臣倨也。」虜憚其言，不敢逼。還，遷虞部員外郎。

王承宗叛，遣侑招諭，承宗聽命。進諫議大夫。侑論朝廷治亂得失，前後凡八十四通，以語切，出爲桂管觀察使。寶曆元年，徙江西。所至以絜廉稱。入爲衞尉卿。

文宗卽位，李同捷叛，而王廷湊陰爲脣齒，兵久不解，詔五品以上官議尙書省。帝銳欲討賊，羣臣無敢異論者，獨侑請舍廷湊而專事同捷，且言：「願以宗社安危爲計，善師攻心爲武，含垢安人爲遠圖，網漏吞舟爲至誠。」帝不納，然內嘉尙。

同捷平，以侑嘗爲滄州行軍司馬，遂拜義昌軍節度使。於時痍荒之餘，骸骨蔽野，墟里生荆棘，侑單身之官，安足粗淡，與下共勞苦，以仁惠爲治。歲中，流戶襁屬而還，遂爲營田，丐耕牛三萬，詔度支賜帛四萬匹佐其市。初，州兵三萬，仰稟度支，侑始至一歲，自以賦入贍其半，二歲則周用，乃奏罷度支所賜。戶口滋饒，廥儲盈腐，上下便安，請立石紀政。以勞加檢校吏部尚書。

六年，徙天平節度。自李師道亂，朝廷雖析三鎭，然務安反側，賦入盡爲軍貲，無輸王府者。侑以餉軍有贏，當上送官，乃裁制經費，歲以錢十五萬緡、粟五萬石歸有司。加檢校尚書右僕射。御史大夫溫造劾侑違制，擅賦斂民爲無名之獻，詔以庾承宣代還。會濮州掾崔元武受吏賕，又率屬邑奉錢，增私馬估售官，疊三罪計絹百二十匹。大理以入私馬一重，削三官，刑部覆訊當流，未決。侑奏：「三犯不同，坐所重。律，頻贓者累論。元武犯皆枉法，當死。」詔用覆訊，流元武賀州。帝嘉侑守法，進刑部尚書，以造所奏不直，復用爲天平節度。

開成元年，再召爲刑部尚書。時李訓、鄭注已誅，帝問侑治安術，侑言：「朝廷宜任耆德，毋輕用新進。」帝善之，賜綵三百匹。初，鹽鐵度支使屬官悉得以罪人繫在所獄，或私置牢院，而州縣不聞知，歲千百數，不時決。侑奏許州縣糺列所繫，申本道觀察使，并具獄上聞。許之，賜黃金十斤，以酬直言。

涇原節度使朱叔夜坐侵牟士卒，贓數萬，家畜兵器，罷爲左武衞大將軍，侑薄其罪，天子由是疏之，賜叔夜死，出侑爲山南東道節度使。坐減兵不先論啓，左遷太子賓客分司東都。俄領忠武節度。卒，年七十二，贈司空。

侑以經術進，臨事鋭敏，有彊直名，晚節內冀台輔，稍務交結，而素望少衰云。

孫盈孫。

盈孫，廣明初，爲成都諸曹參軍。僖宗至蜀，聞有禮學，擢太常博士。光啓三年，帝將還京，而七廟焚殘，告享無所。盈孫白宰相：「始乘輿西，有司盡載神主以行，至鄠，悉爲盜奪。今天子還宮，宜前具其禮。」宰相建言，脩復宗廟，功費廣，請與禮官議。時佗博士不在，獨盈孫從，議曰：「故廟十一室，二十三楹，楹十一梁，垣墉廣袤稱之。今朝廷多難，宜少變禮。按至德時作神主長安殿，饗告如宗廟，廟成乃祔。今正衙外無它殿，伏聞詔旨以少府監寓太廟，請因增完爲十一室，其三太后廟，權舍西南夾廡，須廟成議遷。」詔可。自是神主、樂縣，皆所創定，舊學禮家當其議。

龍紀元年，昭宗郊祠，兩中尉及樞密皆以宰相服侍上。盈孫奏言：「先世典令，無內官朝服侍祠。必欲之，當隨所攝資品，雖無援據，猶免僭逼。」詔可。時喪亂後，制度彫棄，追補容典，皆盈孫折衷焉。終大理卿，贈吏部尚書。

王彥威，其先出太原。少孤，家無貲，自力於學。舉明經甲科，淹識古今典禮，未得調，求爲太常散吏，卿知其經生，補檢討官。彥威采獲隋以來下訖唐凡禮沿革，皆條次彙分，號元和新禮，上之。有詔拜博士。

憲宗以正月崩，有司議葬用十二月下宿，彥威建言：「天子之葬七月，春秋之義，志崩不志葬，必其時也。舉天下葬一人，故過期不葬則譏之。高祖、中宗葬皆六月，太宗四月，高宗九月，睿、代二宗皆五月，德宗十月，順宗七月，惟玄、肅二宗皆十二月，有爲爲之，非常典也。且葬畢而虞，虞而卒哭，卒哭而祔，皆卜日。今葬卜歲暮，則畢祔在明年正月，是改元慶賜皆廢矣。」有詔更用五月。

淮南李夷簡上言：「大行皇帝功高宜稱祖。」穆宗下其議，彥威奏：「古者始封爲太祖，由太祖而降，則又祖有功，宗有德。故夏人祖顓頊而宗禹，商人祖契而宗湯，周人祖文王而宗武王。魏、晉而下，務欲推美，自始祖外並建列祖之議，叔世亂象，不可以爲訓。唐本周禮，以景皇帝爲太祖，祖神堯而宗太宗，自高宗後咸稱宗，以爲成法。不然，太宗致升平，玄宗淸內難，肅宗收復兩都，皆撥亂反正，猶不稱祖。今當本三代之制，黜魏、晉亂法，大行廟號宜稱宗。」制可。又舊事，祔廟必告于太極殿，然後奉主入廟，既事則已，而有司祔主畢，又還告太極殿。彥威以爲不可，執政怒，坐祝辭誤，奪二季俸，削一階。彥威終不回屈。後累擢司封郎中、弘文館學士、諫議大夫。

李師道既平，其十二州賦法未均，詔彥威爲勘定兩稅使，差量纖悉，人不爲煩。還，兼史館脩撰。

興平民上官興殺人亡命，吏囚其父。興聞，自首請罪。京兆尹杜悰、御史中丞宇文鼎以自歸死免父之囚，可勸風俗，議減死。彥威上言：「殺人者死，百王共守。原而不殺，是教殺人。」有詔貸死，彥威詣宰相據法爭論，下遷河南少尹。俄改司農卿。

李宗閔執政，雅善之，進拜平盧節度使。開成初，召爲戶部侍郎，判度支。彥威於儒學固該邃，亦善吏事，但經總財用，出入米鹽，非所長也。而性剛訐自恃，嘗見文宗，顯奏曰：「百口家知有歲計，而軍用一切可不謹邪？臣按見財，量入以爲出，隨色占費，終歲用之，無毫釐差。假令臣一旦迷愚，欲自欺沒，亦不可得。」因上占額圖。又言：「至德訖元和，天下觀察者十，節度者二十有九，防禦者四，經略者三，大都通邑皆有兵，最凡八十餘萬。長慶籍戶三百五十萬，而兵乃九十九萬，率三戶資一兵。今舉天下之入，歲三千五百萬，上供者三之一，又三之二則衣賜仰給焉。自留州留使外，餘四十萬衆，皆仰度支。」又爲供軍圖上之。彥威雖自謂楗柅姦冒，著定其費，於利害無益也。

始，神策軍多以稟縑於度支取直，吏私增賈厚給之，經用益耗，開成初，有詔禁止。時宦者仇士良、魚弘志方用事，彥威乃奏復與直，悅媚士良等。又劾王播貢羨贏以冀速進。會邊兵訴所賜不時，縑皆敝惡，攝吏送臺獄，而彥威視事自如，及詔停務，始惶恐就第。貶衛尉卿。俄檢校禮部尚書，爲忠武節度使，毀山房三千餘所，盜無所容。徙節宣武，封北海縣子。性彊敏，善著書，頗行于時。卒，贈尚書右僕射，謚曰靖。

贊曰：韓愈稱：「郡邑通得祀社稷、孔子，獨孔子用王者事，以門人爲配，天子以下，北面拜跪薦祭，禮如親弟子者。句龍、棄以功，孔子則以德，固自有次第。」崇敬乃請東揖，以殺太重。方是時，公卿無韓愈之賢，無有折其非是者。道州刺史薛伯高嘗謂：「夫子稱顏回爲庶幾，其從於陳、蔡者，亦各有號，出於一時，後世坐祀十人以爲哲，豈夫子志哉？」觀七十子之賢，未有加於十人，坐而祀之，始於開元，非特牽於一時之稱號。記曰：「祭，有其舉之，莫敢廢也。」如崇敬誠不知禮，尊君以媚世，歷朝循而不改矣。伯高之語，柳宗元志之於其書，必有辨其妄者。

唐書卷一百六十五

列傳第九十

鄭餘慶 澣 處誨 從讜 鄭珣瑜 覃 裔綽 朗 高郢 定 鄭絪 顥

權德輿 璩 崔羣

鄭餘慶字居業，鄭州滎陽人，三世皆顯宦。餘慶少善屬文，擢進士第。嚴震帥山南西道，奏置幕府。貞元初，還朝，擢庫部郎中，爲翰林學士，以工部侍郎知吏部選。浮屠法湊以罪爲民訴闕下，詔御史中丞宇文邈、刑部侍郎張彧、大理卿鄭雲逵爲三司，與功德判官諸葛述參按。述，故史也，餘慶劾述猥賤，不宜與三司雜治，時韙其言。

貞元十四年，拜中書侍郎、同中書門下平章事。每奏對，多傳經義。素善度支使于頔，凡所陳，必左右之，頔坐事貶；又歲旱飢，朝廷議賑禁衞十軍，爲中書史漏言。疊二忤，故貶郴州司馬。

順宗以尚書左丞召，會憲宗立，卽其官復拜同中書門下平章事。時主書滑渙與宦人劉光琦相倚爲姦，每宰相議，爲光琦沮變者，令渙往請必得，由是四方賕餉奔委之，弟泳至官刺史。杜佑、鄭絪執政，頗姑息，而佑常行輩待，不名也。至餘慶議事，渙傲然指畫諸宰相前，餘慶叱去。未幾，罷爲太子賓客。後渙以贓敗，帝寖聞叱去事，善之。改國子祭酒，累遷吏部尚書。

醫工崔環者，自淮南小將除黃州司馬，餘慶執奏：「諸道散將無功受五品正員，開徼幸路，不可。」權者不悅，改太子少傅，兼判太常卿事。自朱泚亂，都輦數驚，太常肄樂禁用鼓，餘慶以時久平，奏復舊制。出爲山南西道節度使。入拜太子少師，請老，不許。

時數赦，官多汎階；又帝親郊，陪祠者授三品、五品不計考；使府賓吏，以軍功借賜朱紫率十八；近臣謝、郎官出使，多所賜與。每朝會，朱紫滿廷而少衣綠者，品服大濫，人不以爲貴，帝亦惡之，始詔餘慶條奏懲革。遷尚書左僕射。僕射比非其人，乃餘慶以宿德進，公論浩然歸重。帝患典制不倫，謂餘慶淹該前載，乃詔爲詳定使，俾參裁訂正。餘慶引韓愈、李程爲副，崔郾、陳佩、楊嗣復、庾敬休爲判官，凡損增儀矩，號稱詳衷。

俄拜鳳翔尹，節度鳳翔。復爲太子少師，封滎陽郡公，兼判國子祭酒事。建言：「兵興以來，學校廢，諸生離散。今天下承平，臣願率文吏月俸百取一，以資完葺。」詔可。穆宗立，加檢校司徒。卒，年七十五，贈太保，謚曰貞。帝以其貧，特給一月奉料爲賵襚。

餘慶少砥礪，行已完絜，仕四朝，其祿悉賙所親，或濟人急，而自奉粗狹，至官府，乃開肆廣大，常語人曰：「祿不及親友而侈僕妾者，吾鄙之。」大抵中外姻嫁，其禮獻皆親閱之。後生內謁，必引見，諄諄敎以經義，務成就儒學。自至德後，方鎭除拜，必遣內使持幢節就第，至則多饋金帛，且以媚天子，唯恐不厚，故一使者納至數百萬緡。憲宗每命餘慶，必誠使曰：「是家貧，不可妄求取。」議者或詆其沽激，餘慶不屑也。奏議類用古言，如「仰給縣官」、「馬萬蹄」，有司不曉何等語，人訾其不適時。與從父絪家昭國坊，絪第在南，餘慶第在北，世謂「南鄭相」、「北鄭相」云。

子澣。

澣本名涵，避文宗故名，改焉。第進士，累遷右補闕。敢言，無所諱，憲宗謂餘慶曰：「涵，卿令子，而朕直臣也，可更相賀。」遷起居舍人、考功員外郎。時刺史或迫吏下紀功愛，涵請責觀察使以杜其欺。餘慶爲僕射，避除國子博士、史館脩撰。

文宗立，入翰林爲侍講學士。帝使稡擷經史爲要錄，愛其博而精，試舉諸條擿問之，隨即酬析，無留答，因賜金紫服。累進尚書左丞，出爲山南西道節度使。始，餘慶在興元創學廬，澣嗣完之，養生徒，風化大行。以戶部尙書召，未拜，卒，年六十四，贈尙書右僕射，謚曰宣。

四子，處誨、從讜尤知名。

處誨字廷美，文辭秀拔。仕歷刑部侍郎、浙東觀察、宣武節度使，卒。先是，李德裕次柳氏舊聞，處誨謂未詳，更撰明皇雜錄，爲時盛傳。

從讜字正求。及進士第，補校書郎，遷累左補闕。令狐綯、魏扶皆澣門生，數進譽之，遷中書舍人。咸通中，爲吏部侍郎，銓次明允。出爲河東節度使，徙宣武，以善最聞，改嶺南東道節度。先是，林邑蠻內侵，召天下兵進援，會龐勛亂，不復遣，而北兵寡弱。從讜募士豪，署其酋右職，爲約束，使相捍禦，交、廣晏然。

僖宗立，召爲刑部尙書。久之，擢同中書門下平章事，進門下侍郎。沙陀都督李國昌間邊多虞，入據振武、雲朔等州，南略太谷。河東節度使康傳圭遣大將伊釗、張彥球、蘇弘軫引兵拒之，戰數負，傳圭斬軫以徇。彥球所部反，攻傳圭，殺之，劫府庫爲亂。朝廷以爲憂，帝欲大臣臨制，乃拜從讜檢校司徒，以宰相秩復爲河東節度兼行營招討使，詔自擇參佐。從讜即表長安令王調自副，兵部員外郎劉崇龜、司勳員外郎趙崇爲節度觀察府判官，前進士劉崇魯推官，左拾遺李渥掌書記，長安尉崔澤支使，皆一時選。京師士人比太原爲小朝廷，言得才多也。時承軍亂，剽奪日旁午，從讜既視事，姦無度情，乃推捕反賊，誅其首惡。以彥球本善意，且才可任，釋不問，而付以兵，曠無餘猜，故得其死力。渠凶宿狡不敢發，發又輒得，士皆寒毛惕伏。

會黄巢犯京師，帝駐梁、漢，詔從讜發部兵屬北面招討副使諸葛爽入討。從讜團士五千，遣將論安從爽。而李克用謂太原可乘，以沙陀兵奄入其地，壁汾東，釋言討賊，須索繁仍。從讜以饟醪犒軍，克用陰謂曰：「我且引而南，欲與公面約。」從讜登城，開勉感槪，使立功報天子厚恩，克用辭窮，再拜去，然陰縱其下肆掠，以撼人心。從讜追安，使與將王蟾、高弁等踵擊，亦會振武契苾通至，與沙陀戰，沙陀大敗引還。即遣安等屯北百井，安擅還，從讜合諸將，命持安出，斬之鞠場。中和二年，朝廷赦沙陀，使擊賊自贖，兵不敢道太原，繇嵐、石並河而南，獨克用從數百騎過辭城下，從讜以名馬器幣歸之。明年，賊平，詔克用代領河東。克用使來曰：「方省親鴈門，願公徐行。」從讜即日以監軍周從寓知兵馬留後，掌書記劉崇魯知觀察留後，敕克用至按籍效之乃行。

黄頭軍以糧少劫其貲，從讜間走絳州，方道梗不通，數月，召拜司空，復秉政，進太傅兼侍中。從帝至興元，以疾乞骸骨，拜太子太保，還第，卒，諡文忠。

從讜進止有禮法，性不矜滿，沈毅有謀。在汴時，以處誨歿於鎮，訖代，不奏樂牙中。識陸扆於後生，數稱譽之，扆後位宰相。張彥球者，拳摯善斷，累破虜有功，奏爲行軍司馬，後署金吾將軍。初，盜流中原，沙陀彊悍，而卒收其用者，蓋從讜爲太原重也。時鄭畋以宰相鎮鳳翔，移檄討賊，兩人以忠義相提衡，賊尤憚之，號「二鄭」云。

鄭珣瑜字元伯，鄭州滎澤人。少孤，值天寶亂，退耕陸渾山，以養母，不干州里。轉運使劉晏奏補寧陵、宋城尉，山南節度使張獻誠表南鄭丞，皆謝不應。大曆中，以諷諫主文科高第，授大理評事，調陽翟丞，以拔萃爲萬年尉。崔祐甫爲相，擢左補闕，出爲涇原帥府判官。入拜侍御史、刑部員外郎，以母喪解。訖喪，遷吏部。貞元初，詔擇十省郎治畿、赤，珣瑜檢校本官兼奉先令。明年，進饒州刺史。入爲諫議大夫，四遷吏部侍郎。

爲河南尹，未入境，會德宗生日，尹當獻馬，吏欲前取印，白珣瑜視事，且內贊。珣瑜徐曰：「未到官而遽事獻，禮歟？」不聽。性嚴重少言，未嘗以私託人，而人亦不敢謁以私。既至河南，清靜惠下，賤斂貴發以便民。方是時，韓全義將兵伐蔡，河南主餽運，珣瑜密儲之陽翟，以給官軍，百姓不知僦運勞。凡迎送敕使，皆有常處，吏密識其馬，進退不數步差也。全義與監軍別檄有所取，非詔約者，珣瑜輒挂壁不酬，至軍罷，凡數百封。有諫者曰：「軍須期會爲急，公可不報？」珣瑜曰：「武士統戎，多恃以取求。苟以爲罪，尹宜坐之，終不爲萬人產沴也。」故下無怨讟。時謂治河南比張延賞，而重厚堅正過之。

復以吏部侍郎召，進門下侍郎、同中書門下平章事。李實爲京兆尹，剝下務進奉，珣瑜顯詰曰：「留府繒帛入有素，餘者應內度支。今進奉乃出何色邪？」具以對。實方幸，依違以免。

順宗立，卽遷吏部尚書。王叔文起州吏爲翰林學士、鹽鐵副使，內交奄人，攘撓政機。韋執誼爲宰相，居外奉行。叔文一日至中書見執誼，直吏白：「方宰相會食，百官無見者。」叔文恚，叱吏，吏走入白，執誼起，就閤與叔文語。珣瑜與杜佑、高郢輟饔以待。頃之，吏白：「二公同飯矣。」珣瑜喟曰：「吾可復居此乎！」命左右取馬歸，臥家不出七日，罷爲吏部尚書。亦會有疾，數月卒，年六十八，贈尚書左僕射。太常博士徐復謚文獻，兵部侍郎李巽言：「文者，經緯天地。用二謚，非春秋之正，請更議。」復謂：「二謚，周、漢以來有之。威烈、愼靜，周也；文終、文成，漢也。況珣瑜名臣，二謚不嫌。」巽曰：「謚一，正也，堯、舜是也。二謚，非古也，法所不載。」詔從復議。

子覃。

覃以父蔭補弘文校書郎，擢累諫議大夫。憲宗取五中官爲和糴使，覃奏罷之。穆宗立，不卹國事，數荒昵。吐蕃方彊。覃與崔郾等廷對曰：「陛下新即位，宜側身勤政，而內耽宴嬉，外盤游畋。今吐蕃在邊，狙伺中國，假令緩急，臣下乃不知陛下所在，不敗事乎？夫金幣所出，固民膏血，可使倡優無功濫被賜與？願節用之，以所餘備邊，毋令有司重取百姓，天下之幸也。」帝不懌，顧宰相蕭俛曰：「是皆何人？」俛曰：「諫官也。」帝意解，乃曰：「朕之闕，下能盡規，忠也。」因詔覃曰：「閤中殊不款款，後有爲我言者，當見卿延英。」時閤中奏久廢，至是，士相慶。

王承元徙鄭滑節度使，鎭人固留不出。承元請以重臣勞安其軍，詔覃爲宣諭使，起居舍人王璠副之。始，鎭人慢甚，及覃傳詔，開勗大義，軍遂安，承元乃得去。

寶曆初，擢京兆尹。文宗召爲翰林侍講學士，進工部侍郎。覃於經術該深，諄篤守正，帝尤重之。李宗閔、牛僧孺知政，以覃與李德裕厚，忌其親近爲助力，陽遷工部尙書，罷侍講，欲推遠之。帝雅向學，頗思覃，復召爲侍講學士。德裕旣相，以爲御史大夫。帝嘗謂殷侑善言經，其爲人鄭覃比也。宗閔猥曰：「二人誠通經，然其議論不足取。」德裕曰：「覃、侑之言，它人不欲聞，惟陛下宜聞之。」俄德裕罷，宗閔復用，覃繇戶部尚書下除祕書監。宗閔得罪，遷刑部尚書，進尚書右僕射，判國子祭酒。李訓誅，帝召覃視詔禁中，遂拜同中書門下平章事，封滎陽郡公。

不喜文辭，病進士浮夸，建廢其科，曰：「南北朝所以不治，文采勝質厚也。士惟用才，何必文辭。」又言：「文人多佻薄。」帝曰：「純薄似賦性之異，奚特進士？且設是科二百年，渠可易？」乃止。帝嘗謂百司不可使一日弛惰，因指香案爐曰：「此始華好，用久則晦，不治飾，何由復新？」覃曰：「救世之敝，在先責實。比皆不攝職事，至慕王夷甫，以不及爲嶄。此本于治平，人人無事，安逸致然。」帝曰：「要在謹法度而已。」進門下侍郎、弘文館大學士。

帝坐延英論詩工否，覃曰：「孔子所删，三百篇是已，其非雅正者，烏足爲天子道哉？夫風、大小雅，皆下刺上之變，非上化下爲之。故王者采詩，以考風俗得失。若陳後主、隋煬帝特能詩之章解，而不知王術，故卒歸於亂。章什諓諓，願陛下不取也。」

帝每言：「順宗事不詳實，史臣韓愈豈當時屈人邪？昔漢司馬遷與任安書，辭多怨懟，故武帝本紀多失實。」覃曰：「武帝中年大發兵事邊，生人耗瘁，府庫殫竭，遷所述非過言。」李石曰：「覃所陳，因武帝以諫，欲陛下終究盛德。」帝曰：「誠然，靡不有初，鮮克有終。」覃曰：「陛下樂觀書，然要義不過一二，陛下所道是矣，宜寖饋以之。」

覃既名儒，故以宰相領祭酒，請太學五經，經置博士，祿廩比王府官。再遷太子太師。開成三年，旱，帝多出宮人，李珏入賀曰：「漢制，八月選人，晉武帝平吳，多采擇，仲尼所謂未見好德者。陛下以爲無益，放之，盛德也。」覃又推贊曰：「晉以采擇之失，舉天下爲左衽，宜陛下以爲殷鑒。」帝善其將美。以病乞去位，有詔解太子太師，許五日一入中書商量政事。俄罷爲尚書左僕射。武宗初，李德裕復用，欲援覃共政，固辭，乃授司空，致仕，卒。

覃清正退約，與人未嘗串狎。位相國，所居第不加飾，內無妾媵。女孫適崔皐，官裁九品衞佐，帝重其不昏權家。覃之侍講，每以厚風俗、黜朋比再三爲天子言，故終爲相。然疾惡多所不容，世以爲太過，憚之。始，覃以經藉刓繆，博士陋淺不能正，建言：「願與鉅學鴻生共力讎刊，準漢舊事，鏤石太學，示萬世法。」詔可。覃乃表周墀、崔球、張次宗、孔温業等是正其文，刻于石。

子裔綽。

裔綽峭立有父風，以門廕進，爲李德裕所知，擢渭南尉。直弘文館，累遷諫議大夫。宣宗初，劉潼繇鄭州刺史授桂管觀察使，裔綽固爭：「潼被責未久，不宜付廉察。」帝已遣使者頒詔，追罷之。遷給事中。楊漢公爲荆南節度使，坐貪沓，貶祕書監，尋拜同州刺史。

裔綽與鄭公輿封還制書。帝自卽位，諫臣規正無不納。至是，有爲漢公地者，遂終不易。會賜宴禁中，天子擊毬，至門下官，謂二人曰：「近論漢公事，類朋黨者。」裔綽曰：「同州，太宗興王地，陛下爲人子孫，當愼所付。且漢公墨沒敗官，奈何以重地私之？」帝變色。翌日，貶商州刺史。時猶衣綠，因詔賜緋魚。後繇祕書監遷浙東觀察使，終太子少保。

覃弟朗。

朗字有融，始辟柳公綽山南幕府，入遷右拾遺。開成中，擢起居郎。文宗與宰相議政，適見朗執筆螭頭下，謂曰：「向所論事，亦記之乎？朕將觀之。」朗曰：「臣執筆所書者，史也。故事，天子不觀史，昔太宗欲觀之，朱子奢曰：『史不隱善，不諱惡。自中主而下，或飾非護失，見之，則史官無以自免，且不敢直筆。』褚遂良亦稱：『史記天子言動，雖非法必書，庶幾自飭。』」帝悅，謂宰相曰：「朗援故事，不畀朕見起居注，可謂善守職者。然人君之爲，善惡必記，朕恐平日言之不叶治體，爲將來羞，庶一見，得以自改。」朗遂上之。

累遷諫議大夫，爲侍講學士。由華州刺史入拜御史中丞、戸部侍郎。爲鄂岳、浙西觀察使，進義武、宣武二節度。歷工部尙書判度支、御史大夫，復爲工部尙書、同中書門下平章事。中人李敬寔排朗騶導馳去，朗以聞。宣宗詰敬寔，自言供奉官不避道，帝曰：「傳我命則絕道行可也，而私出，不避宰相邪？」卽斥敬寔。右拾遺鄭言者，故在幕府，朗以諫臣與輔相爭得失，不論則廢職，奏徙它官。久之，以疾自陳，罷爲太子少師。卒，贈司空。

始，朗舉進士，有相者言：「君當貴，然不可以科第進。」俄而有司擢朗第一，既又覆實被放，相者賀曰：「安之。」已而果相。

高郢字公楚，其先自渤海徙衞州，遂爲衞州人。九歲通春秋，工屬文，著語默賦，諸儒稱之。父伯祥爲好畤尉，安祿山陷京師，將誅之，郢尙幼，解衣請代，賊義，幷貸之。

寶應初，及進士第。代宗爲太后營章敬寺，郢以白衣上書諫曰：

陛下大孝因心，與天罔極，烝烝之思，要無以加。臣謂悉力追孝，誠爲有益，妨時勦人，不得無損。捨人就寺，何福之爲？昔魯莊公丹桓公廟楹而刻其桷，春秋書之爲非禮。漢孝惠、孝景、孝宣令郡國諸侯立高祖、文、武廟，至元帝，與博士、議郞斟酌古禮，一罷之。夫廟猶不越禮而立，況寺非宗祏所安、神靈所宅乎？殫萬人之力，邀一切之報，其爲不可亦明矣。

間者昆吾孔熾，荐食生人，百姓懍懍，無日不惕。遣將攘却，亡尺寸功，隴外壤地，委諸豺狼。太宗艱難之業，傳之陛下，一夫不獲，尺土見侵，告成之時，猶恐有闕。況用武以來十三年，傷者不救，死者不收，繕卒補乘，于今未已。夫興師十萬，日費千金，計十三年，舉百萬之衆，資糧扉屨，取足於人，勞罷宛轉，十不一在。父子兄弟，相視無聊，延頸嗷嗷，以役王命。縱未能出禁財，贍鰥寡，猶當稍息勞弊，以噢休之。奈何戎虜未平，侵地未復，金革未戢，疲人未撫，太倉無終歲之儲，大農有榷酤之斂，欲以此時興力役哉？比八月雨不潤下，菽麥失時，黔首狼顧，憂在艱食，若遂不給，將何以救之？無寺猶可，無人其可乎？然土木之勤，功用之費，不虛府庫，將焉取之？府庫既竭，則又誅求，若人不堪命，盜賊相挻而興，戎狄乘間，以爲風塵，得不爲陛下深憂乎？

臣聞聖人受命於天，以人爲主，苟功濟于天，天人同和，則宗廟受福，子孫蒙慶。傳曰：「德教加於百姓，刑于四海，天子之孝也。」又曰：「無念爾祖，聿脩厥德。」「旣受帝祉，施于孫子。」是知王者之孝，在於承順天地，嚴配宗考，恭愼德教，以臨兆民。俾四海之內，懽心助祭，延福流祚，永永無窮。未聞崇樹梵宮，彫琢金玉之爲孝者。夏禹卑宮室，盡力溝洫，人到于今稱之。梁武帝窮土木，飾塔廟，人無稱焉。陛下若節用愛人，當與夏后齊美，何必勞人動衆，踵梁武遺風乎？及制作之初，伎費尙淺，人貴量力，不貴必成，事貴相時，不貴必遂。陛下若回思慮，從人心，則聖德孝思，格于天地，千福萬祿，先后受之，曾是一寺較功德邪？

書奏，未報。復上言：

王者將有爲也，將有行也，必稽于衆而順于人，則自然之福，不求而至，未然之禍，不除而絕。臣聞神人無功者，不爲有功之功；聖人無名者，不爲有名之名。不爲有功之功，故功莫大；不爲有名之名，故名莫厚。古之明王積善以致福，不費財以求福；脩德以銷禍，不勞人以禳禍。陛下之營作，臣竊惑之。若以爲功，則天覆地載，陰施陽化，未曾有爲也。若以爲名，則至德要道，以順天下，未曾有待也。若以致福，則通于神明，光于四海，不在費財。若以禳禍，則方務厥德，罔有天災，不在勞人。今興造趣急，人徒竭作，土木並起，日課萬工，不遑食息，搒笞愁痛，盈於道路。以此望福，臣恐不然。陛下戡定多難，勵精思治，務行寬仁，以幸天下。今固違羣情，徇左右過計，臣竊爲陛下惜之。

不納。

以茂才異行高第，累擢咸陽尉。郭子儀取爲朔方掌書記。子儀怒判官張曇，奏抵死，郢引捄甚力，忤子儀意，下徙猗氏丞。李懷光引佐邠寧府。懷光將還河中，郢勸不如西迎乘輿，懷光反方鋭，不聽。既又欲悉兵鼓而西。時渾瑊提孤軍抗賊，羣將未集，郢恐爲懷光所乘，與李鄘固止之。會懷光子璀候郢，郢因脅說曰：「君視天寶以來稱兵者，今尚誰在？且國家固有天命，人力不豫焉。今若恃衆而動，自絕于天。十室之小，必得忠信，安知三軍不有奔潰而助順者乎？」璀大懼，流汗不能語。郢因與其將呂鳴岳、張延英謀間道歸國，事洩，懷光先斬二將，然後引郢詰誚，郢抗詞無所愧隱，觀者爲泣下。懷光慚，赦之。孔巢父遇害，郢撫屍而哭。懷光已誅，李晟表其忠，馬燧奏管書記。召拜主客員外郎，遷中書舍人。久之，進禮部侍郎。時四方士務朋比，更相譽薦，以動有司，徇名亡實，郢疾之，乃謝絕請謁，顓行藝。司貢部凡三歲，甄幽獨，抑浮華，流競之俗爲衰。遷太常卿。

貞元末，擢中書侍郎、同中書門下平章事。順宗立，病不能事，王叔文黨根據朝廷，帝始詔皇太子監國，而郢以刑部尚書罷。明年，爲華州刺史，政尚仁靜。初，駱元光自華引軍戍良原，元光卒，軍入神策，而州仍歲餉其糧，民困輸入，累刺史憚不敢白，郢奏罷之。復召爲太常卿，除御史大夫。數月，改兵部尚書，固乞骸骨，以尚書右僕射致仕。卒，年七十二，贈太子太保，謚曰貞。

郢恭慎不與人交。常掌制誥，家無留稾，或勸盍如前人傳制集者，答曰：「王言不可藏私家。」生平不治產，有勸營之者，答曰：「祿稟雖薄，在我則有餘，田莊何所取乎？」郢之相也，與鄭珣瑜同拜。旣叔文用事，珣瑜憂甚，爭不能得，乃稱疾不出，郢未有所建白，俄與

子定。

珣瑜免，故議者賢珣瑜而咎郢。

贊曰：王叔文雖內連姌尹，外倚姦回，以攘天權。然是時太子已長，朝無嫌鋍，若珣瑜、郢與杜佑等毅然引東宮監國，執退叔文輩，其力不難。顧循嘿苟安，所謂焉用彼相者矣。珣瑜一忿臥第，與郢、佑固位，二者亦不足相輕重云。

定辯惠，七歲讀尚書，至湯誓，跪問郢曰：「奈何以臣伐君？」郢曰：「應天順人，何云伐邪？」對曰：「用命賞于祖，不用命戮于社，是順人乎？」郢異之。小字董二，世重其早惠，以字顯。長通王氏易，爲圖合八出，上圓下方，合則重，轉則演，七轉而六十四卦，六甲、八節備焉。仕至京兆府參軍。

鄭絪字文明，餘慶從父行也。幼有奇志，善屬文，所交皆天下有名士。擢進士、宏辭高第。張延賞帥劍南，奏署掌書記。入爲起居郎、翰林學士，累遷中書舍人。

德宗自興元還，置六軍統軍視六尚書，以處功臣，除制用白麻付外。又廢宣威軍益左右神策，以監軍爲中尉。竇文場恃功，陰諷宰相進擬如統軍比。絪當作制，奏言：「天子封建，或用宰相，以白麻署制，付中書、門下。今以命中尉，不識陛下特以寵文場邪？遂著爲令也？」帝悟，謂文場曰：「武德、貞觀時，中人止內侍，諸衞將軍同正賜緋者無幾。自魚朝恩以來，無復舊制。朕因用爾不謂私，若麻制宣告，天下謂爾脅我爲之。」文場叩頭謝。更命中書作詔，并罷統軍用麻矣。明日，帝見絪曰：「宰相不能拒中人，得卿言乃悟。」

順宗病，不得語，王叔文與牛美人用事，權震中外，憚廣陵王雄睿，欲危之。帝召絪草立太子詔，絪不請輒書曰：「立嫡以長。」跪白之，帝頷乃定。

憲宗卽位，拜中書侍郎、同中書門下平章事，遷門下侍郎。始，盧從史陰與王承宗連和，有詔歸潞，從史辭潞乏糧，請留軍山東。李吉甫密譖絪漏言於從史，帝怒，坐浴堂殿，召學士李絳語其故，且曰：「若何而處？」絳曰：「誠如是，罪當族。然誰以聞陛下者？」曰：「吉甫爲我言。」絳曰：「絪任宰相，識名節，不當如犬彘梟鏡與姦臣外通。恐吉甫勢軋內忌，造爲醜辭以怒陛下。」帝良久曰：「幾誤我！」

先是杜黃裳方爲帝夷削節度，彊王室，建議裁可，不關決于絪，絪常默默。居位四年，罷爲太子賓客。久乃檢校禮部尚書，出爲嶺南節度使，後累遷河中節度。入爲御史大夫，檢校尙書左僕射，兼太子少保。文宗大和中，年老乞骸骨，以太子太傅致仕。卒，年七十八，贈司空，謚曰宣。

絪本以儒術進，守道寡欲，所居不爲烜赫事，以篤實稱。善名理學，世以耆德推之。

孫顥，舉進士，以起居郎尙萬壽公主，拜駙馬都尉。有器識，宣宗時，恩寵無比。終檢校禮部尙書、河南尹。

權德輿字載之。父皋，見卓行傳。德輿七歲居父喪，哭踊如成人。未冠，以文章稱諸儒間。韓洄黜陟河南，辟置幕府。復從江西觀察使李兼府爲判官。杜佑、裴胄交辟之。德宗聞其材，召爲太常博士，改左補闕。

貞元八年，關東、淮南、浙西州縣大水，壞廬舍，漂殺人。德輿建言：「江、淮田一善熟，則旁資數道，故天下大計，仰於東南。今霪雨二時，農田不開，庸亡日衆。宜擇羣臣明識通方者，持節勞徠，問人所疾苦，蠲其租入，與連帥守長講求所宜。賦取於人，不若藏於人之固也。」帝乃遣奚陟等四人循行慰撫。裴延齡以巧倖進，判度支，德輿上疏斥言：「延齡以常賦正額用度未盡者爲羨利，以夸己功；用官錢售常平雜物，還取其直，號別貯羨錢，因以罔上；邊軍乏，不稟糧，召禍疆埸，其事不細。陛下疑爲流言，胡不以新利召延齡，質覈本末，擇中朝臣按覆邊資。如言者不謬，則邦國之務，不宜委非其人。」疏奏，不省。

遷起居舍人。歲中，兼知制誥，進中書舍人。當是時，帝親攬庶政，重除拜，凡命諸朝，皆手制中下。始，德輿知制誥，而徐岱給事中，高郢爲舍人。居數歲，岱卒，郢知禮部，德輿獨直兩省，數旬一還舍，乃上書言：「左右掖垣，承天子誥命，奉行詳覆，各有攸司。舊制，分曹十員，以相防檢。大抵事有所壅，則吏得爲非。四方聞者，或以朝廷爲乏士，要重之司，不宜久廢。」帝曰：「非不知卿之勞，但擇如卿者未得其人耳。」久之，知禮部貢舉，眞拜侍郞。凡三歲，甄品詳諦，所得士相繼爲公卿、宰相。取明經初不限員。

十九年，大旱，德輿因是上陳闕政曰：「陛下齋心減膳，閔惻元元，告于宗廟，禱諸天地，一物可祈，必致其禮，一士有請，必聽其言，憂人之心可謂至已。臣聞銷天災者脩政術，感人心者流惠澤，和氣洽，則祥應至矣。畿甸之內，大率赤地而無所望，轉徙之人，斃踣道路，慮種麥時，種不得下。宜詔在所裁留經用，以種貸民。今茲租賦及宿逋遠貸，一切蠲除。設不蠲除，亦無可斂之理，不如先事圖之，則恩歸於上。去十四年夏旱，吏趣常賦，至縣令爲民毆辱者，不可不察。」又言：「漕運本濟關中，若轉東都以西緣道倉廩，悉入京師，督江、淮所輸以備常數，然後約太倉一歲計，斥其餘者以糴于民，則時價不踊而蓄藏者出矣。」又言：「大曆中，一縑直錢四千，今止八百，稅入如舊，則出於民者五倍其初。四方銳於上獻，爲國掊怨，廣軍實之求，而兵有虛籍，剝取多方，雖有心計巧曆，能商功利，其於割股啖口，困人均也。」又言：「比經紬放者，自謂抆拭無期，坐爲匪人，以動和氣。而多薦官踰三年未受命，衣食既空，溘然就斃，此亦窮人之一端也。近陛下洗宥紬放者，或起爲二千石，其徒更相勉，知牽復可望。惟因而弘之，使人人自效。」帝頗采用之。

憲宗元和初，歷兵部侍郎，坐累，徙太子賓客，俄還前官。時澤潞盧從史詐傲，寖不制，其父虔卒京師，而成德王承宗父死求襲，德輿諫，以爲：「欲變山東，先擇昭義之帥。從史拔自軍校，偃蹇不法，今可因其喪，選守臣代之。成德習俗既久，當制以漸，許成德之請則可，許昭義則不可。」帝不聽。及王承宗叛，從史乃詭計以橈王師，兵老無功。德輿復請赦承宗，徙從史。後皆略如所料。

會裴垍病，德輿自太常卿拜禮部尚書、同中書門下平章事。王鍔繇河中入朝，求兼宰相，李藩以爲不可，德輿亦奏：「平章事非序進宜得，比方鎭帶宰相，必有大忠若勳，否則彊不制者，不得已與之。今鍔無功，又非姑息時，一假此名，以開後人，不可。」帝乃止。董溪、于臯謩以運糧使盜軍興，流嶺南，帝悔其輕，詔中使半道殺之。德輿諫：「溪等方山東用兵，乾沒庫財，死不償責。陛下以流斥太輕，當責臣等繆誤，審正其罪，明下詔書，與衆同棄，則人人懼法。臣知已事不諍，然異時或有此比，要須有司論報，罰一勸百，孰不甘心。」帝深然之。嘗問政之寬猛孰先，對曰：「唐家承隋苛虐，以仁厚爲先。太宗皇帝見明堂圖，始禁鞭背，列聖所循，皆尙德教。故天寶大盜竊發，俄而夷滅，蓋本朝之化，感人心之深也。」帝曰：「誠如公言。」

德輿善辨論，開陳古今本末，以覺悟人主。爲輔相，寬和不爲察察名。李吉甫再秉政，帝又自用李絳參贊大機。是時，帝切于治，事鉅細悉責宰相。吉甫、絳議論不能無持異，至帝前遽言亟辯，德輿從容不敢有所輕重，坐是罷爲本官。以檢校吏部尙書留守東都，進扶風郡公。于頔以子殺人，自囚，親戚莫敢過門，朝廷無爲請者。德輿將行，言于帝曰：「頔之罪既貸不竟，宜因賜寬詔。」帝曰：「然，卿爲吾過諭之。」復拜太常卿，徙刑部尙書。先是，詔許孟容、蔣乂刊彙格敕，既成，上之，留禁中；德輿請出其書，與侍郎劉伯芻參復研考，定三十篇奏上。復檢校吏部尙書，出爲山南西道節度使。後二年，以病乞還，卒於道，年六十，贈尙書左僕射，謚曰文。

德輿生三歲，知變四聲，四歲能賦詩，積思經術，無不貫綜。自始學至老，未曾一日去書不觀。嘗著論，辨漢所以亡，西京以張禹，東京以胡廣，大指有補於世。其文雅正贍縟，當時公卿侯王功德卓異者，皆所銘紀，十常七八。雖動止無外飾，其醞藉風流，自然可慕。貞元、元和間，爲搢紳羽儀云。

子璩，字大圭，元和初，擢進士。歷監察御史，有美稱。宰相李宗閔乃父門生，故薦爲中書舍人。時李訓挾寵，以周易博士在翰林，璩與舍人高元裕、給事中鄭肅韓佽等連章劾訓傾覆陰巧，且亂國，不宜出入禁中。不聽。及宗閔貶，璩屢表辨解，貶閬州刺史。文宗憐其母病，徙鄭州。訓誅，時人多璩明禍福大體，能世其家。

崔羣字敦詩，貝州武城人。未冠，舉進士，陸贄主貢舉，梁肅薦其有公輔才，擢甲科，舉賢良方正，授祕書省校書郎。累遷右補闕、翰林學士、中書舍人。數陳讜言，憲宗嘉納，因詔學士：「凡奏議，待羣署乃得上。」羣以「禁密之言，人人當自陳，一爲故事，後或有惡直醜正，則它學士不得上言矣」，固讓，見聽。惠昭太子薨，是時，遂王嫡，而澧王長，多內助。帝將建東宮，詔羣爲澧王作讓。羣奏：「大凡已當得則讓，不當得之，烏用讓？今遂王嫡，宜爲太子。」帝從其議。魏博田季安以五千縑助營開業佛祠，羣以爲無名之獻，不當受。有詔却之。進戶部侍郎。

元和十二年，以中書侍郎同中書門下平章事。李師道旣誅，師古等妻子沒入掖廷，帝疑，以問羣，羣請釋之，并還其奴婢貲產。鹽鐵院官權長孺坐罪抵死，其母耄，丐子以養。帝奭然欲赦之，以問宰相，羣對：「陛下幸憐其老，宜即遣使諭旨，若須出敕，無及矣。」於是免死。羣凡啓奏，平恕如此。帝嘗語宰相：「聽受之際，不亦難乎！比詔學士集前世事，爲辨謗略，以自儆鑒。其要云何？」羣對：「無情，曲直辨之至易；有情，則欺爲難審也。故孔子有衆好衆惡、浸潤膚受之說，以其難辨也。若陛下擇賢而任，待之以誠，糾之以法，則人自歸正，而不敢以欺。」帝韙其言。

處州刺史苗稷進羨錢七百萬，羣以受之失信天下，請還賜其州，以紓下戶之賦。是時，皇甫鎛言利幸於帝，陰藉左右求宰相，羣數言其佞邪不可用。旣入對，及開元、天寶事，羣因推言其極曰：「安危在出令，存亡繫所任。昔玄宗少歷屯險，更民間疾苦，故初得姚崇、宋璟、盧懷愼輔以道德，蘇頲、李元紘孜孜守正，則開元爲治。其後安于逸樂，遠正士，昵小人，故宇文融以言利進，李林甫、楊國忠怙寵朋邪，則天寶爲亂。願陛下以開元爲法，以天寶爲戒，社稷之福也。」又言：「世謂祿山反，爲治亂分時。臣謂罷張九齡，相林甫，則治亂固已分矣。」左右爲感動。羣以是諷帝，故鎛銜之。帝卒自相鎛。會羣臣上帝號，鎛欲兼用「孝德」爲號，羣獨以爲有「睿聖」，則「孝德」并見。帝聞不樂。會度支稟賜邊士不時，物多弊惡，李光顏憂甚，至欲引佩刀自決，中外皆恐。鏄奏：「邊鄙無事，乃羣鼓動，欲以買直，歸怨天子。」於是罷爲湖南觀察使。

穆宗立，以吏部侍郎召之，勞曰：「我爲太子，卿力也。」羣曰：「此先帝意，臣何力焉？且陛下向爲淮西節度使，臣起制草，其言有『能辨南陽之牘，允符東海之貴』，先帝然之，則傳付久矣。」俄拜御史大夫。未幾，檢校兵部尚書，充武寧節度使。羣以其副王智興得士心，不若假以節度，不報。智興討幽、鎭還，藉兵逐羣，羣失守，左遷祕書監，分司東都。改華州刺史，歷宣歙池觀察使，進兵部尚書，出爲荆南節度使，召拜吏部尚書。卒，年六十一，贈司空。

贊曰：聖人不畏多難，畏無難。何哉？多難之世，人人長慮而深謀，日惕于中，猶以爲未也，曰：「吾覆亡不暇，又何以安？」故能舉天下付之興，畏之也。禍難已平，上恬下嬉，施施自如曰：「賢難得，雖無賢，尙可治也；佞可去，雖存佞，不遽亂也。」視漏弗塡，忽傾弗支，偃然自慰曰：「我曷以喪？」故能舉天下付之亡，不畏也。常人所畏，聖人易之；所不畏，聖人難之。觀孝明皇帝本中主，遭變可與謀始，持成不可與共終。崔羣以爲相李林甫則治亂已分，其言信哉！是扁鵲所以誚桓侯也。

唐書卷一百六十六

列傳第九十一

賈耽　杜佑 式方 悰 孺休 慆 牧 顗　令狐楚 緒 綯 滈 定

賈耽字敦詩，滄州南皮人。天寶中舉明經，補臨淸尉。上書論事，徙太平。河東節度使王思禮署爲度支判官。累進汾州刺史，治凡七年，政有異績。召授鴻臚卿，兼左右威遠營使。俄爲山南西道節度使。梁崇義反東道，耽進屯穀城，取均州。建中三年，徙東道。德宗在梁，耽使司馬樊澤奏事。澤還，耽大置酒會諸將。俄有急詔至，以澤代耽，召爲工部尙書。耽內詔于懷，飮如故。旣罷，召澤曰：「詔以公見代，吾且治行。」敕將吏謁澤。大將張獻甫曰：「天子播越，而行軍以公命問行在，乃規旄鉞，利公土地，可謂事人不忠矣。軍中不平，請爲公殺之。」耽曰：「是何謂邪？朝廷有命，卽爲帥矣。吾今趨覲，得以君俱。」乃行，軍中遂安。

俄爲東都留守。故事，居守不出城，以耽善射，優詔許獵近郊。遷義成節度使。淄青李納雖削僞號，而陰蓄姦謀，冀有以逞。其兵數千自行營還，道出滑，或請館于外。耽曰：「與我鄰道，奈何疑之，使暴于野？」命館城中，宴廡下，納士皆心服。耽每畋，從數百騎，往往入納境。納大喜，然畏其德，不敢謀。

貞元九年，以尚書右僕射同中書門下平章事，俄封魏國公。常以方鎭帥缺，當自天子命之，若謀之軍中，則下有背向，人固不安。帝然之，不用也。順宗立，進檢校司空、左僕射。時王叔文等干政，耽病之，屢移疾乞骸骨，不許。卒，年七十六，贈太傅，謚曰元靖。

耽嗜觀書，老益勤，尤悉地理。四方之人與使夷狄者見之，必從詢索風俗，故天下地土區產、山川夷岨，必究知之。方吐蕃盛彊，盜有隴西，異時州縣遠近，有司不復傳。耽乃繪布隴右、山南九州，且載河所經受爲圖，又以洮湟甘涼屯鎭額籍、道里廣狹、山險水原爲別錄六篇，河西戎之錄四篇，上之。詔賜幣馬珍器。又圖海內華夷，廣三丈，從三丈三尺，以寸爲百里。并譔古今郡國縣道四夷述，其中國本之禹貢，外夷本班固漢書，古郡國題以墨，今州縣以朱，刊落疏舛，多所釐正。帝善之，賜予加等。或指圖問其邦人，咸得其眞。又著貞元十道錄，以貞觀分天下隸十道，在景雲爲按察，開元爲採訪，廢置升降備焉。至陰陽雜數罔不通。

其器恢然，蓋長者也，不喜臧否人物。爲相十三年，雖安危大事亡所發明，而檢身厲行，自其所長。每歸第，對賓客無少倦，家人近習，不見其喜愠。世謂淳德有常者。

杜佑字君卿，京兆萬年人。父希望，重然諾，所交游皆一時俊桀。爲安陵令，都督宋慶禮表其異政。坐小累去官。開元中，交河公主嫁突騎施，詔希望爲和親判官。信安郡王禕表署靈州別駕、關內道支度判官。自代州都督召還京師，對邊事，玄宗才之。屬吐蕃攻勃律，勃律乞歸，右相李林甫方領隴西節度，故拜希望鄯州都督，知留後。馳傳度隴，破烏莽衆，斬千餘級，進拔新城，振旅而還。擢鴻臚卿。於是置鎮西軍，希望引師部分塞下，吐蕃懼，遺書求和。希望報曰：「受和非臣下所得專。」虜悉衆爭檀泉，希望大小戰數十，俘其大酋，至莫門，焚積蓄，卒城而還。授二子官。時軍屢興，府庫虛寡，希望居數歲，芻粟金帛豐餘。宦者牛仙童行邊，或勸希望結其驩，答曰：「以貨藩身，吾不忍。」仙童還奏希望不職，下遷恆州刺史，徙西河。而仙童受諸將金事泄，抵死，畀金者皆得罪。希望愛重文學，門下所引如崔顥等皆名重當時。

佑以蔭補濟南參軍事、剡縣丞。嘗過潤州刺史韋元甫，元甫以故人子待之，不加禮。它日，元甫有疑獄不能決，試訊佑，佑爲辨處契要無不盡，元甫奇之，署司法參軍，府徙浙西、淮南，皆表置幕府。入爲工部郎中，充江淮青苗使，再遷容管經略使。楊炎輔政，歷金部郎中，爲水陸轉運使，改度支兼和糴使。於是軍興餽漕，佑得剸決。以戶部侍郎判度支。建中初，河朔兵挐戰，民困，賦無所出。佑以爲救敝莫若省用，省用則省官，乃上議曰：

漢光武建武中廢縣四百，吏率十署一；魏太和時分遣使者省吏員，正始時并郡縣；晉太元省官七百；隋開皇廢郡五百；貞觀初省內官六百員。設官之本，以治衆庶，故古者計人置吏，不肯虛設。自漢至唐，因征戰艱難以省吏員，誠救弊之切也。

昔咎繇作士，今刑部尚書、大理卿，則二咎繇也。垂作共工，今工部尚書、將作監，則二垂也。契作司徒，今司徒、戶部尚書，則二契也。伯夷爲秩宗，今禮部尚書、禮儀使，則二伯夷也。伯益爲虞，今虞部郎中、都水使者，則二伯益也。伯冏爲太僕，今太僕卿、駕部郎中、尚輦奉御、閑廄使，則四伯冏也。古天子有六軍，漢前後左右將軍四人，今十二衞、神策八軍，凡將軍六十員。舊名不廢，新資日加。且漢置別駕，隨刺史巡察，猶今觀察使之有副也。參軍者，參其府軍事，猶今節度判官也。官名職務，直遷易不同爾，詎有事實哉？誠宜斟酌繁省。欲致治者先正名。神龍中，官紀蕩然，有司大集選者，既無闕員，則置員外官二千人，自是以爲常。當開元、天寶中，四方無虞，編戶九百餘萬，帑藏豐溢，雖有浮費，不足爲憂。今黎苗凋瘵，天下戶百三十萬，陛下詔使者按比，纔得三百萬，比天寶三分之一，就中浮寄又五之二，出賦者已耗，而食之者如舊，安可不革？

議者以天下尙有跋扈不廷，一省官吏，被罷者皆往托焉。此常情之說，類非至論。且才者薦用，不才者何患其亡，又況顧姻戚家産哉！建武時公孫述、隗囂未滅，太和、正始、太元時吳、蜀鼎立，開皇時陳尙割據，皆羅取俊乂，猶不慮失人以資敵。今田悅輩繁刑暴賦，惟軍是卹，遇士人如奴，固無范睢業秦、賈季彊狄之患。若以習久不可遽改，且應權省別駕、參軍、司馬，州縣額內官，約戶置尉。當罷者，有行義，在所以聞；不如狀，舉者當坐；不爲人舉者，任參常調。亦何患哉？如魏置柱國，當時宿德盛業者居之，貴寵第一，周、隋間授受已多，國家以爲勳級，纔得地三十頃耳。又開府儀同三司、光祿大夫，亦官名，以其太多，回作階級。隨時立制，遇弊則變，何必因循憚改作耶？

議入，不省。

盧杞當國，惡之，出爲蘇州刺史。前刺史母喪解，佑母在，辭不行，改饒州。俄遷嶺南節度使。佑爲開大衢，疏析廛閈，以息火災。朱厓黎民三世保險不賓，佑討平之。召拜尙書右丞。俄出爲淮南節度使，以母喪解，詔不許。

徐州節度使張建封卒，軍亂，立其子愔，請于朝，帝不許，乃詔佑檢校尚書左僕射、同中書門下平章事，節度徐泗討定之。佑具舠艦，遣屬將孟準度淮擊徐，不克，引還。佑於出師應變非所長，因固境不敢進，乃詔授愔徐州節度使，析濠、泗二州隸淮南。初，佑決雷陂以廣灌溉，斥海瀕棄地爲田，積米至五十萬斛，列營三十區，士馬整飭，四鄰畏之；然寬假僚佐，故南宮僔、李亞、鄭元均至爭權亂政，帝爲佑斥去之。

十九年，拜檢校司空、同中書門下平章事。德宗崩，詔攝冢宰。進檢校司徒，兼度支鹽鐵使。於是王叔文爲副，佑既以宰相不親事，叔文遂專權。後叔文以母喪還第，佑有所按決，郎中陳諫請須叔文，佑曰：「使不可專耶？」乃出諫爲河中少尹。叔文欲搖東宮，冀佑爲助，佑不應，乃謀逐之，未決而敗。佑更薦李巽以自副。憲宗在諒闇，復攝冢宰，盡讓度支鹽鐵於巽。始，度支嗇用度，多署吏權攝百司，繁而不綱；佑以營繕還將作，木炭歸司農，湅染還少府，職務簡脩。明年，拜司徒，封岐國公。

党項陰導吐蕃爲亂，諸將邀功，請討之，佑以爲無良邊臣，有爲而叛，卽上疏曰：

昔周宣中興，獫狁爲害，追之太原，及境而止，不欲弊中國，怒遠夷也。秦恃兵力，北拒匈奴，西逐諸羌，結怨階亂，實生謫戍。蓋聖王之治天下，惟欲綏靜生人，西至于流沙，東漸于海，在北與南，止存聲教，豈疲內而事外耶？昔馮奉世矯詔斬莎車王，傳首京師，威震西域，宣帝議加爵土，蕭望之獨謂矯制違命，雖有功不可爲法，恐後奉使者爲國家生事夷狄。比突厥默啜寇害中國，開元初，郝靈佺捕斬之，自謂功莫與二，宋璟慮邊臣由此邀功，但授郎將而已，繇是訖開元之盛，不復議邊，中國遂安。此成敗鑒戒之不遠也。

党項小蕃，與中國雜處，間者邊將侵刻，利其善馬子女，斂求繇役，遂致叛亡，與北狄西戎相誘盜邊。傳曰：「遠人不服，則脩文德以來之。」管仲有言：「國家無使勇猛者爲邊境。」此誠聖哲識微知著之略也。今戎醜方彊，邊備未實，誠宜愼擇良將，使之完輯，禁絕誅求，示以信誠，來則懲禦，去則謹備。彼當懷柔，革其姦謀。何必亟興師役，坐取勞費哉？

帝嘉納之。

歲餘，乞致仕，不聽，詔三五日一入中書，平章政事。佑每進見，天子尊禮之，官而不名。後數年，固乞骸骨，帝不得已，許之，仍拜光祿大夫、守太保致仕，俾朝朔望，遣中人錫予備厚。元和七年卒，年七十八，册贈太傅，謚曰安簡。

佑資嗜學，雖貴猶夜分讀書。先是，劉秩摭百家，侔周六官法，爲政典三十五篇，房琯稱才過劉向。佑以爲未盡，因廣其闕，參益新禮爲二百篇，自號通典，奏之，優詔嘉美，儒者服其書約而詳。

爲人平易遜順，與物不違忤，人皆愛重之，方漢胡廣，然練達文采不及也。朱坡樊川，頗治亭觀林芿，鑿山股泉，與賓客置酒爲樂。子弟皆奉朝請，貴盛爲一時冠。天性精於吏職，爲治不皦察，數斡計賦，相民利病而上下之，議者稱佑治行無缺。惟晚年以妾爲夫人，有所蔽云。

子式方。

式方字考元，以蔭授揚州參軍事。再遷太常寺主簿，考定音律，卿高郢稱之。佑旣相，出爲昭應令，遷太僕卿。子悰，尙公主。式方以右戚，輒病不視事。穆宗立，授桂管觀察使。弟從郁痼疾，躬爲營方藥羞膳，及死，期而泣，世稱其篤行。卒，贈禮部尙書。

從郁，元和初爲左補闕，崔羣等以宰相子爲嫌，再徙祕書丞。終駕部員外郎。子牧。

悰字永裕，以門蔭三遷太子司議郎。權德輿爲相，其婿翰林學士獨孤郁以嫌自白。憲宗見郁文雅，歎曰：「德輿有婿乃爾！」時岐陽公主，帝愛女。舊制，選多戚里將家，帝始詔宰相李吉甫擇大臣子，皆辭疾，唯悰以選召見麟德殿。禮成，授殿中少監、駙馬都尉。大和初，由澧州刺史召爲京兆尹，遷鳳翔忠武節度使。入爲工部尙書，判度支。會公主薨，悰久不謝，文宗怪之。戸部侍郎李珏曰：「比駙馬都尉皆爲公主服斬衰三年，故悰不得謝。」帝矍然，始詔杖而期，著于令。

會昌初，爲淮南節度使。武宗詔揚州監軍取倡家女十七人進禁中，監軍請悰同選，又欲閱良家有姿相者，悰曰：「吾不奉詔而輒與，罪也。」監軍怒，表于帝。帝以悰有大臣體，乃詔罷所進伎，有意倚悰爲相矣。踰年，召拜檢校尙書右僕射、同中書門下平章事，仍判度支。劉稹平，進左僕射、兼門下侍郎。未幾，以本官罷，出爲劍南東川節度使，徙西川，復鎭淮南。時方旱，道路流亡藉藉，民至漉漕渠遺米自給，呼爲「聖米」，取陂澤茭蒲實皆盡，悰更表以爲祥。獄囚積數百千人，而荒湎宴適不能事。罷，兼太子太傅，分司東都。踰歲，起爲留守，復節度劍南西川。召爲右僕射，判度支，進兼門下侍郎同平章事。

始，宣宗世，夔王以下五王處大明宮內院，而鄆王居十六宅。帝大漸，樞密使王歸長、馬公儒等以遺詔立夔王，而左軍中尉王宗實等入殿中，以爲歸長等矯詔，乃迎鄆王立之，是爲懿宗。久之，遣樞密使楊慶詣中書，獨揖悰，它宰相畢諴、杜審權、蔣伸不敢進，乃授悰中人請帝監國奏，因諭悰劾大臣名不在者抵罪。悰遽封授使者復命，謂慶曰：「上踐祚未久，君等秉權，以愛憎殺大臣，公屬禍無日矣。」慶色沮去，帝怒亦釋，大臣遂安。未幾，册拜司空，封邠國公，以檢校司徒爲鳳翔、荆南節度使，加兼太傅。會黔南觀察使秦匡謀討蠻，兵敗，奔于悰，悰囚之，劾不能伏節，有詔斬之。悰不意其死，駭愕得疾卒，年八十，贈太師。葬日，詔宰相百官臨奠。

悰於大議論往往有所合，然才不周用。雖出入將相，而厚自奉養，未嘗薦進幽隱，佑之素風衰焉，故時號「禿角犀」。

子裔休，懿宗時歷翰林學士、給事中，坐事貶端州司馬。弟孺休，字休之。累擢給事中。大順初，錢鏐遣弟銶率兵擊徐約於蘇州，破之，以海昌都將沈粲行刺史事，而昭宗更命孺休爲之，以粲爲制置指揮使。鏐不悅，密遣粲害焉。始，孺休見攻也，曰：「勿殺我，當與爾金。」粲曰：「殺爾，金焉往？」與兄述休同死。

悰弟愔。

愔，咸通中爲泗州刺史。會龐勛反，圍城，處士辛讜自廣陵來見愔，勸出家屬，獨以身守。愔曰：「吾出百口求生，衆心搖矣，不如與將士生死共之。」衆聞皆泣下。愔之聞難，完濬城隍，閱器械無不具。

賊將李圓易愔，馳勇士百人欲入封府庫，愔爲好言厚禮迎勞，賊不虞愔之謀也。明日，伏甲士三百，宴毬場，賊皆殲焉。圓怒，傅城戰。愔殺數百人，圓退壁城西。勛聞，益其兵，而以書射城中促降。會夜，愔擊鼓乘城大呼，圓氣奪，奔還徐州。未幾，賊焚淮口，晝夜戰不息，讜乃請救於戍將郭厚本，賊解去。浙西節度使杜審權遣將以兵千人來援，反爲圓軍所包，一軍盡沒。愔使人間道走京師，詔戴可師以沙陀、吐渾兵二萬招討。淮南節度使令狐綯遣牙將李湘屯淮口，與郭厚本合，爲圓所敗，湘等並沒，於是援絕。賊乃以鐵鎖絕淮流，梯衝乘城。糧盡，爲薄饘以給。懿宗遣使加愔檢校右散騎常侍，勉以堅守。勛遣圓入城見愔約降，愔怒殺之。勛復遺之書，愔答書言安祿山、朱泚等終底覆滅者，以陰擕其黨。勛累攻不得志，招討使馬舉率兵至，遂解去。

圍凡十月，愔拊循士，皆殊死奮，而辛讜冒圍出入，糾輯援師，卒完一州，時稱爲難。賊平，愔遷義成軍節度使，檢校兵部尚書，卒。

牧字牧之，善屬文。第進士，復舉賢良方正。沈傳師表爲江西團練府巡官，又爲牛僧孺淮南節度府掌書記。擢監察御史，移疾分司東都，以弟顗病棄官。復爲宣州團練判官，拜殿中侍御史內供奉。

是時，劉從諫守澤潞，何進滔據魏博，頗驕蹇不循法度。牧追咎長慶以來朝廷措置亡術，復失山東，鉅封劇鎮，所以繫天下輕重，不得承襲輕授，皆國家大事，嫌不當位而言，實有罪，故作罪言。其辭曰：

生人常病兵，兵祖於山東，羨於天下。不得山東，兵不可死。山東之地，禹畫九土曰冀州，舜以其分太大，離爲幽州，爲幷州。程其水土，與河南等，常重十一二，故其人沈鷙多材力，重許可，能辛苦。魏、晉以下，工機纖雜，意態百出，俗益卑弊，人益脆弱，唯山東敦五種，本兵矢，他不能蕩而自若也。產健馬，下者日馳二百里，所以兵常當天下。冀州，以其恃彊不循理，冀其必破弱；雖已破，冀其復彊大也。幷州，力足以幷吞也。幽州，幽陰慘殺也。聖人因以爲名。

黃帝時，蚩尤爲兵階，自後帝王多居其地。周劣齊霸，不一世，晉大，常傭役諸侯。至秦萃銳三晉，經六世乃能得韓，遂折天下脊；復得趙，因拾取諸國。韓信聯齊有之，故蒯通知漢、楚輕重在信。光武始於上谷，成於鄗。魏武舉官渡，三分天下有其二。晉亂胡作，至宋武號英雄，得蜀，得關中，盡有河南地，十分天下之八，然不能使一人度河以窺胡。至高齊荒蕩，宇文取之，隋文因以滅陳，五百年間，天下乃一家。隋文非宋武敵也，是宋不得山東，隋得山東，故隋爲王，宋爲霸。由此言之，山東，王者不得不爲王，霸者不得不爲霸，猾賊得之，足以致天下不安。

天寶末，燕盜起，出入成皋、函、潼間，若涉無人地。郭、李輩兵五十萬，不能過鄴。自爾百餘城，天下力盡，不得尺寸，人望之若回鶻、吐蕃，義無敢窺者。國家因之畦河脩障戍，塞其街蹊。齊、魯、梁、蔡被其風流，因亦爲寇。以裏拓表，以表撑裏，混澒回轉，顛倒横邪，未嘗五年間不戰。生人日頓委，四夷日日熾，天子因之幸陝，幸漢中，焦焦然七十餘年。運遭孝武，澣衣一肉，不畋不樂，自卑冗中拔取將相，凡十三年，乃能盡得河南、山西地，洗削更革，罔不能適。唯山東不服，亦再攻之，皆不利。豈天使生人未至於怗泰邪？豈人謀未至邪？何其艱哉！

今日天子聖明，超出古昔，志於平治。若欲悉使生人無事，其要先去兵。不得山東，兵不可去。今者，上策莫如自治。何者？當貞元時，山東有燕、趙、魏叛，河南有齊、蔡叛，梁、徐、陳、汝、白馬津、盟津、襄、鄧、安、黄、壽春皆戍厚兵，十餘所纔足自護治所，實不輟一人以他使，遂使我力解勢弛，熟視不軌者，無可奈何。階此，蜀亦叛，吳亦叛，其他未叛者，迎時上下，不可保信。自元和初至今二十九年間，得蜀，得吳，得蔡，得齊，收郡縣二百餘城，所未能得，唯山東百城耳。土地人戶，財物甲兵，較之往年，豈不綽綽乎？亦足自以爲治也。法令制度，品式條章，果自治乎？賢才姦惡，搜選置捨，果自治乎？障戍鎭守，干戈車馬，果自治乎？井閭阡陌，倉廩財賦，果自治乎？如不果自治，是助虜爲虜。環土三千里，植根七十年，復有天下陰爲之助，則安可以取？故曰上策莫如自治。中策莫如取魏。魏於山東最重，於河南亦最重。魏在山東，以其能遮趙也。既不可越魏以取趙，固不可越趙以取燕。是燕、趙常取重於魏，魏常操燕、趙之命。故魏在山東最重。黎陽距白馬津三十里，新鄉距盟津一百五十里，陴壘相望，朝駕暮戰，是二津虜能潰一，則馳入成皋，不數日間。故魏於河南亦最重。元和中，舉天下兵誅蔡，誅齊，頓之五年，無山東憂者，以能得魏也。昨日誅滄，頓之三年，無山東憂，亦以能得魏也。長慶初誅趙，一日五諸侯兵四出潰解，以失魏也。昨日誅趙，罷如長慶時，亦以失魏也。故河南、山東之輕重在魏。非魏彊大，地形使然也。故曰取魏爲中策。最下策爲浪戰，不計地勢，不審攻守是也。兵多粟多，驅人使戰者，便於守；兵少粟少，人不驅自戰者，便於戰。故我常失於戰，虜常困於守。山東叛且三五世，後生所見言語舉止，無非叛也，以爲事理正當如此，沈酣入骨髓，無以爲非者，至有圍急食盡，啖屍以戰。以此爲俗，豈可與決一勝一負哉？自十餘年凡三收趙，食盡且下。郗士美敗，趙復振；杜叔良敗，趙復振；李聽敗，趙復振。故曰不計地勢，不審攻守，爲浪戰，最下策也。

累遷左補闕、史館修撰，改膳部員外郎。宰相李德裕素奇其才。會昌中，黠戛斯破回鶻，回鶻種落潰入漠南，牧說德裕不如遂取之，以爲：「兩漢伐虜，常以秋冬，當匈奴勁弓折膠，重馬免乳，與之相校，故敗多勝少。今若以仲夏發幽、并突騎及酒泉兵，出其意外，一舉無類矣。」德裕善之。會劉稹拒命，詔諸鎭兵討之，牧復移書於德裕，以「河陽西北去天井關彊百里，用萬人爲壘，窒其口，深壁勿與戰。成德軍世與昭義爲敵，王元逵思一雪以自奮，然不能長驅徑擣上黨，其必取者在西面。今若以忠武、武寧兩軍益青州精甲五千、宣潤弩手二千，道絳而入，不數月必覆賊巢。昭義之食，盡仰山東，常日節度使率留食邢州，山西兵單少，可乘虛襲取。故兵聞拙速，未睹巧之久也」。俄而澤潞平，略如牧策。歷黃、池、睦三州刺史，入爲司勳員外郎，常兼史職。改吏部，復乞爲湖州刺史。踰年，以考功郎中知制誥，遷中書舍人。

牧剛直有奇節，不爲齪齪小謹，敢論列大事，指陳病利尤切至。少與李甘、李中敏、宋邧善，其通古今，善處成敗，甘等不及也。牧亦以疏直，時無右援者。從兄悰更歷將相，而牧回躓不自振，頗怏怏不平。卒，年五十。初，牧夢人告曰：「爾應名畢。」復夢書「皎皎白駒」字，或曰「過隙也」。俄而炊甑裂，牧曰：「不祥也。」乃自爲墓誌，悉取所爲文章焚之。

牧於詩，情致豪邁，人號爲「小杜」，以別杜甫云。

顗字勝之，幼病目，母禁其爲學。舉進士，禮部侍郎賈餗語人曰：「得杜顗足敵數百人。」授祕書省正字。李德裕奏爲浙西府賓佐。德裕貴盛，賓客無敢忤，惟顗數諫正之。及謫袁州，歎曰：「門下愛我皆如顗，吾無今日。」大和末，召爲咸陽尉，直史館。常語人曰：「李訓、鄭注必敗。」行未及都，聞難作，卽辭疾歸。顗亦善屬文，與牧相上下。竟以喪明卒。

令狐楚字殼士，德棻之裔也。生五歲，能爲辭章。逮冠，貢進士，京兆尹將薦爲第一，時許正倫輕薄士，有名長安間，能作蜚語，楚嫌其爭，讓而下之。既及第，桂管觀察使王拱愛其材，將辟楚，懼不至，乃先奏而後聘。雖在拱所，以父官幷州不得奉養，未嘗豫宴樂。滿歲謝歸。李說、嚴綬、鄭儋繼領太原，高其行，引在幕府，由掌書記至判官。德宗喜文，每省太原奏，必能辨楚所爲，數稱之。儋暴死，不及占後事，軍大讙，將爲亂。夜十數騎挺刃邀取楚，使草遺奏，諸將圜視，楚色不變，秉筆輒就，以偏示士，皆感泣，一軍乃安。由是名益重。以親喪解，既除，召授右拾遺。

憲宗時，累擢職方員外郎，知制誥。其爲文，於牋奏制令尤善，每一篇成，人皆傳諷。皇甫鎛以言利幸，與楚、蕭俛皆厚善，故薦于帝。帝亦自聞其名，召爲翰林學士，進中書舍人。方伐蔡，久未下，議者多欲罷兵，帝獨與裴度不肯赦。元和十二年，度以宰相領彰義節度使，楚草制，其辭有所不合，度得其情。時宰相李逢吉與楚善，皆不助度，故帝罷逢吉，停楚學士，但爲中書舍人。俄出爲華州刺史。後它學士比比宣事不切旨，帝抵其草，思楚之才。

鎛既相，擢楚河陽懷節度使，代烏重胤。始，重胤徙滄州，以河陽士三千從，士不樂，半道潰歸，保北城，將轉掠旁州。楚至中潬，以數騎自往勞之。衆甲而出，見楚不疑，乃皆降。楚斬其首惡，衆遂定。度出太原，鎛薦楚爲中書侍郎、同中書門下平章事。穆宗即位，進門下侍郎。鎛得罪，時謂楚緣鎛以進，且嘗逐裴度，天下所共疾，會蕭俛輔政，乃不敢言。方營景陵，詔楚爲使，而親吏韋正牧、奉天令于翬等不償傭錢十五萬緡，楚獻以爲羨餘，怨訴係路。詔捕翬等下獄誅，出楚爲宣歙觀察使。俄貶衡州刺史，再徙，以太子賓客分司東都。長慶二年，擢陜虢觀察使，諫官論執不置，楚至陜一日，復罷還東都。

會逢吉復相，力起楚，以李紳在翰林沮之，不克。敬宗立，逐出紳，即拜楚爲河南尹。遷宣武節度使。汴軍以驕故，而韓弘弟兄務以峻法繩治，士偷于安，無革心。楚至，解去酷烈，以仁惠鐫諭，人人悅喜，遂爲善俗。入爲戶部尚書，俄拜東都留守，徙天平節度使。始，汴、鄆帥每至，以州錢二百萬入私藏，楚獨辭不取。又毀李師古園檻僭制者。久之，徙節河東。召爲吏部尚書，檢校尚書右僕射。故事，檢校官重，則從其班，楚以吏部自有品，固辭，有詔嘉允。俄兼太常卿，進拜左僕射、彭陽郡公。

會李訓亂，將相皆繫神策軍。文宗夜召楚與鄭覃入禁中，楚建言：「外有三司御史，不則大臣雜治，內仗非宰相繫所也。」帝頷之。既草詔，以王涯、賈餗冤，指其罪不切，仇士良等怨之。始，帝許相楚，乃不果，更用李石，而以楚爲鹽鐵轉運使。先是，鄭注奏建榷茶使，王涯又議官自治園植茶，人不便，楚請廢使，如舊法，從之。元和中，出禁兵畀左右街使衞宰相入朝，至建福門。及是亂，乃罷。楚即奏：「鎭帥初拜，必戎服屬仗詣省謁辭，本於鄭注，實爲亂兆，故王璠、郭行餘驅將吏，蹀血京師，所宜停止。」詔可。開成元年上巳，賜羣臣宴曲江。楚以新誅大臣，暴骸未收，怨沴感結，稱疾不出，乃請給衣衾櫬櫝，以斂刑骨，順陽氣。是時，政在宦豎，數上疏辭位，拜山南西道節度使。卒，年七十二，贈司空，謚曰文。

楚外嚴重不可犯，而中寬厚，待士有禮。客以星步鬼神進者，一不接。爲政善撫御，治有績，人人得所宜。疾甚，諸子進藥，不肯御，曰：「士固有命，何事此物邪？」自力爲奏謝天子，召門人李商隱曰：「吾氣魄且盡，可助我成之。」其大要以甘露事誅譴者衆，請霽威，普見昭洗。辭致曲盡，無所謬脫。書已，敕諸子曰：「吾生無益於時，無請謚，勿求鼓吹，以布車一乘葬，銘誌無擇高位。」是夕，有大星霣寢上，其光燭廷。坐與家人訣，乃終。有詔停鹵簿以申其志。

子緒、綯，顯于時。

緒以蔭仕，歷隋、壽、汝三州刺史，有佳政。汝人請刻石頌德，緒以綯當國，固讓。宣宗嘉其意，乃止。

綯字子直，舉進士，擢累左補闕、右司郎中。出爲湖州刺史。

大中初，宣宗謂宰相白敏中曰：「憲宗葬，道遇風雨，六宮百官皆避，獨見頎而髯者奉梓宮不去，果誰耶？」敏中言：「山陵使令狐楚。」帝曰：「有子乎？」對曰：「緒少風痹，不勝用。綯今守湖州。」因曰：「其爲人，宰相器也。」卽召爲考功郎中，知制誥。入翰林爲學士。它夜，召與論人間疾苦，帝出金鏡書曰：「太宗所著也，卿爲我舉其要。」綯擿語曰：「至治未嘗任不肖，至亂未嘗任賢。任賢，享天下之福；任不肖，罹天下之禍。」帝曰：「善，朕讀此常三復乃已。」綯再拜曰：「陛下必欲興王業，捨此孰先？詩曰：『惟其有之，是以似之。』」進中書舍人，襲彭陽男。遷御史中丞，再遷兵部侍郎。還爲翰林承旨。夜對禁中，燭盡，帝以乘輿、金蓮華炬送還，院吏望見，以爲天子來。及絢至，皆驚。俄同中書門下平章事，輔政十年。懿宗嗣位，由尚書左僕射、門下侍郎册拜司空。未幾，檢校司徒平章事，爲河中節度使。徙宣武，又徙淮南副大使。安南平，以饋運勞，封涼國公。

龐勛自桂州還，道浙西白沙入濁河，剽舟而上。絢聞，遣使慰撫，且餽之。裨將李湘曰：「徐兵擅還，果反矣，雖未有詔，一切制亂，我得專之。今其兵不二千，而廣舟艦，張旗幟，示侈於人，其畏我甚。高郵厓峭水狹，若使荻艚火其前，勁兵乘其後，一舉可覆。不然，使得絕淮泗，合徐之不逞，禍亂滋矣。」絢懦緩不能用，又自以不奉詔，因曰：「彼不爲暴，聽其度淮，何豫我哉？」勛還，果盜徐州，其衆六七萬。徐乏食，分兵攻滁、和、楚、壽，陷之，糧盡，啖人以飽。詔絢爲徐州南面招討使。賊方攻泗州，杜慆堅守，絢命湘率兵五千救之。勛謾辭謝絢曰：「數蒙赦，所以未即降者，一二將爲異耳，願圖去之，以身聽命。」絢喜，即請假勛節，而勅湘曰：「賊已降，弟謹戍淮口，無庸戰。」湘乃徹警釋械，日與勛衆歡言。後賊乘間直襲湘壘，悉俘而食之，醢湘及監軍郗厚本。時浙西杜審權使票將翟行約率千兵與湘會，未至而湘覆，賊僞建淮南旌幟誘之，亦皆陷。

絢既師敗，乃以左衞大將軍馬舉代之。以絢爲太子太保，分司東都。僖宗初，拜鳳翔節度使。頃之，就加同平章事，徙封趙。卒，年七十八，贈太尉。

子滈、渙、渢。

滈避嫌不舉進士。綯輔政，而滈與鄭顥爲姻家，怙勢驕偃，通賓客，招權，以射取四方貨財，皆側目無敢言。懿宗嗣位，數爲人白發其罪，故綯去宰相。因丐滈與羣進士試有司，詔可，是歲及第。諫議大夫崔瑄劾奏綯以十二月去位，而有司解牒盡十月，屈朝廷取士法爲滈家事，請委御史按實其罪。不聽。滈乃以長安尉爲集賢校理。稍遷右拾遺、史館脩撰。詔下，左拾遺劉蛻、起居郎張雲交疏指其惡，且言：「綯用李琢爲安南都護，首亂南方，贓虐流著，使天下兵戈調斂不給。琢本進賂于滈，滈爲人子，陷綯於惡，顧可爲諫臣乎？」又劾：「綯，大臣，當調護國本，而大中時，乃引諫議大夫豆盧籍、刑部侍郎李鄴爲夔王等侍讀，亂長幼序，使先帝貽厥之謀幾不及陛下。且滈居當時，謂之『白衣宰相』。滈未嘗舉進士，而妄言已解，使天下謂無解及第，不已罔乎？」滈亦懼，求換它官，改詹事府司直。綯方守淮南，上奏自治，帝爲貶雲爲興元少尹，蛻華陰令。滈亦湮沉不振死。

渙、渢皆舉進士，渙終中書舍人。

定字履常，楚弟。及進士第。大和末，以駕部郎中爲弘文館直學士。李訓亂，王遐休方以是日就職，定往賀，爲神策軍幷收，欲殺者屢矣，已而免。終桂管觀察使。

贊曰：耽、佑、楚皆惇儒，大衣高冠，雍容廟堂，道古今，處成務，可也；以大節責之，蓋碈中而玉表歟！悰、綯世當國，亦無足譏。牧論天下兵曰：「上策莫如自治。」賢矣哉！

唐書卷一百六十七

列傳第九十二

白志貞　裴延齡　崔損　韋渠牟　李齊運　李實
皇甫鎛鏞　王播起　龜　式

白志貞者，本名琇珪，故太原史也。事節度使李光弼，硜硜自力，有智數，光弼善之，使與帳下議。代宗素聞，及光弼卒，擢累司農卿。在官十年，德宗以爲敏，遂倚腹心，進授神策軍使，賜今名。有所建白，善窺億帝指，故言無不從。

從狩奉天，以爲行在都知兵馬使。懼李懷光暴其惡，乃與趙贊、盧杞等抑懷光不使朝。懷光反，論斥其姦，貶恩州司馬，贊播州司馬。稍徙閬州別駕。貞元二年，起爲果州刺史，宰相李勉固諫，不許。明年，拜浙西觀察使，死于官。

裴延齡，河中河東人。乾元末，爲汜水尉，賊陷東都，去客江夏。華州刺史董晉表署判官，稍遷太常博士。盧杞秉政，引爲膳部員外郎、集賢院直學士。崔造表知東都度支院。召爲祠部郎中，不待命，輒還集賢院。宰相張延賞疾其易，出爲昭應令。與尉交訴所賕，京兆尹鄭叔則佑尉，而御史中丞竇參善延齡，卒逐尹。德宗用參輔政，卽擢延齡司農少卿。會班宏卒，假領度支。延齡素不善財計，乃廣鉤距，取宿姦老吏與謀，以固帝幸。因建言：「左藏，天下歲入不貲，耗登不可校，請列別舍，以檢盈虛。」於是以天下宿負八百萬緡析爲負庫，抽貫三百萬緡爲賸庫，樣物三十萬緡爲季庫，帛以素出、以色入者爲月庫。帝皆可之。然天下負皆窮人，償入無期，抽貫與給皆盡；樣物與帛固有籍，延齡但多其簿最吏員以詭帝，於財用無所加也。俄以戶部侍郎爲眞。又請以京兆苗錢市草千萬，俾民輸諸苑。宰相陸贄等以爲非是，不從。京右偏故有萑葦地數頃，延齡妄言：「長安、咸陽間，得陂芀數百頃，願以爲內廄牧地，水甘草薦與苑廄等。」帝信之，以問宰相，皆曰：「當無有。」帝遣使按覆，果詐，延齡大慚，帝不責也。

京兆積歲和市不得直，尹李充請之官，延齡誣其妄，反令還輸，號曰「底折錢」。嘗請斂財以實府，帝曰：「安得而實之？」延齡曰：「開元、天寶間，戶口繁息，百司務殷，官且有缺者，比兵興，戶不半在，今一官治數司足矣。請後官闕不即補，收其稟以實帑簿，」

它日，帝謂延齡曰：「朕所居浴堂殿，一棟將壓，念易之，未能也。」延齡曰：「宗廟至重，殿棟微矣。且陛下本分錢，用之亡窮，何所難哉？」帝驚曰：「本分錢奈何？」對曰：「此在經誼，愚儒不能知，臣能言之。按禮，天下賦三之：一以充乾豆，一以事賓客，一君之庖廚。陛下奉宗廟，能竭天下賦三之一乎？鴻臚禮賓，勞予四夷，用十一爲有贏。陛下所御饔餼簡儉，以所餘爲百官稟料殘錢，未盡也，則所不盡者爲本分錢。以治殿數十尚不乏，況一棟哉！」帝頷曰：「人未嘗爲朕言之。」又造神龍佛祠，須材五十尺者。延齡妄奏：「同州得大谷，木數千章，度皆八十尺。」帝曰：「吾聞開元時，近山無巨木，求之嵐、勝間。今何地之近，材之良邪？」延齡曰：「異材瑰產，處處有之，待聖主乃出。今生近輔，豈開元所當得也！」帝悅。

是時，陸贄爲宰相，帝素所信重，極論其譎妄不可任，帝以爲排娼，愈益厚延齡。贄上疏列其狀，具言：「延齡嘗奏句獲乾隱二千萬緡，請舍別庫爲羨餘，供天子私費，故上之興作廣，宣索多矣。延齡欲實其言，乃大搜市廛，奪所入獻，逮捕匠徒，迫脅就功，號曰『敕索』，弗讎其直，名曰『和雇』，弗與之庸。又度支出納，與太府交相關制，出物旬計，見物月計，符桉覆覈，有御史以監董之，則財用不得回隱。延齡乃言掊糞土得銀十三萬兩，它貨且百萬，已棄而獲，皆羨餘也，悉移舍以供別敕。太府卿韋少華劾其妄，陛下縱之不爲治，此乃侵削兆民，爲天子取怨于下。」又引建中橫斂多積致播遷者，其言甚深切。帝得奏不悅。會鹽鐵使張滂、京兆尹李充、司農卿李銛皆指延齡專以險僞罔上，帝怒，乃罷贄宰相，左除滂等官。

時大旱，人情愁惴。延齡言：「贄等失權怨望，顯言歲饑民流、度支糧芻乏以激怒衆士。」它日，帝畋苑中，而神策軍訴度支不賦廏芻者，天子惑延齡言，乃下詔斥逐贄等，朝廷震恐。延齡又捕充所善吏張忠榜掠之，誣充「沒官錢五十萬緡，以餌結權幸，令妻以犢車載金餉贄」。忠具獄，其母投訴光順門匭，有詔御史審劾，一夕得狀，乃釋忠。延齡不得逞，復奏充妄用京兆錢穀，願下有司比句，以比部郎中崔元翰欲釋憾於贄也。賴刑部侍郎奚陟辨治，充等得不冤。

延齡資苛刻，又劫于利，專剝下附上，肆騁譎怪。其進對，皆他人莫敢言，而延齡言之不疑，亦人之所未聞者。帝頗知其詐，但以其不隱，欲聞外事，故斷用不疑。延齡恃得君，謂必輔政，少所降下，至嫚駡邇臣，時人側目。屬疾臥第，載度支官物輸之家，無敢言。帝念之，使者日三輩往。死，年六十九。人語以相安，唯帝悼不已。册贈太子太傅、上柱國。永貞初，度支建言：「延齡曩列別庫分藏正物，無實益而有吏文之煩。」乃詔復以還左藏。

元和中，有司謚曰繆。

崔損字至無，系本博陵。大曆末，中進士、博學宏辭，補校書郎、咸陽尉。避親，改大理評事。累勞至右諫議大夫。于時，宰相趙憬卒，盧邁屬疾，裴延齡素善損，薦之德宗。貞元十二年，以本官同中書門下平章事。始，中書虛位十日，議者謂選有德，及用損，中外悵失。而損性齪齪能自將，延英進見，不敢出一言及天下事。踰年，進門下侍郎。嘗以疾臥家久，賜絹三百爲醫藥費。

損無卓卓稱于人者，而歷二省華要至宰相。母殯而不葬，亦不展殯；女兄爲尼，沒不臨喪。建中後，宰相無久任者，損以便柔遜愿中帝意，乃留八年。帝亦知公議病其持祿，然憐遇彌渥。卒，贈太子太傅，謚曰靖。

韋渠牟，京兆萬年人，工部侍郎述從子也。少警悟，工爲詩，李白異之，授以古樂府。去爲道士，不終，更爲浮屠，已而復冠。浙西韓滉表試校書郎，進至四門博士。

貞元十二年，德宗誕日，詔給事中徐岱、兵部郎中趙需、禮部郎中許孟容與渠牟及佛老二師並對麟德殿，質問大趣。渠牟有口辯，雖於三家未究解，然答問鋒生，帝聽之意動。遷祕書郎，進詩七百言，未浹旬，擢右補闕內供奉。始，同列易之，後數遣中人專召渠牟，由是皆屬目。歲中，至諫議大夫。大抵延英對，雖大臣率漏下二三刻止，渠牟每奏事，輒五六刻乃罷，天子歡甚。渠牟爲人佻躁，志向浮淺，不根於道德仁義，特用憸巧中帝意，非有嘉謨正辭感悟得君也。

自陸贄免，帝躬攬庶政，不復委權于下，宰相取充位、行文書而已，至守宰、御史，皆自推簡。然處深宮，所倚而信者裴延齡、李齊運、王紹、李實、韋執誼與渠牟等，其權侔人主。延齡、實皆姦虐，紹無所建明。渠牟後出，望最輕，張恩勢以動天下，召崔芊于茅山，超鄭隨布衣至補闕，引醴泉令馮伉爲給事中、太子侍讀。帝既偏于任聽，士之浮競甘進者爭出其門，赫然勢焰可炙。再擢太常卿。卒，年五十三，贈刑部尚書，謚曰忠。所論著甚多，傳于時。

李齊運者，蔣王惲孫。始補寧王府東閤祭酒，擢累監察御史，復辟江淮都統李峘府。

由工部郎中爲長安令，政頗脩辦。宗正少卿李瀚從子有所訟，齊運於瀚爲卑行，而不禮訟者。瀚怒，辱諸朝，齊運以聞，代宗貶瀚。由是稍擢京兆少尹。出爲河中尹、晉絳慈隰觀察使。

德宗出狩，李懷光還兵奔難，晝夜馳，及河中，士罷困，乃休三日。齊運悉所賦勞軍，牛酒豐甘，人人喜悅。及懷光反，還守河中，齊運棄城走。詔拜京兆尹。時李晟壁渭橋，齊運發民築城保，督芻粟以餉晟。賊平，頗有助。萬年丞源邃不事，齊運怒，捽辱之，死於廷。邃家告冤，御史大夫崔縱請窮治，帝不許。御史聯章深劾，齊運訴于帝，言爲朋黨所擠。天子使宰相諭諫官御史，後毋得羣署章以劾，然卒不直邃冤。

久之，大蝗旱，齊運不能政，乃以韓洄代之，改宗正卿、閑廄宮苑使。進至禮部尙書。宰相內殿對已，齊運常次進，帝與參決大事。旣無學，暗于大體，第以甘言阿匼而已。嘗薦李錡爲浙西，受賂數十萬，又薦李詞爲湖州刺史，人告其贓，帝置不問。齊運臥疾，滿歲不能謁，每除吏，往往遣使卽家咨逮。晚以妾爲妻，具冕服行禮，士人嗤之。卒，年七十二，贈尙書左僕射。

李實，道王元慶四世孫。以蔭仕，嗣曹王皋辟署江西府判官，遷蘄州刺史。皋節度山南東道，復從之。皋卒，實知後務，刻薄軍費，士怨怒，欲殺之，夜縋亡歸京師。累進司農卿，擢拜京兆尹，封嗣道王。怙寵而愎，不循法度。貞元二十年旱，關輔飢，實方務聚斂以結恩，民訴府上，一不問。德宗訪外疾苦，實詭曰：「歲雖旱，不害有秋。」乃峻責租調，人窮無告，至徹舍鬻苗輸于官。優人成輔端爲俳語諷帝，實怒，奏賤工謗國，帝爲殺之。或言：「古者，瞽誦箴諫，雖詼諧託諭，何誅焉？」帝悔，然不罪實。

故事，京兆避臺官。實嘗與御史王播遇，而騶唱爭道，播鉤責從者，實怒，奏播爲三原令，廷辱之。惡萬年令李衆，誣逐虔州司馬，以所善虞部員外郎房啓代之。其怙權作威若此。公卿爲讒短遷斥者甚衆，專情蓄色見顏間。權德輿爲禮部，而實私薦士二十人，迫語曰：「應用此第，不爾，君且外遷！」德輿雖拒之，然常憚其誣。吏部每奏科目頗嚴密，以杜請託，實公詣曹劫請趙宗儒，無所畏。

詔書蠲人逋租，實格詔固斂，畿民大困，官吏皆被榜罰，掊取三十萬緡。吏乞貸豪釐，輒死，按之無罪者，猥曰「死亦非枉」，復殺之。專以殘忍爲政。順宗在諒闇，不踰月，實殺數十人于府。貶通州長史。市人爭懷瓦石邀劫之，實懼，夜遁去，長安中相賀。以赦令內移，死虢州。

皇甫鎛，涇州臨涇人。貞元初，第進士，又擢制科，爲監察御史。居喪游處不度，下除詹事府司直。久之，遷吏部員外郎，典南曹，鈐制吏姦，稍知名。進郎中，遷累司農卿，判度支，改戶部侍郎。憲宗方伐蔡，急於用度，鎛裒會嚴亟，以辦濟師，帝悅，進兼御史大夫。蔡平之明年，遂同中書門下平章事，猶領度支。

鎛以吏道進，既由聚斂句剝爲宰相，至雖市道皆嗤之。崔羣、裴度以聞，帝怒，不聽。度乃表罷政事，極論鎛姦邪苛刻，天下怨之，將食其肉。且言：「天下安否繫朝廷，朝廷輕重在輔相。今承宗削地，程權赴闕，韓弘輿疾討賊，非力能制之，顧朝廷處置能服其心也。若相鎛，則四方解矣。請授以浙西觀察使。」其辭切至。帝以天下略平，亦欲崇臺沼宮觀自娛樂，鎛與程异知帝意，故數貢羨財，陰佐所欲，又賂吐突承璀爲奧援，故帝排衆論，決任之，反以度爲朋黨，不內其言。

鎛乃益以巧媚自固，建損內外官稟佐國用，給事中崔植上還詔書，乃止。帝斥內帑所餘，詔度支評直，鎛貴售之以給邊兵，故緡陳綵，觸手輒壞，士怨怒，聚焚之。裴度以其事聞，鎛指所著韈曰：「此內府所出，牢韌可服，彼言不可用，詐也。」帝信之。鎛銜度，乃與李逢吉、令狐楚合擠之，出度太原。又以崔羣有天下重望，勁正敢言，後議帝號，鏄乃譖羣抑損徽稱，帝怒，逐羣湖南。

鏄罷度支，進門下侍郎平章事。嘗與金吾將軍李道古共薦方士柳泌、浮屠大通爲長年藥，帝惑之。穆宗在東宮，聞其姦妄，始聽政，集羣臣於月華門，貶鏄崖州司戶參軍，死其所。

泌者，本楊仁晝也，習方伎。道古薦于鏄，召入禁中，自云能致藥爲不死者，因言：「天台山靈仙所舍，多異草，願官天台，求采之。」起徒步拜台州刺史〔一〕，賜金紫。諫臣固爭，以爲列聖亦有寵方士，未嘗使牧民，帝曰：「煩一州而致長年于君父，何愛哉？」後不敢言。泌驅吏民采藥山谷間，鞭笞苛急，歲餘無所獲。懼詐窮，舉族遁去，浙東觀察使捕得。鏄與道古營解，乃復待詔翰林。帝餌泌藥，寖躁怒不常，宦侍懼，以弒崩。大通自言百五十歲，鏄敗，與泌皆誅。初，吏責泌妄，答曰：「皆道古教我。」解衣即刑，卒無它異。

鏄之貶，前坊州刺史班肅以嘗僚，獨餞於野，朝廷義之，擢爲司封員外郎。

鏄弟鏞，字穌卿，第進士。鏄爲相時，任河南少尹，見權寵太盛，每極言之，鏄不悅，乃求分司爲太子右庶子。鏄敗，朝廷賢之，授國子祭酒。開成初，以太子少保卒。

鏞能屬文，工詩。爲人寡言正色，衣冠甚偉，不屑世務，所交皆知名士。著書數十篇。

王播字明敭，其先太原人，父恕爲揚州倉曹參軍，遂家焉。播，貞元中與弟炎、起皆有名，並擢進士，而播、起舉賢良方正異等。補盩厔尉。以善治獄，御史中丞李汶薦爲監察御史。雲陽丞源咸季坐財免，賂有司復得調，播劾解其官。歷侍御史。李實爲京兆尹，與播遇諸衢。故事，尹當避道揖，實不肯。播移文詆之。實大怒，表播爲三原令，將折之。播受命，趨府謝如禮。邑中豪彊犯法，未嘗輒貸，歲終課最。實重其才，更薦之，德宗將擢以要近，會母喪解。還，除駕部員外郎。長安令于頔奴客與民盜馬，吏繫民而縱奴，播捕取，均其罰。遷工部郎中，知御史雜事。刺舉不阿，有能稱。關中饑，諸鎮或閉糴，播以爲言，三輔不乏。歷虢州刺史。

李巽領鹽鐵，奏以副己。擢御史中丞，歲終，改京兆尹。時禁屯列畿內者，出入屬鞬佩劍，姦人冒之以剽劫，又勳戚家馳獵近郊，播請一切苛止，盜賊不能隱，皆走出境。憲宗以爲能，進刑部侍郎，領諸道鹽鐵轉運使。是時，天下多故，大理讞，科條叢繁，播悉置格律坐隅，商處重輕，剖決如流，吏不能竄其私。帝討淮西也，切於饋餉，播引程异自副，异尤通萬貨盈虛，使馳傳江淮，裒財用以給軍興，兵得無乏。帝嘉其功，超拜禮部尚書。稍以貲賄結宦要，中外以爲言。

播薦皇甫鎛，及鎛用事，更忌播，而以异代使，播罷守本官。久之，檢校戶部尚書，爲劍南西川節度使。穆宗立，逐鎛，播求還。長慶初，召爲刑部尚書，復領鹽鐵，進中書侍郎、同中書門下平章事。時權倖競進，播賴其力至宰相，專務將迎，居位無所裨益，復失河北，衆望不厭，乃以檢校尚書右僕射出爲淮南節度使，仍領使職，不肯易印，詔聽自隨。是時，南方旱歉，人相食，播掊斂不少衰，民皆怨之。然浚七里港以便漕引，後賴其利。

敬宗卽位，卽拜檢校司空，以王涯代使。播失職，見王守澄方得君，厚以金謝，守澄乘間薦之，天子有意復用播。於是諫議大夫獨孤朗張仲方、起居郎孔敏行柳公權宋申錫、補闕韋仁實劉敦儒、拾遺李景讓薛廷老等見延英，言播傾邪關通帝左右狀，帝沖闇，不內其言，遂復領使，天下公議益不與。

文宗立，就進檢校司徒。大和元年，入朝，拜左僕射，復輔政，累封太原郡公。時韋處厚當國，以獻替自任，天子嚮之。播專以錢穀進，不甚與事。居位四年卒，年七十二，贈太尉，諡曰敬。

播少孤貧，自刻苦至成立，居官以彊濟稱。天性勤吏職，每視簿領紛積於前，人所不堪者，播反用爲樂。所署吏，苟無大罪，以歲勞增秩而已，卒不易所職。雅善占奏，雖數十事，未嘗書于笏。再領鹽鐵，嗜權利，不復初操。重賦取，以正額月進爲羨餘，歲百萬緡。自淮南還，獻玉帶十有三、銀盌數千、綾絹四十萬，遂再得相云。

起字舉之，釋褐校書郎，補藍田尉。李吉甫辟爲淮南掌書記，以殿中侍御史入兼集賢殿直學士。元和末，累遷中書舍人。數上疏諫穆宗畋游事，歲中考第一。錢徽坐貢舉失實貶，詔起覆核，起建言：「以所試送宰相閱可否，然後付有司。」詔可。議者謂起爲失職。

拜禮部侍郎。李岕叛，與播俱上疏請詔王智興討之，卒定其亂。賜金紫，拜河南尹，進吏部侍郎。方播以僕射居相，避選曹，改兵部，爲集賢殿學士。拜陝虢觀察使。時亳州刺史李繁以擅誅賊抵罪，起言：「繁父有功，而二千石不宜償賊死。」不報。

入拜尚書左丞，以戶部尚書判度支。靈武、邠、寧多曠土，奏爲營田，以省餽輓。歷河中節度使。方蝗旱，粟價騰踊，起下令家得儲三十斛，斥其餘以市，否者死。神策士怙勢不從，寘于法。由是廥積咸出，民賴以生。召授兵部尚書。以檢校尚書右僕射爲山南東道節度使。濱漢塘堰聯屬，吏弗完治，起至部，先脩復，與民約爲水令，遂無凶年。

李訓爲宰相，起門生也，欲引與共政，即加銀青光祿大夫，復以兵部尚書召判戶部。訓敗，起素長厚，人不以訓諉之，止罷其判。俄加皇太子侍讀。文宗上文，好古學。是時，鄭覃以經術進，起以敦博顯，帝數訪逮時政。因積雨，願寬逐臣過惡，又短鮑叔終身不忘人過，以解帝錮人意。俄兼太常卿、禮儀使。帝題詩太子笏以賜，詔畫像便殿，號「當世仲尼」，其寵遇如此。又使廣五位圖，俾太子知古今治亂。開成三年，入翰林爲侍講學士，改太子少師。

起治生無檢，所得祿賜爲僮婢盜有，貧不能自存。帝知之，詔月益仙韶院錢三十萬。議者謂與玩臣分給，可恥也，起賴其入，不克讓。

武宗立，爲章陵鹵簿使、東都留守。召爲吏部尚書，判太常卿。帝患選士不得才，特命起典貢舉。進尚書左僕射，封魏郡公。凡四舉士，皆知名者，人伏其鑒。擢山南西道節度使、同中書門下平章事。以夙儒兼宰相秩，前世所罕。入辭，帝勞曰：「宰相無內外。公，國耆老，朕有闕，當以聞。」宴賜備厚。

宣宗初，檢校司空，以疾願代，不許。卒，年八十八，贈太尉，謚曰文懿。喪還，命使者弔其家，葬及祥亦如之。

起性友悌，播喪，哀戚加於人。嗜學，非寢食不輒廢。天下之書無不讀，一經目，弗忘也。莊恪太子薨，詔爲哀册，詞情悽惋，當世稱之。帝嘗以疑事令使者口質，起具牓子附使者上，凡成十篇，號曰寫宣。它譔集亦多。

炎終太常博士。子鐸、鐐自有傳。

起子龜、式。

龜字大年，性高簡，博知書傳，無貴冑氣。常以光福第賓客多，更住永達里，林木窮僻，構半隱亭以自適。侍父至河中，廬中條山，朔望一歸省，州人號郎君谷。未始以人事自嬰。武宗雅知之，以左拾遺召。入謝，自陳病不任職，詔許。終父喪，召爲右補闕。再擢屯田員外郎，稱疾去。崔璵觀察宣歙，表爲副，龜樂宛陵山水，故從之。入爲祠部郎中、史館脩撰。咸通中，知制誥。鐸爲相，改太常少卿、同州刺史。牙將白約素暴橫，嘗譁言月稟薄，以動士心爲亂，龜捕殺之，人皆震慄。徙浙東觀察使。初，式臨州有惠政，人聞其至，歡迎之。卒，贈工部尚書。

子蕘，力學，有文辭，以鐸當國，不貢進士。終右司員外郎。

式以蔭爲太子正字，擢賢良方正科，累遷殿中侍御史。少節檢，巧于宦，因鄭注以交王守澄，中丞歸融劾之，出爲江陵少尹。

大中中，爲晉州刺史，飾郵傳，器用畢給。會河曲大歉，民流徙，佗州不納，獨式勞卹之，活數千人。時特峨胡亦饑，將入寇汾、澮，聞式嚴備，不敢道境，報其種落曰：「晉州刺史當避之！」以善最稱。

徙安南都護。故都護田早作木柵，歲率緡錢，既不時完，而所責益急。式取一年賦市芀木，豎周十二里，罷歲賦外率以紓齊人。浚壕繚柵，外植刺竹，寇不可冒。後蠻兵入掠錦田步，式使譯者開諭，一昔去，謝曰：「我自縛叛獠，非爲寇也。」忠武戍卒服短後褐，以黃冒首，南方號「黃頭軍」，天下銳卒也。初，交阯數有變，懼式威，不自安，譟曰：「黃頭軍將度海襲我矣！」相率夜圍城，合譟：「請都護北歸，我當抗黃頭軍。」式徐被甲，引家僮乘城責讓，矢旝交發，叛者走。翌日，盡捕斬之。初，容管災歉，不歲貢，式始上輸，大犒宴軍中。歸質外蕃，而占城、眞臘慕義，悉入獻，亦還所掠王民。

寧國劇賊仇甫亂，明越觀察使鄭祇德不能討，宰相選式往代，詔可，因至京師。懿宗問方略，對曰：「弟假臣兵，寇不足平也。」左右宦要皆曰：「兵衆則餽多，當惜天下費。」式奏：「盜若倡狂，天誅不亟決，東南征賦闕矣，寧得以億萬計之乎？兵多則功速費寡。二者孰利？」帝顧左右曰：「宜與兵。」於是詔益許、滑、淮南兵。式發自光福里第，麾幟皆東靡，獵獵有聲，喜曰：「是謂得天時矣！」聞賊用騎兵，乃閱所部，得吐蕃、回鶻遷隸數百，發龍陂監牧馬起用之，集土團諸兒爲向導，擒甫斬之。加檢校右散騎常侍。餘姚民徐澤專魚鹽之利，慈溪民陳瑊冒名仕至縣令，皆豪縱，州不能制。式曰：「甫竊發，不足畏；若澤、瑊，乃巨猾也。」窮治其姦，皆榜死。

咸通三年，徐州銀刀軍亂，以式檢校工部尚書，徙武寧節度使，詔許、滑兵自隨。視事三日，悉以計誅亂兵。會詔降武寧爲團練，罷歸。終左金吾大將軍。

贊曰：裴延齡引經誼惑其主，以不忠爲忠。德宗倚延齡、韋渠牟等商天下成敗，自謂明，而卒陷不明。君臣回泬，可不戒哉！憲宗銳於立功，而皇甫鎛以聚斂取宰相。夫宰相者，乃天下選，彼暫勞一功，烏足勝任哉？中興之不終，有爲而然。

校勘記

〔一〕台州刺史　「台州」，各本原作「天台」。按唐無「天台州」而有台州，隸江南東道，天台山在其境。本書卷七及舊書卷一五憲宗紀、舊書卷一三五皇甫鎛傳、通鑑卷二四〇均作「台州」，據改。

唐書卷一百六十八

列傳第九十三

韋執誼 王叔文 王伾 韓曄 陳諫 凌準 韓泰 陸質 劉禹錫 柳宗元 程异

韋執誼，京兆舊族也。幼有才，及進士第，對策異等，授右拾遺。年踰冠，入翰林爲學士，便敏側媚，得幸於德宗。使豫詩歌屬和，被詔稱旨。與裴延齡、韋渠牟等寵相埒，出入備顧問。帝誕日，皇太子獻畫浮屠象，帝使執誼贊之，太子賜以帛，詔執誼到東宮謝太子，卒見無所藉言者，乃曰：「君知王叔文乎？美才也。」執誼由是與叔文善。以母喪解。終喪，爲吏部郎中，數召至禁中。補闕張正一以上書召見，所善王仲舒、韋成季、劉伯芻、裴茝、常仲孺、呂洞往賀之，或謂執誼曰：「彼將論君與叔文鉤黨事。」執誼即白成季等朋比，有所窺望。帝詔金吾伺，得相過食飲狀，悉逐出之。

順宗立，以疾不親政，叔文用事，乃擢執誼爲尚書左丞、同中書門下平章事。叔文與王伾居中竊命，欲執誼据以奉行，因用迷奪朝權。執誼既爲所引，然外迫公議，欲示天下非黨與者，乃時時異論相可否，而密謝叔文曰：「不敢負約，欲共濟國家事爾。」叔文數爲所梗，遂詬怒，反成仇怨。及憲宗受內禪，流叔文、伾，分北支黨，貶執誼爲崖州司戶參軍。帝以宰相杜黃裳之壻，故最後貶。

執誼已失形勢，知禍且及，雖尚在位，而臨事奄奄無氣，聞人足聲輒悸動，至于敗。始未顯時，不喜人言嶺南州縣。既爲郎，嘗詣職方觀圖，至嶺南輒瞑目，命左右徹去。及爲相，所坐堂有圖，不就省。既易旬，試觀之，崖州圖也，以爲不祥，惡之。果貶死。

王叔文，越州山陰人。以棋待詔。頗讀書，班班言治道。德宗詔直東宮，太子引以侍讀，因論政及宮市之弊，太子曰：「寡人見上，將極言之。」坐皆趣贊，叔文獨嘿然。既罷，太子曰：「向君無言，何哉？」叔文曰：「太子之事上，非視膳問安無與也。且陛下在位久，有如小人間之，謂殿下收厭羣情，則安解乎？」太子謝曰：「非先生不聞此言！」由是重之，宮中事咸與參訂。

叔文淺中浮表，遂肆言不疑，曰：「某可爲相，某可爲將，它日幸用之。」陰結天下有名士，而士之欲速進者，率諸附之，若韋執誼、陸質、呂温、李景儉、韓曅、韓泰、陳諫、柳宗元、劉禹錫爲死友，而凌準、程异又因其黨進，出入詭祕，外莫得其端。彊藩劇帥，或陰相賂遺以自結。

順宗立，不能聽政，深居施幄坐，以牛昭容、宦人李忠言侍側，羣臣奏事，從幄中可其奏。王伾密語諸黄門：「陛下素厚叔文。」卽繇蘇州司功參軍拜起居郎、翰林學士。大抵叔文因伾，伾因忠言，忠言因昭容，更相依仗。伾主傳受，叔文主裁可，乃授之中書，執誼作詔文施行焉。時景儉居親喪，温使吐蕃，惟質、泰、諫、準、曅、宗元、禹錫等倡譽之，以爲伊、周、管、葛復出，惘然謂天下無人。叔文每言：「錢穀者，國大本，操其柄，可因以市士。」乃白用杜佑領度支、鹽鐵使，己副之，實專其政。不淹時，遷戶部侍郎。

宦人俱文珍忌其權，罷叔文學士，詔出，駭悵曰：「吾當數至此議事，不然，無由入禁中。」伾復力請，乃聽三五日一至翰林，然不得舊職矣。

在省不事所職，日引其黨謀取神策兵，制天下之命。乃以宿將范希朝爲西北諸鎭行營兵馬使，泰爲司馬副之。於是諸將移書中尉，告且去，宦人始悟奪其權，大怒曰：「吾屬必死其手！」乃諭諸鎭，愼毋以兵屬人。希朝、泰到奉天，諸將不至，乃還。

叔文母死，匿不發，置酒翰林，忠言、文珍等皆在，瘞金以餉，因揚言曰：「天子適射兔苑中，跨鞍若飛，敢異議者斬。」又自陳：「親疾病，以身任國大事，朝夕不得侍，今當請急，宜聽。然向之悉心戮力，難易亡所避，報天子異知爾。今一去此，則百謗至，孰爲吾助者？」又言：「羊士諤毀短我，我將杖殺之，而執誼懦不果。劉闢來爲韋臯求三川，吾生平不識闢，便欲前執吾手，非凶人邪？掃木場將斬之，而執誼持不可。每念失此二賊，令人悵恨。」又陳領度支所以興利去害者爲己勞。文珍隨語詰折，叔文不得對。左右竊語曰：「母死已腐，方留此，將何爲邪？」明日，乃發喪。執誼益不用其語，乃謀起復，斬執誼與不附己者，聞者恟懼。廣陵王爲太子，羣臣皆喜，獨叔文有憂色，誦杜甫諸葛祠詩以自況，歔欷泣下。太子已監國，貶渝州司戶參軍，明年，誅死。

王伾者，杭州人。始以書待詔翰林，入太子宮侍書。順宗立，遷左散騎常侍、待詔。伾本闒茸，皃蓬陋，楚語，無它大志，帝褻寵之，不如叔文任氣好言事，爲帝所禮。至出處，又不及伾之無間也，叔文入止翰林，而伾至柿林院，見牛昭容等。當其黨盛，門皆若沸羹，而伾尤通天下賕謝，日月不闋。爲巨匱，裁竅以受珍，使不可出，則寢其上。

叔文既居喪，伾日請中人及杜佑起叔文爲宰相，且總北軍，不許；又請以威遠軍使同中書門下平章事，復不可。乃一日三表，皆不報。憂悸，行且臥，至夕大呼曰：「吾疾作。」輿歸第。貶開州司馬，死其所。支黨皆逐，惟質以前死免。

皐者，涗族子，有俊才。以司封郎中貶饒州司馬。終永州刺史。

諫警敏，嘗覽染署歲簿，悉能言其尺寸。所治，一閱籍，終身不忘。自河中少尹貶台州司馬，終循州刺史。

準字宗一，有史學。自翰林學士貶連州司馬，死于貶。

泰字安平，有籌畫，伾、叔文所倚重，能決大事。以戶部郎中、神策行營節度司馬貶虔州司馬。終湖州刺史。

陸質字伯冲。七代祖澄，仕梁爲名儒。世居吳。明春秋，師事趙匡，匡師啖助，質盡傳二家學。陳少游鎭淮南，表在幕府，薦之朝，授左拾遺。累遷左司郎中，歷信、台二州刺史。

質素善韋執誼，方執誼附叔文竊威柄，用其力召爲給事中。憲宗爲太子，詔侍讀。質本名淳，避太子名，故改。時執誼懼太子怒己專，故以質侍東宮，陰伺意解釋左右之。質伺間有所言，太子輒怒曰：「陛下命先生爲寡人講學，何可及它？」質惶懼出。

執誼未敗時，質病甚，太子已卽位，爲臨問加禮。卒，門人以質能文聖人書，通于後世，私共謚曰文通先生。所著書甚多，行于世。

劉禹錫字夢得，自言系出中山。世爲儒。擢進士第，登博學宏辭科，工文章。淮南杜佑表管書記。入爲監察御史。素善韋執誼。時王叔文得幸太子，禹錫以名重一時，與之交，叔文每稱有宰相器。太子卽位，朝廷大議祕策多出叔文，引禹錫及柳宗元與議禁中，所言必從。擢屯田員外郎，判度支、鹽鐵案，頗馮藉其勢，多中傷士。若武元衡不爲柳宗元所喜，自御史中丞下除太子右庶子；御史竇羣劾禹錫挾邪亂政，羣卽日罷；韓皋素貴，不肯親叔文等，斥爲湖南觀察使。凡所進退，視愛怒重輕，人不敢指其名，號「二王、劉、柳」。

憲宗立，叔文等敗，禹錫貶連州刺史，未至，斥朗州司馬。州接夜郎諸夷，風俗陋甚，家喜巫鬼，每祠，歌竹枝，鼓吹裴回，其聲傖儜。禹錫謂屈原居沅、湘間作九歌，使楚人以迎送神，乃倚其聲，作竹枝辭十餘篇。於是武陵夷俚悉歌之。

始，坐叔文貶者八人，憲宗欲終斥不復，乃詔雖後更赦令不得原。然宰相哀其才且困，將澡濯用之，會程异復起領運務，乃詔禹錫等悉補遠州刺史。而元衡方執政，諫官頗言不可用，遂罷。

禹錫久落魄，鬱鬱不自聊，其吐辭多諷託幽遠，作問大鈞、謫九年等賦數篇。又敍：「張九齡爲宰相，建言放臣不宜與善地，悉徙五谿不毛處。然九齡自內職出始安，有瘴癘之歎；罷政事守荆州，有拘囚之思。身出遐陬，一失意不能堪，矧華人士族必致醜地，然後快意哉！議者以爲開元良臣，而卒無嗣，豈忮心失恕，陰責最大，雖它美莫贖邪！」欲感諷權近，而憾不釋。久之，召還。宰相欲任南省郎，而禹錫作玄都觀看花君子詩，語譏忿，當路者不喜，出爲播州刺史。詔下，御史中丞裴度爲言：「播極遠，猿狖所宅，禹錫母八十餘，不能往，當與其子死訣，恐傷陛下孝治，請稍内遷。」帝曰：「爲人子者宜愼事，不貽親憂。若禹錫望它人，尤不可赦。」度不敢對，帝改容曰：「朕所言責人子事，終不欲傷其親。」乃易連州，又徙夔州刺史。

禹錫嘗歎天下學校廢，乃奏記宰相曰：

言者謂天下少士，而不知養材之道，鬱堙不揚，非天不生材也。是不耕而歎廩庾之無餘，可乎？貞觀時，學舍千二百區，生徒三千餘，外夷遣子弟入附者五國。今室廬圮廢，生徒衰少，非學官不振，病無貲以給也。

凡學官，春秋釋奠于先師，斯止辟雍、頖宮，非及天下。今州縣咸以春秋上丁有事孔子廟，其禮不應古，甚非孔子意。漢初羣臣起屠販，故孝惠、高后間置原廟於郡國，逮元帝時，韋玄成遂議罷之。夫子孫尚不敢違禮饗其祖，況後學師先聖道而欲違之。傳曰：「祭不欲數。」又曰：「祭神如神在。」與其煩於薦饗，孰若行其教？今教頹靡，而以非禮之祀媚之，儒者所宜疾。竊觀歷代無有是事。

武德初，詔國學立周公、孔子廟，四時祭。貞觀中，詔脩孔子廟兗州。後許敬宗等奏天下州縣置三獻官，其他如立社。玄宗與儒臣議，罷釋奠牲牢，薦酒脯。時王孫林甫爲宰相，不涉學，使御史中丞王敬從以明衣牲牢著爲令，遂無有非之者。今夔四縣歲釋奠費十六萬，舉天下州縣歲凡費四千萬，適資三獻官飾衣裳，飴妻子，於學無補也。

請下禮官博士議，罷天下州縣牲牢衣幣，春秋祭如開元時，籍其資半畀所隸州，使增學校，舉半歸太學，猶不下萬計，可以營學室，具器用，豐饌食，增掌故，以備使令，儒官各加稍食，州縣進士皆立程督，則貞觀之風，粲然可復。當時不用其言。

由和州刺史入爲主客郎，復作游玄都詩，且言：「始謫十年，還京師，道士植桃，其盛若霞。又十四年過之，無復一存，唯兔葵、燕麥動搖春風耳。」以詆權近，聞者益薄其行。俄分司東都。宰相裴度兼集賢殿大學士，雅知禹錫，薦爲禮部郎中、集賢直學士。度罷，出爲蘇州刺史。以政最，賜金紫服。徙汝、同二州。遷太子賓客，復分司。

禹錫恃才而廢，褊心不能無怨望，年益晏，偃蹇寡所合，乃以文章自適。素善詩，晚節尤精，與白居易酬復頗多。居易以詩自名者，嘗推爲「詩豪」，又言：「其詩在處應有神物護持。」

會昌時，加檢校禮部尚書。卒，年七十二，贈戶部尚書。始疾病，自爲子劉子傳，稱：「漢景帝子勝，封中山，子孫爲中山人。七代祖亮，元魏冀州刺史，遷洛陽，爲北部都昌人，墳墓在洛北山，後其地陿不可依，乃葬滎陽檀山原。德宗棄天下，太子立，時王叔文以善弈得通籍，因間言事，積久，衆未知。至起蘇州掾，超拜起居舍人、翰林學士，陰薦丞相杜佑爲度支、鹽鐵使，翌日，自爲副，貴震一時。叔文，北海人，自言猛之後，有遠祖風，東平呂溫、隴西李景儉、河東柳宗元以爲信然。三子者皆予厚善，日夕過，言其能。叔文實工言治道，能以口辯移人，既得用，所施爲人不以爲當。太上久疾，宰臣及用事者不得對，宮掖事祕，建桓立順，功歸貴臣，由是及貶。」其自辯解大略如此。

柳宗元字子厚，其先蓋河東人。從曾祖奭爲中書令，得罪武后，死高宗時。父鎮，天寶末遇亂，奉母隱王屋山，常間行求養，後徙於吳。肅宗平賊，鎮上書言事，擢左衞率府兵曹參軍。佐郭子儀朔方府，三遷殿中侍御史。以事觸竇參，貶夔州司馬。還，終侍御史。

宗元少精敏絕倫，爲文章卓偉精緻，一時輩行推仰。第進士、博學宏辭科，授校書郎，調藍田尉。貞元十九年，爲監察御史裏行。善王叔文、韋執誼，二人者奇其才。及得政，引內禁近，與計事，擢禮部員外郎，欲大進用。

俄而叔文敗，貶邵州刺史，不半道，貶永州司馬。既竄斥，地又荒癘，因自放山澤間，其堙厄感鬱，一寓諸文，倣離騷數十篇，讀者咸悲惻。雅善蕭俛，詒書言情曰：

僕嚮者進當臲卼不安之勢，平居閉門，口舌無數，又久與游者，岌岌而操其間。其求進而退者，皆聚爲仇怨，造作粉飾，蔓延益肆。非的然昭晰、自斷于內，孰能了僕於冥冥間哉？僕當時年三十三，自御史裏行得禮部員外郎，超取顯美，欲免世之求進者怪怒媢疾，可得乎？與罪人交十年，官以是進，辱在附會。聖朝寬大，貶黜甚薄，不塞衆人之怒，謗語轉侈，囂囂嗷嗷，漸成怪人。飾智求仕者，更詈僕以悅仇人之心，日爲新奇，務相悅可，自以速援引之路。僕輩坐益困辱，萬罪橫生，不知其端，悲夫！人生少六七十者，今三十七矣，長來覺日月益促，歲歲更甚，大都不過數十寒暑，無此身矣。是非榮辱，又何足道！云云不已，祗益爲罪。

居蠻夷中久，慣習炎毒，昏眊重膇，意以爲常。忽遇北風晨起，薄寒中體，則肌革慘懍，毛髮蕭條，瞿然注視，怵惕以爲異候，意緒殆非中國人也。楚、越間聲音特異，鴃舌啅譟，今聽之恬然不怪，已與爲類矣。家生小童，皆自然嘵嘵，晝夜滿耳，聞北人言，則啼呼走匿，雖病夫亦怛然駭之。出門見適州閭市井者，其十八九杖而後興。自料居此尚復幾何，豈可更不知止，言說長短，重爲一世非笑哉？讀易困卦至「有言不信，尚口乃窮」，往復益喜，曰：「嗟乎！余雖家置一喙以自稱道，詬益甚耳。」用是更樂瘖默，與木石爲徒，不復致意。

今天子興教化，定邪正，海內皆欣欣怡愉，而僕與四五子者，淪陷如此，豈非命歟？命乃天也，非云云者所制，又何恨？然居治平之世，終身爲頑人之類，猶有少恥，未能盡忘。儻因賊平慶賞之際，得以見白，使受天澤餘潤，雖朽枿敗腐不能生植，猶足蒸出芝菌，以爲瑞物。一釋廢錮，移數縣之地，則世必曰罪稍解矣。然後收召魂魄，買土一廛爲耕甿，朝夕歌謠，使成文章，庶木鐸者采取，獻之法宮，增聖唐大雅之什，雖不得位，亦不虛爲太平人矣。

又詒京兆尹許孟容曰：

宗元早歲與負罪者親善，始奇其能，謂可以共立仁義，裨教化。過不自料，勤勤勉勵，唯以忠正信義爲志，興堯、舜、孔子道，利安元元爲務，不知愚陋不可以彊，其素意如此也。末路厄塞臲卼，事既壅隔，狠忤貴近，狂疎繆戾，蹈不測之辜。今其黨與幸獲寬貸，各得善地，無公事，坐食奉祿，德至渥也，尙何敢更俟除棄廢痼，希望外之澤哉？年少氣銳，不識幾微，不知當否，但欲一心直遂，果陷刑法，皆自所求取，又何怪也？

宗元於衆黨人中，罪狀最甚，神理降罰，又不能卽死，猶對人語言，飲食自活，迷不知恥，日復一日。然亦有大故。自以得姓來二千五百年，代爲冢嗣，今抱非常之罪，居夷獠之鄉，卑濕昏霿，恐一日塡委溝壑，曠墜先緒，以是怛然痛恨，心骨沸熱。煢煢孤立，未有子息，荒陬中少士人女子，無與爲婚，世亦不肯與罪人親昵。以是嗣續之重，不絕如縷，每春秋時饗，孑立捧奠，顧眄無後繼者，懍懍然欷歔惴惕，恐此事便已，摧心傷骨，若受鋒刃。此誠丈人所共閔惜也。先墓在城南，無異子弟爲主，獨託村鄰。自譴逐來，消息存亡不一至鄉閭，主守固以益怠。晝夜哀憤，懼便毀傷松柏，芻牧不禁，以成大戾。近世禮重拜掃，今闕者四年矣。每遇寒食，則北向長號，以首頓地。想田野道路，士女徧滿，皂隸庸丐，皆得上父母丘墓，馬醫、夏畦之鬼，無不受子孫追養者。然此已息望，又何以云哉？城西有數頃田，樹果數百株，多先人手自封植，今已荒穢，恐便斬伐，無復愛惜。家有賜書三千卷，尚在善和里舊宅，宅今三易主，書存亡不可知。皆付受所重，常繫心腑，然無可爲者。立身一敗，萬事瓦裂，身殘家破，爲世大僇。是以當食不知辛鹹節適，洗沐盥漱，動逾歲時，一搔皮膚，塵垢滿爪，誠憂恐悲傷，無所告愬，以至此也。

自古賢人才士，秉志遵分，被謗議不能自明者，以百數。故有無兄盜嫂，娶孤女撾婦翁者。然賴當世豪桀分明辨列，卒光史册。管仲遇盜，升爲功臣；匡章被不孝名，孟子禮之。今已無古人之實爲而有詬，欲望世人之明己，不可得也。直不疑買金以償同舍；劉寬下車，歸牛鄉人。此誠知疑似之不可辯，非口舌所能勝也。鄭詹束縛於晉，終以無死；鍾儀南音，卒獲返國；叔向囚虜，自期必免；范痤騎危，以生易死；蒯通據鼎耳，爲齊上客；張蒼、韓信伏斧鑕，終取將相；鄒陽獄中，以書自治；賈生斥逐，復召宣室；兒寬擯厄，後至御史大夫；董仲舒、劉向下獄當誅，爲漢儒宗。此皆瓌偉博辯奇壯之士，能自解脫。今以恇怯淟涊，下才末伎，又嬰痼病，雖欲慷慨攘臂，自同昔人，愈疏闊矣。

賢者不得志於今，必取貴於後，古之著書者皆是也。宗元近欲務此，然力薄志劣，無異能解，欲秉筆覼縷，神志荒耗，前後遺忘，終不能成章。往時讀書，自以不至觝滯，今皆頑然無復省錄。讀古人一傳，數紙後，則再三伸卷，復觀姓氏，旋又廢失。假令萬一除刑部囚籍，復爲士列，亦不堪當世用矣！

伏惟興哀於無用之地，垂德於不報之所，以通家宗祀爲念，有可動心者操之勿失。雖不敢望歸掃塋域，退託先人之廬，以盡餘齒，姑遂少北，益輕瘴癘，就婚娶，求胄嗣，有可付託，卽冥然長辭，如得甘寢，無復恨矣！

然衆畏其才高，懲刈復進，故無用力者。

宗元久汨振，其爲文，思益深。嘗著書一篇，號貞符，曰：

臣所貶州流人吳武陵爲臣言：「董仲舒對三代受命之符，誠然？非邪？」臣曰：「非也。何獨仲舒爾，司馬相如、劉向、揚雄、班彪、彪子固皆沿襲嗤嗤，推古瑞物以配受命，其言類淫巫瞽史，誑亂後代，不足以知聖人立極之本，顯至德，揚大功，甚失厥趣。臣爲尙書郎時，嘗著貞符，言唐家正德受命於生人之意、累積厚久宜享無極之義，本末闕闊。會貶逐中輟，不克備究。」武陵卽叩頭邀臣：「此大事，不宜以辱故休缺，使聖王之典不立，無以抑詭類、拔正道、表覈萬代。」臣不勝奮激，卽具爲書。念終泯沒蠻夷，不聞于時，獨不爲也。苟一明大道，施于人世，死無所憾，用是自決。臣宗元稽首拜手以聞曰：

孰稱古初朴蒙空侗而無爭，厥流以訛，越乃奮奪鬬怒振動，專肆爲淫威？曰：是不知道。惟人之初，總總而生，林林而羣。雪霜風雨雷雹暴其外，於是乃知架巢空穴，挽草木，取皮革；飢渴牝牡之欲驅其內，於是乃噬禽獸，咀果穀，合偶而居。交焉而爭，睽焉而鬬，力大者搏，齒利者齧，爪剛者決，羣衆者軋，兵良者殺，披披藉藉，草野塗血。然後彊有力者出而治之，往往爲曹於險阻，用號令起，而君臣什伍之法立。德紹者嗣，道怠者奪。於是有聖人焉，曰黃帝，游其兵車，交貫乎其內，一統類，齊制量，然猶大公之道不克建。於是有聖人焉，曰堯，置州牧四岳，持而綱之，立有德有功有能者，參而維之，運臂率指，屈伸把握，莫不統率，年老，舉聖人而禪焉，大公乃克建。由是觀之，厥初罔匪極亂，而後稍可爲也。而非德不樹，故仲尼敍書，於堯曰「克明俊德」，於舜曰「濬哲文明」，於禹曰「文命祗承于帝」，於湯曰「克寬克仁，章信兆民」，於武王曰「有道曾孫」。稽揆典誓，貞哉惟茲德，實受命之符，以奠永祀。後之祆淫囂昏好怪之徒〔一〕，乃始陳大電、大虹、玄鳥、巨跡、白狼、白魚、流火之烏以爲符，斯皆詭譎闊誕，其可羞也，莫知本于厥貞。

漢用大度，克懷于有氓，登能庸賢，濯痍煦寒，以瘳以熙，茲其爲符也。而其妄臣，乃下取虺蛇，上引天光，推類號休，用夸誣于無知氓，增以騶虞、神鼎，脅驅縱踴，俾東之泰山、石閭，作大號謂之「封禪」，皆尙書所無有。莽、述承效，卒奮驁逆。其後有賢帝曰光武，克綏天下，復承舊物，猶崇赤伏，以玷厥德。魏、晉而下，尨亂鉤裂，厥符不貞，邦用不靖，亦罔克久，駁乎無以議爲也。

積大亂至于隋氏，環四海以爲鼎，跨九垠以爲鑪，爨以毒燎，煽以虐焰，其人沸湧灼爛，號呼騰蹈，莫有救止。於是大聖乃起，丕降霖雨，濬滌盪沃，蒸爲清氛，疏爲泠風，人乃漻然休然，相睎以生，相持以成，相彌以寧。琢斮屠剔膏流節離之禍不作，而人乃克完平舒愉，尸其肌膚，以達于夷途。焚坼抵掎奔走轉死之害不起，而人乃克鳩類集族，歌舞悅懌，用祗于元德。徒奮袒呼，犒迎義旅，讙動六合，至于麾下。大盜豪據，阻命遏德，義威殄戮，咸墜厥緒。無劉于虐，人乃並受休嘉，去隋氏，克歸于唐，躑躅謳歌，灝灝和寧。帝庸威栗，惟人之爲。敬奠厥賦，積藏于下，是謂豐國。鄉爲義廩，斂發謹飭，歲丁大侵，人以有年。簡于厥刑，不殘而懲，是謂嚴威。小屬而支，大生而孥，愷悌祗敬，用底于治。凡其所欲，不謁而獲；凡其所惡，不祈而息。四夷稽服，不作兵革，不竭貨力。丕揚于後嗣，用垂于帝式，十聖濟厥治，孝仁平寬，惟祖之則。澤久而逾深，仁增而益高，人之戴唐，永永無窮。

是故受命不于天，于其人；休符不于祥，于其仁。惟人之仁，匪祥于天。匪祥于天，兹惟貞符哉！未有喪仁而久者也，未有恃祥而壽者也。商之王以桑穀昌，以雉雊大，宋之君以法星壽，鄭以龍衰，魯以麟弱，白雉亡漢，黄犀死莽，惡在其爲符也？不勝唐德之代，光紹明濬，深鴻尨大，保人斯無疆，宜薦于郊廟，文之雅詩，祗告于德之休。帝曰諶哉！乃黜休祥之奏，究貞符之奥，思德之所未大，求仁之所未備，以極于邦治，以敬于人事。其詩曰：

於穆敬德，黎人皇之。惟貞厥符，浩浩將之。仁函于膚，刃莫畢屠。澤熯于爨，灊炎以澣。勃厥凶德，乃驅乃夷。懿其休風，是煦是吹。父子熙熙，相寧以嬉。賦徹而藏，厚我糗粻。刑輕以清，我完靡傷。貽我子孫，百代是康。十聖嗣于治，仁后之子。子思孝父，易患于己。拱之戴之，神其爾宜。載揚于雅，承天之嘏。天之誠神，宜鑒于仁。神之曷依？宜仁之歸。濮鉛于北，祝栗于南，幅員西東，祗一乃心。祝唐之紀，後天罔墜；祝皇之壽，與地咸久。曷徒祝之，心誠篤之。神協人同，道以告之。俾彌億萬年，不震不危。我代之延，永永毗之。仁增以崇，曷不爾思？有號于天，僉曰嗚呼，咨爾皇靈，無替厥符！

宗元不得召，內閔悼，悔念往吝，作賦自儆曰：

懲咎愆以本始兮，孰非余心之所求？處卑汙以閔世兮，固前志之爲尤。始余學而觀古兮，怪今昔之異謀。惟聰明爲可考兮，追駿步而遐游。絜誠之旣信直兮，仁友藹而萃之。日施陳以繫縻兮，邀堯舜與之爲〔三〕。上睢盱而混茫兮，下駁詭而懷私。旁羅列以交貫兮，求大中之所宜。

曰道有象兮，而無其形。推變乘時兮，與志相迎。不及則殆兮，過則失貞。謹守而中兮，與時偕行。萬類芸芸兮，率由以寧。剛柔弛張兮，出入綸經。登能抑枉兮，白黑濁清。蹈乎大方兮，物莫能嬰。

奉訏謨以植內兮，欣余志之有獲。再明信乎策書兮，謂耿然而不惑。愚者果於自用兮，惟懼夫誠之不一。不顧慮以周圖兮，專茲道以爲服。讒妬構而不戒兮，猶斷斷於所執。哀吾黨之不淑兮，遭遇任之卒迫。勢危疑而多詐兮，逢天地之否隔。欲圖退而保己兮，悼乖期乎曩昔。欲操術以致忠兮，衆呀然而互嚇。進與退吾無歸兮，甘脂潤兮鼎鑊。幸皇鑒之明宥兮，纍郡印而南適。惟罪大而寵厚兮，宜夫重仍乎禍讁。旣明懼乎天討兮，又幽慄乎鬼責。惶惶乎夜寤而晝駭兮，類麏麚之不息。

凌洞庭之洋洋兮，泝湘流之沄沄。飄風擊以揚波兮，舟摧抑而迴邅。日霾曀以昧幽兮，黝雲涌而上屯。暮屑窣以淫雨兮，聽嗷嗷之哀猿。衆鳥萃而啾號兮，沸洲渚以連山。漂遙逐其詎止兮，逝莫屬余之形魂。攢巒奔以紆委兮，東洶涌之崩湍。畔尺進而尋退兮，盪洄汩乎淪漣。際窮冬而止居兮，羈纍棼以縈纏。

哀吾生之孔艱兮，循凱風之悲詩。罪通天而降酷兮，不亟死而生爲！逾再歲之寒暑兮，猶貿貿而自持。將沈淵而隕命兮，詎蔽罪以塞禍？惟滅身而無後兮，顧前志猶未可。進路呀以劃絕兮，退伏匿又不果。爲孤囚以終世兮，長拘攣而轗軻。

曩余志之脩蹇兮，今何爲此戾也？豈貪食而盜名兮，不混同於世也。將顯身以直遂兮，衆之所宜蔽也。不擇言以危肆兮，固羣禍之際也。

御長轅之無橈兮，行九折之峩峩。却驚棹以橫江兮，泝凌天之騰波。幸余死之已緩兮，完形軀之既多。苟餘齒之有懲兮，蹈前烈而不頗。死蠻夷固吾所兮，雖顯寵其焉加？配大中以爲偶兮，諒天命之謂何！

元和十年，徙柳州刺史。時劉禹錫得播州，宗元曰：「播非人所居，而禹錫親在堂，吾不忍其窮，無辭以白其大人，如不往，便爲母子永決。」卽具奏欲以柳州授禹錫而自往播。會大臣亦爲禹錫請，因改連州。

柳人以男女質錢，過期不贖，子本均，則沒爲奴婢。宗元設方計，悉贖歸之。尤貧者，令書庸，視直足相當，還其質。已沒者，出己錢助贖。南方爲進士者，走數千里從宗元游，經指授者，爲文辭皆有法。世號柳柳州。十四年卒，年四十七。

宗元少時嗜進，謂功業可就。既坐廢，遂不振。然其才實高，名蓋一時。韓愈評其文曰：「雄深雅健，似司馬子長，崔、蔡不足多也。」既沒，柳人懷之，託言降于州之堂，人有慢者輒死。廟於羅池，愈因碑以實之云。

程异字師舉，京兆長安人。居鄉以孝稱。第明經，再補鄭尉。精吏治，爲叔文所引，由監察御史爲鹽鐵揚子院留後。叔文敗，貶郴州司馬。

李巽領鹽鐵，薦异心計可任，請拔擢用之，乃授侍御史，復爲揚子留後。稍遷淮南等道兩稅使。异起痕廢，能厲己竭節，悉矯革征利舊弊。入遷累衞尉卿、鹽鐵轉運副使。方討蔡，异使江表調財用，因行諭諸帥府，以羨贏貢，故异所至不剝下，不加斂，經用以饒。遂兼御史大夫爲鹽鐵使。

元和十三年，以工部侍郎同中書門下平章事，猶領鹽鐵。异以錢穀奮而至宰相，自以非人望，久不敢當印秉筆。明年，西北軍政不治，議置巡邊使，憲宗問孰可者，乃自請行。會卒，贈尚書左僕射，謚曰恭。身歿官第，無留貲，世重其廉云。

贊曰：叔文沾沾小人，竊天下柄，與陽虎取大弓，春秋書爲盜無以異。宗元等橈節從之，徼幸一時，貪帝病昏，抑太子之明，規權遂私。故賢者疾，不肖者媢，一僨而不復，宜哉！彼若不傳匪人，自勵材猷，不失爲名卿才大夫，惜哉！

校勘記

〔一〕後之祇淫囂昏好怪之徒　「囂」，影宋世綵堂本柳河東集及四部叢刊影元本唐柳先生集卷一貞符作「嚚」。

〔二〕邀堯舜與之爲　柳河東集及唐柳先生集卷二懲咎賦「爲」下有「師」字。

唐書卷一百六十九

列傳第九十四

杜黃裳 勝　裴垍　李藩　韋貫之 澳 綬 溫 蕭祜

杜黃裳字遵素，京兆萬年人。擢進士第，又中宏辭。郭子儀辟佐朔方府，子儀入朝，使主留事。李懷光與監軍陰謀矯詔誅大將等，以動衆心，欲代子儀。黃裳得詔，判其非，以質懷光，懷光流汗服罪。於是諸將狠驕難制者，黃裳皆以子儀令易置，衆不敢亂。

入爲侍御史，爲裴延齡所惡，十期不遷。貞元末，拜太子賓客，居韋曲。時中人欲請其地賜公主，德宗曰：「城南杜氏鄉里，不可易。」遷太常卿。時王叔文用事，黃裳未嘗過其門。壻韋執誼輔政，黃裳勸請太子監國，執誼曰：「公始得一官，遽開口議禁中事！」黃裳怒曰：「吾受恩三朝，豈以一官見賣！」卽拂衣出。

皇太子總軍國事，擢黃裳門下侍郎、同中書門下平章事。於是，夏綏銀節度使韓全義愉佞無功，因其來朝，白罷之。俄而劉闢叛，議者以闢恃險，討之或生事，唯黃裳固勸不赦，因奏罷中人監軍，而專委高崇文。凡兵進退，黃裳自中指授，無不切于機。崇文素憚劉澭，黃裳使人謂曰：「公不奮命者，當以澭代。」崇文懼，一死力縛賊以獻。蜀平，羣臣賀，憲宗目黃裳曰：「時卿之功。」

始，德宗創艾多難，務姑息藩鎮，每帥臣死，遣中人伺其軍，觀衆所欲立者，故大將私金幣結左右，以求節制，晏年尤甚，方鎮選不出朝廷。黃裳每從容具言：「陛下宜鑒貞元之弊，整法度，朘損諸侯，則天下治。」帝嘗問前古王者所以治亂云云，黃裳知帝銳於治，恐不得其要，因推言：「王者之道，在脩己任賢而已。操執綱領，要得其大者，至簿書獄訟，百吏能否，本非人主所自任。昔秦始皇帝親程決事，見嗤前世；魏明帝欲案尙書事，陳矯不從；隋文帝日昃聽政，衞士傳飡，太宗笑之。故王者擇人任而責成，見功必賞，有罪信罰，孰敢不力？孔子之稱帝舜恭己南面，以其能舉十六相，去四凶，而至無爲。豈必刓神疲體，勞耳目之察，然後爲治哉？」帝以黃裳言忠，嘉納之。由是平夏，翦蜀，滅蔡，復兩河，以機秉還宰相，紀律設張，赫然號中興，自黃裳啓之。

元和二年，以檢校司空同中書門下平章事，爲河中、晉絳節度使，俄封邠國公。明年卒，年七十，贈司徒，謚曰宣獻。

黃裳達權變，有王佐大略。性雅澹，未始忤物。初不爲執誼所禮，及敗，悉力營救；既死，表還其柩葬焉。嘗被疾，醫者誤進藥，疾遂甚，終不怒譴。然除吏不甚別流品，通饋謝，無絜白名。當大政未久，不究其才，及處外，天下常所屬意。卒後數年，御史劾奏黃裳納邠寧節度使高崇文錢四萬五千緡，按故吏吳憑及黃裳子載，辭服，帝念舊功，但流憑昭州，原載不問。

載終太僕少卿。

載弟勝，字斌卿，寶曆初擢進士第。楊嗣復數薦材堪諫官，不爲鄭覃所佑。宣宗感章武舊事，元和時大臣子若孫在者，多振拔之。帝嘗問勝，勝具道黃裳首建憲宗監國議，帝嘉歎，拜給事中，遷戶部侍郎判度支，欲倚爲宰相。及蕭鄴罷，爲中人沮毀，而更用蔣伸，以勝檢校禮部尚書，出爲天平節度使，不得意，卒。

裴垍字弘中，絳州聞喜人。擢進士第，以賢良方正對策第一補美原尉。藩府交辟，不就。四遷考功員外郎。吏部侍郎鄭珣瑜委垍校辭判，研覈精密，皆值才實。

憲宗元和初，召入翰林爲學士，再遷中書舍人。李吉甫始執政，以情謂垍曰：「吾落魄遠裔，更十年，始相天子，比日人物，吾懵不及知；且宰相職當進賢任能，君精鑒，爲我言之。」垍即崖略疏三十許人，吉甫籍以薦于朝，天下翕然稱得人。坐覆視皇甫湜、牛僧孺等對策非是，罷學士，爲戶部侍郎。帝器垍方直，以爲任公卿，薄其過，眷館彌厚。吉甫罷，乃拜垍中書侍郎、同中書門下平章事。加集賢殿大學士，監脩國史。

垍始承旨翰林，天子新翦蜀亂，厲精致治，中外機筦，垍多所參與，以小心愼默稱帝意。既當國，請繩不軌，課吏治，分明淑慝，帝降意順納。吐突承璀自東宮得侍，恩顧親渥，承間欲有關說，帝憚垍，誡使勿言。帝在殿中，常呼垍官而不名。嶺南節度使楊於陵爲監軍許遂振所誣，詔授冗官，垍曰：「以一中人罪藩臣，陛下之法安在？」更授美官。嚴綬守太原，政一出監軍李輔光，垍劾其懦，以李鄘代之。

王承宗擅襲節度，方帝屢削叛族，意必取之，又吐突承璀每欲橈垍權，因探帝意，自請往。于時澤潞盧從史詭獻征討計，垍固爭，以爲：「從史苞逆節，內連承宗，外請興師，以圖身利。且武俊有功於國，陛下前以地授李師道，而今欲奪承宗地有之，賞罰不一，沮勸廢矣。」帝猶違不能決。久之，卒用承璀謀，會兵討承宗，從史果反覆，兵久暴無功，王師告病。既而從史遣部將王翊元奏事，垍從容以語動之，翊元因言從史惡稔可圖狀，垍比遣往，得其大將烏重胤等要領。垍乃爲帝陳「從史暴戾不君，視承璀若小兒，往來神策軍不甚戒，可因其機致之，後無興師之勞」。帝初矍然，徐乃許之。垍請祕其計，帝曰：「惟李絳、梁守謙知之。」俄而承璀縛從史獻于朝，因班師。垍奏：「承璀首謀無功，陛下雖詘法，人心不厭，請流斥以謝天下。」乃罷所領兵。

先是，天下賦法有三：曰上供，曰送使，曰留州。建中初，釐定常賦，而物重錢輕。其後輕重相反，民輸率一倍其初，而所在以留州、送使之入，捨公估，更實私直以自潤，故賦益苛，齊民重困。垍奏禁之，一以公估準物，觀察使得用所治州租調，至不足，乃取支郡以贍，故送使之財悉爲上供。自是起淮、江而南，民少息矣。

垍器局峻整，持法度，雖宿貴前望造詣，不敢干以私。諫官言得失，大抵執政多忌之，惟垍奬勵使盡言。初，拾遺獨孤郁、李正辭、嚴休復三人皆遷，及過謝垍，垍獨讓休復曰：「君異夫二人孜孜獻納者，前日進擬，上固爲疑。」休復大慚。垍爲學士時，引李絳、崔羣與同列。及相，又擢韋貫之、裴度知制誥，李夷簡御史中丞，皆踵躡爲輔相，號名臣。自它選任，罔不精明，人無異言。士大夫不以垍年少柄用爲嫌，故元和之治，百度脩舉，稱朝無幸人。

五年，暴風痺，帝悵惜，遣使致問，藥膳進退輒疏聞。居三月，益痼，乃罷爲兵部尚書。

垍之進，李吉甫薦頗力，及居中，多變更吉甫時約束，吉甫復用，銜之。會垍與史官蔣武等上德宗實錄，吉甫以垍引疾解史任，不宜冒奏，乃徙垍太子賓客，罷武等史官。會卒，不加贈，給事中劉伯芻表其忠，帝乃贈太子太傅。

垍始相，建言：「集賢院官，登朝自五品上爲學士，下爲直學士，餘皆校理，史館以登朝者爲脩撰，否者直史館，以準六典。」遂著于令。

京兆少尹裴武使王承宗還，得德、棣二州，已而地不入。或言：「武還，先見垍，明日乃朝。」帝怒，召學士李絳議斥武，絳言：「垍身備宰相，明練時事，勢不容先見武。」帝悟，釋之。議者謂帝知垍明，倚任方篤，尙不免疑嫌，以信處位之難云。

李藩字叔翰，其先趙州人。父承，仕爲湖南觀察使，有名于時。藩少沈靖有檢局，姿制閑美，敏于學。居父喪，家本饒財，姻屬來弔，有持去者，未嘗問，益務施與，居數年略盡。年四十餘，困廣陵間，不自振，妻子追咎，藩晏如也。杜亞居守東都，表致府中。亞嘗疑牙將令狐運爲盜，掠服之，藩爭不從，輒去，後果獲眞盜，稍知名。

徐州張建封辟節度府，未嘗察苛細。建封卒，濠州刺史杜兼疾驅至，陰有覬望，藩泣謂曰：「公今喪，君宜謹守土，何棄而來？宜速還，否則以法劾君！」兼錯忤去，恨之，因誣奏「建封死，藩撼其軍，有非望」。德宗怒，密詔徐泗節度使杜佑殺之。佑雅器藩，得詔，十日不發，召見藩曰：「世謂生死報應，驗乎？」藩曰：「殆然。」曰：「審若此，君宜遇事無恐。」因出詔示藩，藩色不變，曰：「信乎，杜兼之報也！」佑曰：「愼毋畏，吾以闔門保君矣。」帝未之信，亟追藩。既入，帝望其狀貌，曰：「是豈作亂人邪？」釋之，拜祕書郎。

時王紹得君，邀藩與相見，當卽用，終不詣。王仲舒與同舍郎韋成季、呂洞日置酒邀賓客相樂，慕藩名，彊致之。仲舒等爲俳說廋語相狎昵，藩一見，謝不往，曰：「吾與終日，不曉所語何哉！」後仲舒等果坐斥廢。憲宗爲皇太子，王紹避太子諱，始改名，時議以爲諂。藩曰：「自古故事，由不識體之人敗之，不可復正，雖紹何誅？」累擢吏部郎中。坐小累，左授著作郎，再遷給事中。制有不便，就敕尾批卻之，吏驚，請聯它紙，藩曰：「聯紙是牒，豈曰敕邪？」裴垍白憲宗，謂藩有宰相器。會鄭絪罷，因拜門下侍郎、同中書門下平章事。

藩忠謹，好醜必言，帝以爲無隱。嘗問前世所以家給或國匱乏者何致而然及祈禳之數。藩具對：「儉則足用，敦本則百姓富，反是則匱。」又言：「孔子病，止子路之禱。漢文帝每祭，敕有司敬而不祈。使神無知，則不能降福；有知，固不可私己求媚而悅之也。且義於人者和於神，人乃神之主，人安而福至。」帝悅曰：「當與公等上下相勗，以保此言。」後復問神仙長年事，藩知帝且有所惑，極陳荒妄謾誕不可信。後入柳泌等語，果爲累云。

河東節度使王鍔賂權近求兼宰相，密詔中書門下曰：「鍔可兼宰相。」藩遽取筆滅「宰相」字，署其左曰：「不可。」還奏之。宰相權德輿失色曰：「有不可，應別爲奏，可以筆塗詔邪？」藩曰：「勢迫矣，出今日便不可止。」既而事得寢。

李吉甫復相，藩頗沮止。會吳少陽襲淮西節度，吉甫已見帝，潛欲中藩，即奏曰：「道逢中人假印節與吳少陽，臣爲陛下恨之。」帝變色不平。翌日，罷藩爲太子詹事。後數月，帝復思藩，召對殿中，事寢釋。明年，爲華州刺史，未行，卒，年五十八，贈戶部尚書，謚曰貞簡。

藩材能不及韋貫之、裴垍，然人物淸整，是其流亞云。

韋貫之名純，避憲宗諱，以字行。後周柱國敻八世孫。

父肇，大曆中爲中書舍人，累上疏言得失，爲元載所惡，左遷京兆少尹。久之，改祕書少監。載曰：「肇若過我，當擇善地處之。」終不肯詣。載誅，除吏部侍郎。代宗欲相之，會卒，謚曰貞。

貫之及進士第，爲校書郎，擢賢良方正異等，補伊闕、渭南尉。河中鄭元、澤潞郗士美以厚幣召，皆不應。居貧，啖豆糜自給。再遷長安丞。或薦之京兆尹李實，實舉笏示所記曰：「此其姓名也，與我同里，素聞其賢，願識之而進於上。」或者喜，以告曰：「子今日詣實，而明日賀者至矣！」貫之唯唯，不往，官亦不遷。

永貞時，始爲監察御史，舉其弟纁自代，及爲右補闕，纁代爲御史，議者不謂之私。宰相杜佑子從郁爲補闕，貫之與崔羣持不可，換左拾遺，復奏：「拾遺、補闕爲諫官等，宰相政有得失，使從郁議，是子而議父，殆不可訓。」卒改它官。遷禮部員外郎。新羅人金忠義以工巧幸，擢少府監，蔭子補齋郎，貫之不與，曰：「是將奉郊廟祠祭，階爲守宰者，安可以賤工子爲之。」又劾忠義不宜汙朝籍，忠義竟罷。於是權幸側目。

進吏部員外郎，坐考賢良方正牛僧孺等策獨署奏，出爲果州刺史，半道貶巴州。久之，召爲都官郎中，知制誥，進中書舍人。宰相裴垍嘗三奏事，憲宗不從。貫之曰：「公亦以進退決請乎？」垍曰：「奉敎。」事果見聽。垍因曰：「君異時當位於此。」改禮部侍郎。所取士，抑浮華，先行實，于時流競爲息。嘗從容奏曰：「禮部侍郎重於宰相。」帝曰：「侍郎是宰相除，安得重？」曰：「然爲陛下柬宰相者，得無重乎？」帝美其言。改尚書右丞，俄同中書門下平章事。遷中書侍郎。

討吳元濟也，貫之請釋鎮州，專力淮西，且言：「陛下豈不知建中事乎？始於蔡急而魏應也，齊、趙同起，德宗引天下兵誅之，物力殫屈，故朱泚乘以爲亂。此非它，速於撲滅也。今陛下獨不能少忍，俟蔡平而誅鎮邪？」時帝業已討鎮，不從。終之，蔡平鎮乃服。初，討蔡，以宣武韓弘爲都統，又詔河陽烏重胤、忠武李光顏合兵以進。貫之諫諸將戰方力，今若置都統，又令二帥連營，則各持重養威，未可歲月下也。亦不從。後四年乃克蔡，皆如貫之策云。

帝以段文昌、張仲素爲翰林學士。貫之謂學士所以備顧問，不宜專取辭藝，奏罷之。皇甫鎛、張宿皆以幸進。宿使淄青，裴度欲爲請銀緋，貫之曰：「宿姦佞，吾等縱不能斥，奈何欲假以寵乎？」由是宿等怨，陰構之，又與度論兵帝前，議頗駁，故罷爲吏部侍郎。於是翰林學士、左拾遺郭求上疏申理，詔免求學士，出貫之爲湖南觀察使。不三日，韋顗、李正辭、薛公幹、李宣、韋處厚、崔韶坐與貫之厚善，悉貶爲州刺史。顗、正辭、處厚皆清正，以鉤黨去，由是中外始大惡宿。

時國用不足，遣鹽鐵副使程异督諸道賦租，异諷州縣厚斂以獻。貫之不忍橫賦，而所獻不中异意，因取屬內六州留錢繼之。左遷太子詹事分司東都。穆宗立，即拜河南尹，以工部尚書召，未行，卒，年六十二，贈尚書右僕射，諡曰貞，後更諡曰文。

貫之沈厚寡言，與人交，終歲無款曲，不爲僞辭以悦人。爲右丞時，内僧造門曰：「君且相。」貫之命左右引出，曰：「此妄人也。」居輔相，嚴身律下，以正議裁物，室居無所改易。裴均子持萬縑請撰先銘，答曰：「吾寧餓死，豈能爲是哉！」生平未嘗通饋遺，故家無羨財。

子澳，字子斐，第進士，復擢宏辭。方静寡欲，十年不肯調。御史中丞高元裕與其兄温善，欲薦用之，諷澳謁己。温歸以告，澳不答，温曰：「元裕端士，若輕之邪？」澳曰：「然恐無呈身御史。」

周墀節度鄭滑，表署幕府。會墀入相，私謂曰：「何以教我？」澳曰：「願公無權。」墀愕眙，澳曰：「爵賞刑罰，人主之柄，公無以喜怒行之，俾庶官各舉其職，則公斂衽廟堂上，天下治矣，烏用權？」墀歎曰：「吾先居此，得無愧乎！」

擢考功員外郎、史館脩撰。歲中知制誥，召爲翰林學士。累遷兵部侍郎，進學士承旨。與蕭寘皆爲宣宗禮遇，每兩人直，必偕召問政得失。常夜被旨草詔書，事有不安者，即遷延須見帝，開陳可否，未嘗不順納。一日，召入，屏左右問曰：「朕於敕使如何？」澳陳帝威制前世無比。帝搖首曰：「未也。策安出？」澳倉卒答曰：「若謀之外廷，則大和事可用追鑒，不若就擇可任者與計事。」帝曰：「朕固行之矣。自黄至綠，自綠至緋，猶可，衣紫即合爲一矣。」澳愧汗不能對，乃罷。改京兆尹。

帝舅鄭光主墅吏豪肆，積年不輸官賦，澳逮繫之。它日延英，帝問其故。澳具道姦狀，且言必寘以法。帝曰：「可貸否？」答曰：「陛下自內署擢臣尹京邑，安可使畫一法獨行於貧下乎？」帝入白太后曰：「是不可犯。」后爲輸租，乃免。由是豪右斂跡。

會戶部闕判使，帝以問澳，澳三不對。帝曰：「任卿可乎？」曰：「臣老矣，力疲氣耗，煩劇非所任者。」帝默不樂。出謂其甥柳玭曰：「吾本不爲宰相知，上便委以使務，脫謂吾他岐而得，卒無以自白。今時事寖惡，皆吾輩貪爵位致然。」未幾，授河陽節度使。入辭，帝曰：「卿自便而遠我，非我去卿。」

懿宗立，徙平盧軍，入爲吏部侍郎，復出爲邠寧節度使。宰相杜審權素不悅澳，坐吏部時史盜簿書爲姦，貶祕書監，分司東都。就遷河南尹，辭疾不拜，丐歸樊川。逾年，以吏部侍郎召，不起。卒，贈戶部尚書，謚曰貞。

澳在河陽累年，宣宗遣使至魏博，道出澳所，帝以薄紙手作詔賜澳曰：「密飭裝，秋當見卿。」蓋將以爲相也。因問輔養術，澳具言金石非可御，方士怪妄，宜斥遠之。其八月，帝崩，不果相。

爲學士時，帝嘗曰：「朕每遣方鎮刺史，欲各悉州郡風俗者，卿爲朕撰一書。」澳乃取十道四方志，手加紬次，題爲處分語。後鄧州刺史薛弘宗中謝，帝敕戒州事，人人驚服。

綬，貫之兄。舉孝廉，又貢進士，禮部侍郎潘炎將以爲舉首，綬以其友楊凝親老，故讓之，不對策輒去，凝遂及第。後擢明經，辟東都幕府。

德宗時，以左補闕爲翰林學士，密政多所參逮。帝嘗幸其院，韋妃從，會綬方寢，學士鄭絪欲馳告之，帝不許，時大寒，以妃蜀襭袍覆而去，其待遇若此。每入直，踰月不得休。以母老，屢丐解職，每請，帝輒不悅。出入八年，而性謹畏甚。晚乃感心疾，罷還第，不極於用。

九月九日，帝爲黃花歌，顧左右曰：「安可不示韋綬！」卽遣使持往，綬遽奉和，附使進。帝曰：「爲文不已，豈頤養邪！」敕自今勿復爾。終左散騎常侍。

弟纁，有精識，爲士林器許，兄弟皆名重當時。

綬子温。

温字弘育。方七歲，日誦書數千言。十一，舉兩經及第，以拔萃高等補咸陽尉。父愕然，疑假權謁進，召而試諸廷，文就無留意，喜曰：「兒無愧矣！」入爲監察御史，以臺制苛嚴，不可以省養，不拜。換著作郎，既謝，輒解歸。侍親疾，調適湯劑，彌二十年，衣不弛帶。既居喪，毀瘠不支。服除，李逢吉辟置宣武府。頻遷右補闕。宰相宋申錫被構，罪不測，温倡曰：「丞相操履有初，不宜反，乃姦人陷之。吾等豈避雷霆，使上蒙霧咎邪！」率同舍伏閤切爭，由是益知名。

大和五年，太廟室漏罅，詔宗正、將作營治，不時畢，文宗怒責卿李銳、監王堪，奪其稟，自敕中人葺之。温諫：「吏舉其職，國以治；事歸於正，法以脩。夫設制度，立官司，度經費，則宗廟最重也。比詔下閱月，有司弛墯不力，正可黜慢官，懲不恪，擇可任者繕完之，則吏舉職，事歸正矣。今慢吏奪稟，而易以中人，是許百司公廢職，以宗廟之重，爲陛下所私，臣竊惜之。請還將作，則官脩業矣。」帝乃罷宦人。會羣臣請上尊號，温固諫：「今河南水，江淮旱歉，京師雪積五尺，老稚凍仆，此非崇飾虛名時。」帝順納，乃謝羣臣。改侍御史。

李德裕入輔，擢禮部員外郎。或言雅爲牛僧孺厚，德裕曰：「是子堅正，可以私廢乎？」鄭注節度鳳翔，表爲副，温曰：「拒則遠黜，從之禍不測，吾焉能爲注起邪？」注誅，由考功員外郎拜諫議大夫。未幾，爲翰林學士。先是，綬在禁廷，積憂畏病廢，故誡温不得任近職，至是固辭。帝怒曰：「寧綬治命邪？」禮部侍郎崔蠡曰：「温用亂命，益所以爲孝。」帝意釋，換知制誥。引疾徙太常少卿。宰相李固言薦温給事中，帝曰：「温素避事，肯爲我論駁乎？

須太子長，以爲賓客。」久之，卒爲給事中。

初，兼莊恪太子侍讀，晨詣宮，日中見太子，諫曰：「殿下盛年，宜鷄鳴蚤作，問安天子，如文王故事。」太子不悅。辭侍讀，見聽。王晏平罷靈武節度使，以馬及鎧仗自隨，貶康州司戶參軍，厚賂貴近，浹日，改撫州司馬，樂工尉遲璋授光州長史，温悉封上詔書。太子得罪，詔諭羣臣，温曰：「陛下訓之不早，非獨太子罪。」時頗直其言。遷尙書右丞。鹽鐵推官姚勗按大獄，帝以爲能，擢職方員外郎，將趨省，温使戶止，卽上言：「郎官清選，不可賞能吏。」帝命中人諭遣，温執議不移，詔改勗檢校禮部郎中。帝問故於楊嗣復，對曰：「勗，名臣後，治行無疵。若吏材幹而不入清選，佗日孰肯當劇事者？此衰晉風，不可以法。」帝素重温，出爲陝虢觀察使。民當輸租而麥未熟，吏白督之，温曰：「使民貨田中穗以供賦，可乎？」爲緩期而賦辦。

武宗立，擢吏部侍郎。李德裕欲引同輔政，温苦言李漢可釋，德裕悵然，出宣歙觀察使。池民訟刺史，劾無狀，榜殺之，威行部中。

旣疾，召親屬，賦綏詩「在室愧屋漏」，因泣下曰：「今知沒身不負斯誡矣！」卒，年五十八，贈工部尙書，謚曰孝。

温性剛峻，人望見無敢戲慢者。與楊嗣復、李珏善，嘗勸與李德裕平故憾，二人不從，及皆謫，溫歎曰：「用吾言，孰至是邪！」一女，歸薛蒙。女工屬文，續曹大家女訓，行于世。溫少合，所善惟蕭祜。

祜者，字祜之，夷澹君子也。少貧窶，隱居，以孝養聞。司農卿李實督官租，祜居喪，未及輸，召至，將責之，會有賜與，倩祜爲奏，實稱善，即薦于朝。終制，以處士拜左拾遺。累遷諫議大夫，終桂州觀察使，贈右散騎常侍。

精畫及書，自鍾、王、蕭、張以來，皆能識其眞贋。然不以塵事自蒙，故溫號「山林友」云。

贊曰：杜黃裳善謀，裴垍能持法，李藩鯁挺，韋貫之忠實，皆足穆天縡，經國體，撥衰奮王，菑攘四方。憲宗中興，寧不謂得人而致然邪？昔子貢孔堂高第而貨殖，韓安國漢名宰而資貪，黃裳亦以受餉見疵，至於忠烈毅然，則不可掩已。

唐書卷一百七十

列傳第九十五

高崇文 承簡 伊慎 朱忠亮 劉昌裔 范希朝 王鍔 稷

孟元陽 王棲曜 茂元 劉昌 士涇 趙昌 李景略 任迪簡

張萬福 高固 郝玼 史敬奉 野詩良輔

高崇文字崇文，其先自渤海徙幽州，七世不異居，開元中，再表其閭。崇文性樸重寡言，少籍平盧軍。貞元中，從韓全義鎮長武城，治軍有聲。累官金吾將軍。吐蕃三萬寇寧州，崇文率兵三千往救，戰佛堂原，大破之，封渤海郡王。全義入朝，留知行營節度後務，遷長武城都知兵馬使。

劉闢反，宰相杜黃裳薦其才，詔檢校工部尙書、左神策行營節度使，俾統左右神策、麟游奉天諸屯兵討闢。時顯功宿將，人人自謂當選，及詔出，皆大驚。始，崇文選兵五千，常若寖至，至是，卯漏受命，辰已出師，器良械完，無一不具。過興元，士有折逆旅匕箸者，卽斬以徇。乃西自閬中出，郤劍門兵，解梓潼之圍，賊將邢泚退守梓州。詔拜崇文東川節度使。初，闢陷東川，執節度使李康不殺也，至是歸康以丐雪，崇文數康失守罪，斬之。鹿頭山南距成都百五十里，扼二川之要，闢城之，旁連八屯，以拒東兵。崇文始破賊二萬于城下，會雨不克攻。明日，戰萬勝堆，堆直鹿頭左，使驍將高霞寓鼓之，士扳緣上，矢石如雨，募死士奪而有之，盡殺戍者，焚其柵，下瞰鹿頭城，人可頭數。凡八戰皆捷，賊心始搖。大將阿跌光顏與崇文約，後期，懼罪，請深入自贖，乃軍鹿頭西，斷賊糧道。賊大震，其將李文悅以兵三千自歸，仇良輔舉鹿頭城二萬衆降，執闢子方叔、壻蘇彊。遂趣成都，餘兵皆面縛送款。闢走，追禽之，檻送京師。

入成都也，師屯大逵，市井不移，珍貨如山，無秋豪之犯。邢泚已降而貳，斬于軍，衣冠脅汙者詣牙請命，崇文爲條上全活之。進檢校司空、西川節度副大使，南平郡王，實封三百戶，刻石紀功于鹿頭山。

崇文不通書，厭案牘諸判以爲繁，且蜀優富無所事，請扞邊自力，乃詔同中書門下平章事、邠寧慶節度使，爲京西諸軍都統。崇文恃功而侈，舉蜀帑藏百工之巧者皆自隨，又不曉朝廷儀，憚於覲謁，有詔聽便道之屯。居邠三年，戎備整脩。卒，年六十四，贈司徒，謚曰威武。會昌六年，詔配享憲宗廟。

子承簡，少事忠武軍，後更隸神策。以崇文平蜀功，除嘉王傅。裴度征蔡，奏署牙將。蔡平，詔析上蔡、郾城、遂平、西平四縣爲溵州，拜承簡刺史，治郾城。始開屯田，列防庸，瀕溵綿地二百里無復水敗，皆爲腴田。先是，賊棨武宮以夸戰勞，承簡夷其丘，庀家財以葬。葺儒宮，備俎豆，歲時行禮。野有菽實，民得以食。將吏立石頌功。遷邢州刺史，觀察府責賦尤急，承簡代下戶數百輸租。遷宋州。會宣武將李㝏反，遣使責財于宋，承簡囚之，前後數輩輒繫獄，一日并出斬于牙門，威震部中。㝏悉兵攻之，宋有三城，南城陷，承簡保北兩城，數爲賊确，會徐州救至，㝏爲李質所執，兵遂潰。拜兗海沂密節度使。遷義成軍，檢校尚書左僕射。入拜右金吾衞大將軍，復節度邠寧。先是，虜多以盛秋犯邊，承簡請屯寧州以制其侵。屬疾還朝，道卒，贈司空，謚曰敬。

崇文孫駢自有傳。

伊慎字寡悔，兗州人。通春秋、戰國策、天官、五行書，用善射爲折衝都尉。喪母，將合葬而不知父墓，晝夜哭，夢若有導者，既發之，舊志可按也，乃得葬。

江西路嗣恭討哥舒晃，以慎爲先鋒。疾戰破賊，斬首三千級，下韶州。戰杷江口，水湍駛，乃爲桴，實薪焉，乘風縱火，賊焚且溺不可計，與諸將追斬晃泔溪。授連州長史，知團練副使。三遷江州別駕。

討梁崇義也，慎以江西牙兵屬李希烈，希烈署漢南北兵馬使，不受，獨率所部破崇義於蠻水，效俘三萬。襄、漢平，功多。希烈愛其材，數饋遺，欲縻止之，卒以計免。明年，希烈果反。嗣曹王皋至鍾陵，得而壯之，拔爲大將。希烈恐爲皋所任，遺以七屬甲，詐爲慎書，行反間。帝遣使即軍中斬之，皋表列其誣，未報。賊泝江徇地，皋授慎兵，勞而遣，與賊大戰，破之，收黃梅，攻長平，殺賊將，斬級千餘，拔蔡山尤力，遂下蘄州，即拜刺史，封南兗郡王。

天子在梁州，包佶轉東南財糧次蘄口，賊遣驍將杜少誠以兵萬人遏江道，不得西。慎選士七千，列三屯相望，偃旗以待。少誠分圍之，未合，慎自中屯鼓之，諸屯悉出奮擊，賊亂，少誠走，斬別將許少華，封其尸爲京冢，漕無留艱。進圍安州，希烈之甥劉戒虛以兵八千來援，慎逆擊于應山，禽之，示城下，州開門降。以功爲安州刺史，實封百戶。改隋州。戰厲鄉，斬首五千級，喻降李惠登，即薦惠登爲刺史。拜慎安、黃州節度使。

吳少誠反，詔領步騎五千兼統荆南、湖南、江西兵當一面，遇賊于三州港，營義陽，戰于申，斬首數千，加檢校刑部尚書。貞元末，詔安、黄爲奉義軍，卽爲奉義節度。憲宗卽位，以兵付其子宥，身入朝，拜尚書右僕射，改金吾衞大將軍。以錢三千萬賂宦人求帥河中，事暴，帝沒其半贓，貶右衞將軍。明年，念舊勞，復檢校右僕射兼右衞上將軍。卒，贈太子太保，謚曰壯繆。乾符中，盜發其墓，賜絹二百脩瘞云。

朱忠亮字仁輔，汴州浚儀人。舉明經不中，往事昭義節度使薛嵩爲裨將，屯普潤，開田峙糧，以功擢太子賓客。朱泚亂，率麾下四十騎至奉天，封東陽郡王，爲「定難功臣」。扈狩梁州，爲賊鈔獲，繫長安獄。賊平，李晟釋之，奏隸本軍，累遷定平軍使。憲宗立，加御史大夫。涇州將楊琦謀拒詔爲亂，方集諸校計事，屋壞，琦壓死，乃授忠亮涇原四鎭節度使。本名士明，至是賜今名。

隱覈軍籍，得竄名者三千人，歲收乾沒十萬緡。吏白耄卒不任戰者可罷，答曰：「古於老馬不棄，況戰士乎？」聞者莫不感奮。涇俗舊多賣子，忠亮以財贖免者前後數百。築潘原城有勞，改封丹楊。卒，贈尙書右僕射，謚曰靈。

劉昌裔字光後，太原陽曲人。幼重遲不好戲，常若有所思度。及壯，策說邊將不售，去入蜀。楊子琳亂〔一〕，昌裔說之。子琳順命，拜瀘州刺史，署昌裔州佐。子琳死，客河朔間。曲環方攻濮州，表爲判官。爲環檄李納，剴曉大誼，環上其稾，德宗異之。環領陳許軍，又從府遷。累進營田副使。

環卒，上官涚知後務，吳少誠引兵薄城，涚欲遁去，昌裔止曰：「受詔而守，死其職也。況士馬完奮，足支賊。若堅壁不戰七日，賊氣必衰，我以全制之可也。」涚許諾。賊攻堞壞，不得脩。昌裔密造飛棚聯栅，卽募突將千人鑿城以出，擊賊走之。比還，栅已立，守陴遂安。兵馬使安國寧謀應賊，昌裔以計斬之；召其麾下千人爲饗，人賞二縑，乃伏兵于道，令「持縑者斬」，一不能脫，賊聞解去。以功擢涚陳許節度使，昌裔陳州刺史。

韓全義敗于溵水，引軍走陳，求入保，昌裔登陴揖曰：「天子命君討蔡，何爲來陳？且賊不敢至我城下，君其舍外無恐。」明日，從十餘騎持牛酒抵全義營勞軍，全義不自意，迎拜歎服。

改陳許行軍司馬。洸卒，軍中推昌裔，有詔檢校工部尚書，代節度。命境上吏不得犯蔡人，少誠吏有來犯者，捕得，縛送使自治之。少誠慚，其軍亦禁境上暴掠者。封彭城郡公。

元和八年，大水壞廬舍，溺居人，以檢校尚書左僕射兼左龍武統軍召還京師。始，憲宗惡昌裔自立，欲召之而重生變，宰相李吉甫曰：「陛下乘人心愁苦可召也。」遂以韓皐代之。至長樂驛，知帝意，因稱風眩臥第。歲中卒，贈潞州大都督，謚曰威。

范希朝字致君，河中虞鄉人。初從邠寧軍爲別將，事節度使韓游瓌。德宗在奉天，以戰守功累兼御史中丞。治軍整毅，游瓌畏其才，將伺隙殺之，希朝懼，奔鳳翔。帝聞，召寘左神策軍。貞元四年，以游瓌政無狀，使代之。希朝曰：「始偪而來，終代其任，非所以防覬覦、安反仄也。」固讓左金吾衞將軍張獻甫。軍中憚獻甫嚴，以兵脅監軍使請於帝，必得希朝乃止。詔拜寧州刺史、邠寧節度副使，俾佐獻甫。

俄遷振武節度使。部有党項、室韋雜居，暴掠放肆，日入慝作，謂之「刮城門」。希朝度要害置屯保，斥邏嚴密，鄙民以安。至小竊取亦殺無赦，虜人憚伏，相謂曰：「是必張光晟給姓名來也！」邊州每長帥至，必效橐它駿馬，雖甚廉者猶受之，以結其歡。希朝一不納。積十四年，虜保塞不敢橫。初，單于城地不樹，希朝命蒔柳，數歲成林。

貞元末，請朝。時諸鎮不以事自述職者，希朝而已。帝悅，拜右金吾衛大將軍。王叔文用事，謂其易制，用爲右神策統軍，充左右神策京西諸城鎮行營節度使，屯奉天，以韓泰爲副，因欲使泰代之。會不能得神策軍而罷。

憲宗立，檢校尚書左僕射，復爲右金吾衛大將軍。俄檢校司空，出爲朔方靈鹽節度使。遷河東，率師討王承宗，敗之木刀溝，然老病不能有大功。還朝，改左龍武統軍，以太子太保致仕。卒，贈太子太師，謚忠武，改曰宣武。

希朝號當世善將，或比之趙充國。在朔方時，招突厥別部沙陀千落衆萬餘有之，其後用沙陀戰者，所至有功。

王鍔字昆吾，自言太原人。始隸湖南團練府爲裨將，楊炎道潭，與語，異其才。嗣曹王皋爲團練使，俾鍔誘降武岡叛將王國良，以功擢邵州刺史。

皋之節度江西也，李希烈南侵，皋與鍔兵三千，使屯潯陽，而皋全軍臨九江，襲蘄州，遂以衆濟。表鍔江州刺史兼御史中丞，充都虞候。鍔小心，善刺軍中情僞，事無細大，皐悉知之。因推以腹心，雖家人燕居或預焉。皐攻安州，使伊愼盛兵圍之，而遣鍔入城中約降，使殺不從者。翌日城開，愼以賊降乃己功，不下鍔，鍔稱疾避之。

皐爲荆南節度使，欲署府少尹，而上佐鄙其人，乃復檄都虞候。從皐朝京師，皐奏鍔文用雖不足，而它可試。德宗擢爲鴻臚少卿。先是，天寶末，西域朝貢酋長及安西、北庭校吏歲集京師者數千人，隴右既陷，不得歸，皆仰稟鴻臚禮賓，月四萬緡，凡四十年，名田養子孫如編民。至是，鍔悉藉名王以下無慮四千人，畜馬二千，奏皆停給。宰相李泌盡以隸左右神策軍，以酋長署牙將，歲省五十萬緡。帝嘉其公，擢容管經略使，凡八年，谿落安之。

遷嶺南節度使。廣人與蠻雜處，地征薄，多牟利於市，鍔租其廛，榷所入與常賦埒，以爲時進，裒其餘悉自入。諸蕃舶至，盡有其稅，於是財蓄不貲，日十餘艘載皆犀象珠琲，與商賈雜出于境。數年，京師權家無不富鍔之財。

召爲刑部尚書。淮南節度使杜佑數請代，乃以鍔檢校兵部尚書爲佑副，厚事佑以悅之，坐必就司馬聽事，不數日，遂代佑。久之，入拜尚書左僕射，又檢校司徒，爲河中節度使。

進兼太子太傅，徙河東。河東自范希朝討鎭無功，兵才三萬，騎六百，府庫殘耗。鍔能補完畜費，未幾，兵至五萬，騎五千，財用豐餘。會回鶻并摩尼師入朝，鍔欲示威武傾駭之，乃悉軍迎，廷列五十里，旗幟光鮮，戈鎧犀密。回鶻恐，不敢仰視，鍔偃然受其禮。帝聞嘉之，即除檢校司空、同中書門下平章事。鍔自見居財多，且懼謗，納錢二千萬。李絳奏言：「鍔雖有勞，然僉望不屬，恐天下議以爲宰相可市而取。」帝曰：「鍔當太原殘破後，成雄富之治。官爵所以待功，功之不圖，何以爲勸？王播所獻數萬萬，亦可以平章政事乎？」不聽。卒，贈太尉，謚曰魏。

鍔初附太原王翃爲從子，以婚閥自高。翃子弟亦藉鍔多得官。又常讀春秋，自稱儒者，士頗笑之。善任數持下，在淮南時，嘗得無名書，內鞾中，俄取它書焚之，人信其無名者，異日因小罪，并以所告窮驗，示衆以神明。性纖嗇，有所程作，雖碎瑣無所遺。官曹簾壞，吏將易之，鍔取壞者付船坊以鍼箬。每燕饗，輒錄其餘賣之以收利。故鍔家錢徧天下。

子稷，歷鴻臚少卿。鍔在藩，稷常留京師，視勢高下輕重以納貲焉。嘗請籍坊以廣第舍，作複垣洞穴，實金錢其中。鍔卒，奴告稷更遺占，沒所獻，裴度爲言，乃論殺奴。

長慶二年，用稷爲德州刺史，悉金寶、媵侍以行。節度使李全略利其貨，因軍亂殺稷，納其女爲媵。

開成中，滄州節度使劉約奏稷子叔泰生五歲，值全略亂，爲郡人匿養，得不死。送叔泰京師，文宗憫焉，詔授九品官，使奉禋祀。

孟元陽，史失其何所人。起陳許軍中，以嚴整稱。曲環領節度使，時已爲大將，使董作西華屯。盛夏，屩而立于塗，役休乃就舍，故田輒歲稔，而軍食常足。環卒，吳少誠來寇，元陽嬰城守，圍甚急，然終不能傅城。韓全義敗五樓，列將多私去，獨元陽與神策將蘇元策、宣州將王幹以所部屯溵水，破賊二千，詔拜陳州刺史。

憲宗立，遷河陽節度使。五年，盧從史敗，檢校尚書右僕射，徙帥昭義軍。入爲右羽林統軍，封趙國公。改右金吾大將軍，復拜統軍。卒，贈揚州大都督。

王栖曜，濮州濮陽人。安祿山反，尙衡哀義兵討賊，署牙將，徇兗、鄆諸縣下之，進牙前總管。賊將邢超然守曹州，乘城指顧，栖曜曰：「彼可取也。」一矢殪之，遂拔曹州。累授試金吾衞將軍。

袁晁亂浙東，御史中丞袁傪討之，表爲偏將。與賊戰，日十餘遇，生禽晁，收州縣十六，授常州別駕、浙西都知兵馬使。時江介未定，詔內常侍馬日新以汴滑軍五千鎭之。中人暴橫，賊蕭廷蘭乘衆怨逐日新，劫其衆。棲曜方游弈近郊，賊脅取之，與圍蘇州。棲曜乘賊怠，挺身登城，率城中兵出戰，賊衆大敗，遷試金吾大將軍。

李靈曜反汴州，浙西觀察使李涵使提兵四千爲河南掎角，有功。李希烈陷汴州也，乘勝東略，次寧陵，將襲宋州。浙西節度使韓滉使棲曜以彊弩三千涉水夜入寧陵，希烈不之知；晨朝，矢集帳前，驚曰：「江淮弩士入矣！」遂不敢東。

貞元初，拜左龍武大將軍，出爲鄜坊節度使。十九年，卒，贈尙書右僕射，諡曰成。

棲曜性謹厚，善騎射。始將兵時，涉寇境，遇游騎環合，乃規百步立表而射，每射破的，虜相顧懼，引去。

子茂元，少好學。德宗時上書自薦，擢試校書郎，改太子贊善大夫。呂元膺留守東都，署防禦判官。淄靑留邸卒謀亂，元膺率兵圍之，士無敢先者，茂元取一人斬之，衆乃進，賊遂出奔。累遷嶺南節度使，蠻落安之。

家積財，交煽權貴。鄭注用事，遷涇原節度使。注敗，悉出家貲餉兩軍，得不誅，封濮陽郡侯。召爲將作監，領陳許節度使，又徙河陽。討劉稹也，李德裕以茂元兵寡，詔王宰領陳許合義成兵援之，以河陰所貯兵械、內庫甲弓矢陌刀賜之。會病，以宰兼河陽行營攻討使。卒，贈司徒，謚曰威。

劉昌字公明，汴州開封人。善騎射。天寶末，從河南防禦使張介然討安祿山，授易州遂城府左果毅。史朝義兵圍宋州，城中食盡且降。昌說刺史李岑曰：「李光弼在河陽，江淮足兵，勢必來援。今廩麴尚多，若屑以食，可支二十日，則救至。」岑聽之，昌乃被鎧登城，以忠義諭賊，賊不敢攻。俄而光弼援兵至，賊夜潰。光弼聞其謀，召置軍中，將用之。會光弼卒，還爲宋州牙門將。

李靈曜以汴州反，刺史李僧惠欲應之，昌請見，陳逆順計，且泣。僧惠悟，即馳奏請自將討賊。故靈曜失助，不得逞。汴州平，李忠臣疾僧惠，攻殺之，昌遁去。

劉玄佐領宣武節度使，擢昌左廂兵馬使。李納反，以偏師收考城，充行營諸軍馬步都虞候。玄佐攻濮州，以昌攝刺史。李希烈取汴，玄佐別將高翼提精卒守襄邑，城陷，翼赴水死，江淮大震。昌以兵三千守寧陵，希烈衆五萬攻之，昌掘塹以遏地道，相拒凡四十餘日，賊數敗，乃解圍去。更攻陳州，昌從玄佐以浙西兵三萬救之。西去陳五十里，昌薄其軍，大戰破之，禽賊將翟曜，希烈奔還蔡州。加檢校工部尚書，累實封二百戶。

貞元三年入朝，詔以宣武兵八千北出五原。士卒有逗留沮事者，斬三百人乃行，舉軍慴伏。尋授京西行營節度使。歲餘，改四鎮、北庭行營兼涇原節度。七年，城平涼，開地二百里，扼彈箏峽。又西築保定，扞青石嶺，凡七城二堡，旬日就。以功檢校尚書右僕射，累封南川郡王。十四年，歸化堡軍亂，逐大將張國誠，詔昌經略。昌入堡，誅數百人，復使國誠統之。昌在邊凡十五年，身率士墾田，三年而軍有羨食，兵械銳新，邊障妥寧。及感疾，詔赴京師，未行，卒，年六十五，贈司空。

初城平涼，當劫盟後，將士骸骨不藏，昌始命瘞之。夕夢若詣昌厚謝者，昌具以聞。德宗下詔哀痛，出衣數百稱，官爲賽具，斂以棺櫬，分建二冢，大將曰旌義冢，士曰懷忠冢，葬淺水原，詔翰林學士爲銘識其所。昌盛陳兵衞，具牢醴，率諸將素服臨之，邊兵莫不感泣。

子士涇，尙雲安公主，拜駙馬都尉，累遷少卿。家積財，內結權近。善胡琴，故得幸於貴人。後遷太僕卿，給事中韋弘景等封還制書，以士涇交通近倖，不當居九卿。憲宗曰：

「昌有功於邊，士涇又尙主，官少卿已十餘年，制書宜下。」弘景等乃奉詔。

贊曰：唐杜牧稱：「寧陵之圍解，劉玄佐召昌問曰：『君以孤城，用一當十，何以能守？』昌泣曰：『始昌令守陴內顧者斬。昌孤甥張俊守西北，未嘗內顧，捽下斬之，士有死志，故能守。』因伏地流涕，玄佐亦泣曰：『國家將富貴汝。』」史臣謂不然，且勒兵乘城與賊抗，所賴惟賞罰耳。今無罪而斬其甥，士心且離，不祥莫大焉，寧好事者傳此以益其美？非昌志也。牧以爲張巡、許遠陷睢陽，其名傳，昌全寧陵而事不得暴于世，寧牧未之思邪？

趙昌字洪祚，天水人。始爲昭義李承昭節度府屬，累遷虔州刺史。安南酋獠杜英翰叛，都護高正平以憂死，拜昌安南都護，夷落嚮化毋敢桀。居十年，足疾，請還朝，以兵部郎中裴泰代之，入爲國子祭酒。未幾，州將逐泰，德宗召昌問狀，時年逾七十，占對精明，帝奇之，復拜安南都護。詔書至，人相賀，叛兵卽定。

憲宗初立，檢校戶部尙書，遷嶺南節度使。降戢阬荒，以勞徙節荆南。召入，再遷工部尙書、兼大理卿。出爲華州刺史，對麟德殿，趨拜強駃，帝訪其所以頤養。遷太子少保。卒，年八十五，贈揚州大都督，謚曰威。

李景略，幽州良鄉人。父承悅，檀州刺史、密雲軍使。景略以蔭補幽州府功曹參軍。大曆末，客河中，闔門讀書。李懷光爲朔方節度使，署巡官。五原將張光殺其妻，以貲市獄，前後不能決，景略覈實，論殺之。既而有若女厲者進謝廷中，如光妻云。遷大理司直。懷光屯咸陽，將襲東渭橋，召幕府計議。景略曰：「殺朱泚，還軍諸道，杖策詣行在，此轉禍爲福也。」不聽。既出軍門，慟哭曰：「豈意此軍乃陷不義乎！」遂遁歸。

靈武節度使杜希全表置于府，累轉侍御史、豐州刺史。豐州當回紇通道，前刺史軟柔，每虜使至，與抗禮。時梅錄將軍入朝，景略欲折之，因郊勞，前遣人謂曰：「可汗新沒，欲弔使者。」乃坐高壠待之。梅錄俯僂前哭，景略卽撫之曰：「可汗棄代，助爾號慕。」於是虜容氣沮索，不敢抗，以父行呼景略。自此回紇使至者，皆拜于廷，威名顯聞。希全忌之，誣奏，貶袁州司馬。

希全死，遷左羽林將軍，對德宗延英殿，論奏衎衎，有大臣風。會河東節度使李說病，以景略爲太原少尹、行軍司馬。時方鎮既重，故少召還者，惟不幸則司馬代之。自說有疾，人心固屬景略矣。會梅錄復入朝，說大會，虜人爭坐，說不敢遏，景略叱之，梅錄識其聲，驚拜曰：「非李豐州邪？」遂就坐。將吏相顧嚴憚，說愈不平，賂中尉竇文場謀毀去之。

歲餘，塞下傳言回紇將南寇，文場方侍帝傍，卽言豐州當得良將，且擧景略，乃拜豐州刺史、天德軍西受降城都防禦使。窮塞苦寒，地墝鹵，邊戶勞悴。景略至，節用約己，與士同甘蓼，鑿咸應、永清二渠，溉田數百頃，儲稟器械畢具，威令肅然，聲雄北疆，回紇畏之。卒于屯，年五十五。天下惜用景略才有所未盡。贈工部尙書。

任迪簡，京兆萬年人。擢進士第。天德李景略表佐其軍，嘗宴客，而行酒者誤進醯，景略用法嚴，迪簡不忍其死，飲爲釂，徐以它辭請易之，歸略血，不以聞，軍中悅其長者。景略卒，擧軍請爲帥，監軍使拘迪簡，不聽，衆大呼，破戶出之。德宗遣使者察變，具得所以然，乃授豐州刺史、天德軍使。由殿中侍御史授兼大夫、散騎常侍。入爲太常少卿、太子左庶子。

張茂昭以易定歸，擢迪簡行軍司馬代之。大將揚伯玉據牙不納，衆殺之，別將張佐元復叛，迪簡斬以徇，乃入，以檢校工部尚書爲節度使。承茂昭奢縱後，公私屈乏，欲饗士，無所給，至與下同糲食，身居戟戶。踰月，軍中感其公，請安臥內，迪簡乃許。三年，上下完充。以疾入，除工部侍郎。不能朝，改太子賓客。卒，贈刑部尚書，謚曰襄。

張萬福，魏州元城人。三世明經，止縣令、州佐。萬福以儒業不顯，乃學騎射，從主斛斯以別校征遼東，有功。

李峘伐劉展，署爲部將，效首萬級。累攝壽州刺史、舒廬壽都團練使。州送租賦詣都，至潁爲盜所奪，萬福領輕兵尾襲，賊倉卒不得戰，悉禽之，盡得所亡，并先掠人妻女、財畜萬計，還其家，不能自致者，給船車以遣。眞拜刺史，兼淮南節度副使。而節度崔圓忌之，失刺史，改鴻臚卿，使將千人鎭壽州，不以爲恨。時許杲以平盧行軍司馬將卒三千駐濠州，陰窺淮南。圓使萬福攝濠州刺史。杲聞，即移戍當塗。賊陳莊陷舒州，圓又令攝舒州刺史，督淮南盜賊，窮破株黨。

大曆三年召見，代宗曰：「欲一識卿面，且將以許杲累卿。」萬福辭謝，因前曰：「陛下以一許杲召臣，如河北諸將叛，欲屬何人？」帝笑曰：「始爲我了杲事，且當大用。」乃拜和州刺史兼行營防禦使，督盜淮南。萬福至州，杲懼，徙屯上元，過楚州，大掠，節度使韋元甫使萬福追討。未至，杲爲其將康自勸所逐，自勸循淮鈔而東，萬福倍道追殺之，免者十三，盡還所剽於民。元甫將厚賞士，萬福曰：「官健坐仰衣食，無所事，今一小煩之，不足過賞，請用三之一。」帝下詔褒美，賜具衣、宮錦十雙。

久之，詔以本鎭兵千五百人防秋京西。萬福詣揚州還所領兵，會元甫死，諸將願得萬福爲帥，監軍使邀請之，對曰：「我非幸人，勿以此待我。」遂去。以利州刺史鎭咸陽，且留宿衞。

李正己反，屯兵埇橋，江淮漕船積千餘不敢踰渦口。德宗乃以萬福爲濠州刺史，召謂曰：「先帝改爾名正者，所以褒也。朕謂江淮草木亦知爾威名，若從所改，恐賊不曉是卿也。」復賜舊名。萬福因馳至渦口，駐馬于岸，悉發漕船相銜進，賊兵倚岸熟視不敢動。改泗州刺史。魏州饑，父子相賣，萬福曰：「魏州吾鄉里，安忍其困？」令兄子將米百車餽之，贖魏人自賣者，給資遣之。

爲杜亞所忌，召拜右金吾將軍。及見，帝驚曰：「亞乃言爾昏耄，何邪？」詔圖形凌烟閣，數賜與，幷敕度支籍口畜給其費。陽城等詣延英門論裴延齡事，伏閤不去，帝震怒，左右懼不測。萬福大言曰：「國有直臣，天下無慮矣。吾年八十，與見盛事。」徧揖城等勞之，天下益重其名。以工部尚書致仕，卒，年九十。

萬福自始終祿食七十年，未嘗一日言病。蒞凡九州，皆有惠愛。初，在泗州，遇李希烈反，陳少游悉以部刺史妻子質揚州，萬福獨不遣。謂使者：「為我白公，妻老且醜，不足溷公意。」卒不行，人稱其直。

高固，不知何許人，或言四世祖侃，永徽中為北庭安撫使，禽車鼻可汗，以功為安東都護。

固生微賤，為家所賣，轉為渾瑊童奴，字黃芩。性敏惠，有旅力，善騎射，能讀左氏春秋。瑊愛養之，以齊有高固，因以名，以乳媪女女固。從瑊屯朔方。德宗在奉天，固仍從瑊，賊突入東甕門，固引銳士長刀殺賊數十人，曳車塞闉，賊不能入。封渤海郡王。

李懷光反，使邠寧留後張昕將兵萬人先趣河中，固在行，乃伺間入帳下斬昕首以徇，拜檢校右散騎常侍、前軍兵馬使。貞元十七年，邠寧節度使楊朝晟卒，詔將并邠寧、朔方為一軍，議以李朝寀為節度，劉南金副之，以詢邠軍，咸曰：「如詔。」數日復劫固為帥，固曰：「然能聽吾言，乃可。」衆唯唯。固徇曰：「毋殺人，毋肆掠！」三軍皆順悅。帝亦念固功，乃拜邠寧節度使。固本宿將，且寬厚，人皆安之。然久在散位，數爲儕類輕笑。及受命，衆多懼，固一釋不問。

憲宗時，檢校尚書右僕射，入爲右羽林統軍。卒，贈陝州大都督。

郝玼，不記其鄉里。貞元中爲臨涇鎭將，嘗從數百騎出野，還，說節度使馬璘曰：「臨涇扼洛口，其川饒衍，利畜牧。其西走戎道，曠數百里皆流沙，無水草。願城之，爲休養便地。」玼出，或謂璘曰：「玼言信然。雖然，公所以蒙恩大幸，以邊防未固也。上心日夜念此，故厚於公。今若用玼言，則邊已安，尙何事爲？」璘遂不聽。

及段佑代節度，玼又說曰：「天寶時，天下以兵爲防，獨西戎耳。而塞至京師且萬里。自祿山反，西陲盡亡，寰內爲邊郡，每虜入寇，驅井閭父子與馬牛，焚積聚，殘室廬，邊人耗盡。今若築臨涇以折虜勢，便甚。」佑唯許，請于朝，卒詔城臨涇，爲行原州，以玼爲刺史，戍之，自是虜不敢過臨涇。

玼在邊積三十年，每討賊，不持糗糧，取之於敵。獲虜必刳剔而歸其屍，虜大畏，道其名以怖啼兒。遷檢校左散騎常侍、涇原行營節度使，封保定郡王。贊普常等玼身鑄金象，令于國曰：「得生玼者，以金玼償之。」朝廷畏失名將，徙爲慶州刺史，卒。

佑，本郭子儀牙將，從征伐有功。貞元末，爲涇原節度使，虜畏憚之。終右神策大將軍。

史敬奉者，靈州人。事朔方軍爲牙將。元和中，吐蕃數犯塞，十四年，敬奉白節度使杜叔良，請兵三千，齎一月糧，深入虜地，分賊勢。叔良以二千兵予之，行十餘日，不聞問，皆謂已歿。敬奉乃由間道繞出虜後，部落奔駭，因大破之，驅其餘衆於瓠蘆河，獲馬牛雜畜迨萬數。賜實封五十戶。

敬奉蕞陋，類不勝衣，其走逐奔馬，挾鞍勒以上，而後羈帶之，矛矢在手，前無彊敵。甥姪部曲二百人，每出輒分其隊爲四五，隨水草，數日不相知，及相遇，已皆有獲。與鳳翔將野詩良輔及郝玼皆以名雄邊。

良輔者，後爲隴州刺史。朝廷遣使至吐蕃，虜輒言：「唐家稱和好豈妄邪！不爾，安得任良輔爲隴州刺史？」

校勘記

〔一〕楊子琳　各本原作「楊惠林」。按本書卷六、舊書卷一一代宗紀及通鑑卷二二四皆作「楊子琳」，據改。參見本書卷一四三校勘記〔三〕。